作者简介

  刘　燕　女，1981年生，中山大学法学学士、法律史硕士、法理学博士。现任北京师范大学珠海分校法律与行政学院副教授。主要从事法理学方向的研究。

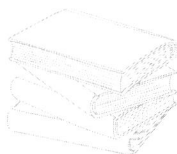

中国书籍·学术之星文库

法庭上的修辞

案件事实叙事研究

刘　燕◎著

中国书籍出版社
China Book Press

图书在版编目（CIP）数据

法庭上的修辞：案件事实叙事研究/刘燕著.—北京：
中国书籍出版社，2016.5
ISBN 978－7－5068－5585－3

Ⅰ.①法…　Ⅱ.①刘…　Ⅲ.①法律语言学—修辞学—研究
Ⅳ.①D90－055

中国版本图书馆 CIP 数据核字（2016）第 110070 号

法庭上的修辞：案件事实叙事研究

刘　燕　著

责任编辑	刘文利　刘　娜
责任印制	孙马飞　马　芝
封面设计	中联华文
出版发行	中国书籍出版社
地　　址	北京市丰台区三路居路 97 号（邮编：100073）
电　　话	（010）52257143（总编室）　（010）52257153（发行部）
电子邮箱	chinabp@ vip. sina. com
经　　销	全国新华书店
印　　刷	北京彩虹伟业印刷有限公司
开　　本	710 毫米×1000 毫米　1/16
字　　数	208 千字
印　　张	15
版　　次	2017 年 1 月第 1 版　2017 年 1 月第 1 次印刷
书　　号	ISBN 978－7－5068－5585－3
定　　价	68.00 元

前　言

　　本书是由我的博士论文修改而成的，但这个主题可以追溯到更早的时候。我在本科三年级时去法院的刑事审判庭实习了一个学期，法官和书记员前辈们很热心，杂务之余让我学着看案卷、写审理报告和判决书。

　　在那之前，我从没认真想过"案件事实"这种东西是从哪儿来的，要么课堂上老师讲故事似的直接扔出一个案件事实，让我们分析法律问题；要么报纸上讲故事似的直接扔出一个案件事实，接着评论一番；要么就像少年时代看《福尔摩斯探案全集》那样，有位天才的大侦探根据种种蛛丝马迹逮住真凶，然后真凶或大侦探或小说家讲故事似的扔出了一个案件事实。

　　潜移默化中，我和许多人一样，模模糊糊地以为案件事实是"现成的"，是某种一旦发生便自然存在着的东西，就像河边的一块石头，山上的一棵树木，它是天上掉下来的、地里长出来的，我们的选择只有发现它或没发现它，至于它本身是什么样子，已然确定。

　　直到那会儿，书记员哥哥把一大沓案卷放在我面前，我毫无头绪地翻开……越翻越感觉有什么地方不对劲——我并没有看见那个"现成的"案件事实。

　　送来法院的案卷，绝大部分是公安人员在调查时询问证人和讯问被告人的笔录。这些笔录完全是未加整理的对话集：公安人员一句一句提问，被告人总是吞吞吐吐、断断续续，于是提问也不得不跟着绕来绕去。证人的口供也差不多，这个人看到人影，问一句答一句，那个人听到声音，问一句答一句。长篇阅读下来足以令人沮丧，且头脑混乱。

接着是各种照片，物证的照片：一把刀，一个锅铲，一些塑料袋。验尸的照片：这儿的伤口，那儿的淤青。现场勘察的照片：房间，走廊，草丛里的牛粪。

然后开庭。庭审的过程也差不多，一来一去的对话，一件一件的证物过堂。听完庭审之后，我并没有拨云见日似的"看到"那个现成的案件事实，反而多出来更多细节，更多拼图碎片，那幅图究竟在哪里？

问题就在这儿，在这个"讲故事似的扔出一个案件事实"。我这才明白，为什么看不到那个我原以为现成存在的案件事实，原来故事是需要讲了才存在的，而现在，没有任何人来讲给我听，都等着我来讲呢。

（有经验的读者会想到，装案卷的牛皮纸袋里还有检察院的起诉书，起诉书上会有一个段落写着叙事体的案件经过，但是只要有法律素养的人都知道不能先入为主以那个为准，因为事实的最终确定者必须是法庭。况且，公安机关的起诉意见书也好，检察机关的起诉书也好，那上面的事实文本又是怎么来的？我关心的正是这些文本的生产过程，以及其中被传统法学理论忽视的内情。）

既然偷懒的念头全被堵死了，那么开始动脑筋书写案件事实吧。课堂上教的：案件事实来自经过法庭质证的有效证据，包括书证物证、勘查报告、证人证言和被告人供述等等。这是不是意味着把它们堆在一起就行了？那直接把整个装卷宗的牛皮纸袋子交上去不就得了，还要我做什么？为什么还要动脑筋写"经本院查明事实如下"？

再确凿的证据也需要经过解读、加工、整理、裁剪、编织，才能成为事实，对它们进行解读、加工、整理、裁剪、编织的人就是写审理报告的人，可能是一个人，也可能是几个人。有什么东西约束这些人如何讲这个故事么？我当时也不知道。

当时，有一个案子我试图勾勒出它的来龙去脉。某位珠宝公司的老总（被告人）自称：他听说市里一个城中村改造项目即将启动，悄悄找某位市领导疏通关系，把工程判给他，领导答应了；他又悄悄找某国有银行负责贷款业务的经理疏通关系，贷个1000万给他，作投标验资之用，经理应允，又在银行内部疏通了一下关系，在抵押、质押物不是特别可靠的情况下把钱贷给了他。可是，被告人遇到资金困难，先把那1000万拿出来周转，谁知全亏掉了。同时城中村改造的项目出来了，根本没有所谓的公开招标，政府找公家单位承包了；而被告原先抵押和质押的别墅、名车、翡翠、红宝石，这时候看起来似乎没那么值钱了。于是银行方面向公安机关报案，说遇上了骗子，骗走了1000万。（读者小心，这样的一段话也是经过笔者加工的故事，当然也略去了许多细节，读者若自己看案卷，可能还会看出别的故事来。）

看上去案件的核心事实很简单，一句话就讲完：被告人谎称参与城中村改造项目，虚构抵押、质押物价值，骗取银行1000万元贷款，事后挥霍一空。

然而，在公安机关厚厚的讯问笔录对话集的一个角落里，被告人提到一个事情，那1000万是一笔"不出账贷款"，也就是划拨到账上的同时立即冻结，只在验资的时候给人看看，其实是拿不出来的。这个小小的细节，显然从公安机关到检察机关到法庭的整个程序中都被忽略了，这没什么，一个案子从公安机关立案到法院宣判，各种细枝末节太多了，若不进行大规模的剪裁、抓住重要部分，只会让整个司法程序彻底瘫痪。

可是，谁来判断哪些片段属于重要部分，哪些是无聊的细枝末节？我也不太清楚。

当时的我站在"试试看"的角度，想了一下如果把这个碎片编织进去，这个故事又该怎么讲？该往哪里安插这样一个细节呢？被银行冻结的款项当然拿不出来，被告人也承认他又找了先前提到的熟人经理，追加一些珠宝作为质押，将贷款解了冻。然而解冻不是一声招呼那么简单，至少要在银行把相关的手续都办了，才能取钱转账，也就是说，银行实际上知道这钱的去向，而且可以说是银行主动把钱给了他。至于手续不齐全、担保有瑕疵，既然是银行一方认可的，那么能不能说，这其实是个合同纠纷案，并非刑事犯罪？

我想不明白，请教了主审法官，他说，反正能确定钱就是被他拿走了，那就别想太多，抓住重点就可以了，不需要纠缠这些细枝末节。可能吧，这只是我一个对审理案件毫无经验、对贷款业务没多少认识的本科实习生的胡思乱想。

但这个胡思乱想一直使我耿耿于怀，因为我后来不断看到类似的情形：几乎每打开一个案卷，就重复一次类似的情形，面对同样的一堆材料，我都可以讲出几个截然不同的故事，只要用上不同的措辞、将各种细节作不同的排列和筛选。但最后在判决书上，一般都选择了那个最接近起诉书的事实文本，也是最保守、最偷懒的文本。

后来，实习期结束了，我考上研究生，拿到硕士学位之后又紧接着考了博士。我仍在耿耿于怀。读博士的时候，北京发生了一起小贩杀死城管的案件，在城管暴力执法频繁导致民愤的背景下，这个案子在全国引起广泛的关注，看到众人针对被告人的形象、事件的来龙去脉，讲述的各种版本的故事，终于让我下定决心要从理论上认真讨论一下这个问题，于是有了这本书。

研究的过程非常困难，本以为前人，特别是国外走"法律与文学"视角的一些著作，应该想过这类问题，然而搜集资料的时候发现，法学领域几乎没有类似的研究，我只好转向其他学科，因此书中借鉴了不少历史学、叙事学的理论。

其间我的导师刘星教授给了我巨大的帮助，他拥有不可思议的耐性和宽宏雅量，我脑海中闪过的任何奇思异想都可以与他直率争论，每一次争论当中刘星老师个性独特的观点和决不轻饶的态度，又激励我走得更深更远，眼看着一个个粗糙模糊的念头逐渐展开、生长，浮现出脉络关节和愈加清晰的面目身形。我也和他就本书的主要观点进行了深入讨论，他的鼓励让我十分感动，而且在结构和写作技巧上他也给予了大量

4

指导意见。

同时还要感谢我的同学们，大家在课上和课后的交流中提出的各种想法不断地给我带来新启发。并且，特别感谢与我同住两年的室友，中山大学中文系文艺美学硕士郭薇薇，她与我交流了不少文学方面的理论知识，书中许多这方面的资料也是在她的帮助下搜集来的。

另外也十分感谢《法制与社会发展》和《甘肃社会科学》，本书的主要观点曾以论文的形式先行在这两份期刊发表。

写这样一个话题，不是要宣布我看到了全部真相，向大家兜售最新爆料的真理（相反，我个人在情绪上对用本质主义腔调去朗读的"真相"、"真理"等词汇一直感到很头痛）；而是尝试向读者展现：在案件事实的问题上，立场、修辞、叙事、可能性、人的命运……其实非常复杂，有时真的超乎控制。正因为如此，同样自称证据确凿的判决，有时能树立法律的公信，有时却闹得民怨沸腾，若能从一个特定角度梳理一下这诡异现象的肌理，供批评讨论，也算是本书的意义。

刘燕

2012 年　珠海

目　录
CONTENTS

绪　论

第一节　问题的提出：一个奇怪的案件

一、问题和基本观点

这本书试图研究的问题是，通过司法程序获得的案件事实，与"修辞""叙事"① 这种人类的语言活动之间的关系。叙事和修辞活动对于案件事实的认定和形成起到了什么样的作用；厘清叙事在审判中扮演的角色，对于我们重新认识司法及其与民众生活的关系有哪些可能的意义。

笔者要论述的中心观点是：

1. 案件事实不仅仅是证据的产物，更重要的，它也是一种叙事和修辞的产物。

2. 实际上，证据与叙事修辞，这两样东西共同建构了案件事实，但是，二者在不同的阶段和层面上，各自完成各自的任务；对于事实与

---

① 笔者给这两个概念下的定义分别是：修辞——有目的地使用语言的人类行为；叙事——即"讲故事"，是修辞活动的一种。本章第二节将细析这两个概念。

证据的关系，这部分的研究从来都是法学理论的主流，这里不打算重复，本书研究的是常常被忽视的另一部分——事实的叙事建构。

3. 与过去人们对于修辞在司法实践中的作用的认识不同，笔者这里将论述的是，修辞不应仅仅看做话语的包装或修饰，在事实文本的形成过程中，它发挥的是一种建构性的作用，修辞之于事实，是本体的，它实际上构成了事实本身。

关于本书的观点，有一些需要特别澄清的地方：

首先，这里绝对不是要否定证据，或主张事实与证据无关。证据理所当然是司法上找寻事实的最基本途径，如果没有证据，根本就没有案件，如果证据上出现大的变动，案件事实的样貌必然也随之发生大的变动；如果通过证据已经确认了某些没有争议的案情信息（事件），那么很难再去从认识上动摇它们（例如崔英杰案中，动手杀死城管的就是崔英杰，不是其他什么人，证据一经确认恐怕是任何其他因素都难以否定的，但这些"事件"信息与最终成型的"事实"还有差距，这一点详见本书第一章）——这些都是众所周知的。

其次，在事实的建构问题上，笔者认为，证据和叙事实际上分别在两个不同的阶段和层面上完成各自的工作。要注意区分的是，本书针对的是叙事阶段的研究，也就是说，有关证据审理的部分将省略掉，在利用案例进行分析时，不会再讨论证据层面的争论，而是以那些已经得到法庭确认采纳的、没有争议的证据和事件作为起点，去分析人们在下一个阶段（叙事建构的阶段），可以对这些已经确定的证据和事件做些什么。

再次，本书里笔者特别界定了"事实"这个词汇的使用，纯属为了论述的严谨和清晰，只适用于本书，笔者并不打算纠正其他人在其他场合的定义和使用习惯。在司法的实践和理论用语上，事实这个词的意思可以很宽泛，不仅最后出现在判决书中的完整的事实文本称为"事实"，有时证据材料、证据所反映的内容、乃至一切关于案件的认知信息，都常常被人称作"事实"。但是笔者在这里凡是用到事实一词时，仅专指最终完成的、首尾完整的、叙事化的、具有合格的司法意义的事实文本。除此以外，从证据中得出的其他形式的案情信息，在本书里被称作"事件"。

事件是指有关案情的信息，与成熟的事实文本不同，它们还没有变成故事，还没有呈现叙事化的形式，只是些零散的片段，比如"作案小刀属于崔英杰所有""被害人身份是城管工作人员""邓贵大用一叠人民币钞票搧击邓玉娇"这样的信息（人们在司法实践中往往也称它们为事实，本书为了避免混淆，使用"事件"一词来表示）。

最后，本书中所论述的叙事建构，是指在证据提供的信息基础上的第二层面的建构，不是证据之外的随意编造。证据在它自身的层面上提供了认识案件的事件信息——只是由于这些事件是片段的、非叙事的，甚至非语言的，但司法审判又要求必须产出一个语言的、叙事化的（讲故事一般的）事实文本，因此，又不得不以证据所提供的这些信息作为素材，进行叙事化的文本创作。同时，特别要强调，本书所探讨的讲述故事这种修辞行为与案件事实之间的建构关系，是国内过去有关司法的修辞、法律的修辞研究尚未涉及的领域。

通过下文的详细分析，我们会发现，修辞在这里发挥的作用绝非传统上认为的，仅仅是语言效果的外在修饰和包装，相反，它直接构成了事实的面貌和意义。这种建构性强烈地体现在：根据相同的一套证据和事件，确实有可能讲出完全不一样的故事，得出截然不同的事实文本，并引出不同的司法判决；当我们已经得到了一套确凿的证据和关于案情的事件列表之后，一个完整的关于案件事实的故事究竟是什么样子，仍要看法官以及其他参与诉讼的人、关注案件的人怎么去组织，怎么去讲这个故事。

二、案件事实研究的旧思路

一直以来我们所熟悉的现代法学理论认为，案件事实只与证据和法律程序有关，与其他的因素没有关系。通俗来说，司法审理的主要过程就是寻找、确定案件是否存在，其真实情况是怎样的，然后根据这些情况比照着现行的法律条文或者已有的判例，来作出裁判。由于人们最看重司法裁判的公正性，那么对于案件事实的首要要求便是它的真实性，难以想象连事实都没搞清楚或者都搞错了，如何可以得出公正的判决，又如何能让人相信司法的过程以及结果是公正的。

于是，证据这种保证案件真实性的关键要素被放在了至关重要的位置，案件事实必须是经过合法的证据证实了的那些情况，凡是未通过证据这一关的，便要坚决排除。如此一来，证据逐渐在人们心目中成为案件事实的来源，乃至逐渐使人以为它是唯一的来源，排除证据之外的各种因素的干扰，就是排除虚假，排除不公正。

既然是案件事实的问题，这里有必要作个简单交代，国内法学界曾一度热烈讨论过刑事案件的事实真实性问题，争论的侧重点实际上是一个认定标准的问题，亦即，司法审理（特别是刑事案件审理）的目的究竟是必须找出现实中所发生的案件的原貌？还是以符合规则以及普适的法律价值观为认定事实的标准，承认人们在认识上的局限，甚至特殊情况下允许其与现实发生的情况在一定程度上有所不同（比如证据显示的内容尽管是真实的，但取证手段非法因而不予采纳）？

这些有关事实问题的热门讨论和研究当然都值得肯定，不过笔者也发现一个问题：这些研究的注意力几乎全都在证据的证明标准和规则的价值观之上。之所以会这样，一方面是因为旧式的价值观统治下的一味求真的司法哲学，在实践中导致了不少问题，这是直接引发该讨论的因素，于是争论便顺着这个线索进行下去；另一方面，笔者认为此处暗示了一个很重要的普遍观念：事实是如何形成的，根本不需要去讨论或思考，事实问题就是证据问题、程序问题，在法庭上只要把证据和程序弄清楚了，案件事实自然而然就摆在那里了。

显然并不是完全没有人注意到这个情况。在客观事实与法律事实（或称客观真实与法律真实）的争论热潮近尾声时，杨波在《对法律事

实建构论的初步阐释——以主体间性为分析进路的思考》一文中指出
这种争论对于事实如何形成的反思不够,而"如果没有对这一过程的
深刻反思与正确把握,对认定标准探讨就是盲目的,也很可能是没有意
义的"①。该文试探性地讨论事实的形成,套用主体间性的哲学观将其
视为法庭上各主体相互交流、对抗、整合而成的,而非主体单方面去认
识完全抽离于主体之外的客体的过程,并且较有创见地点出了案件事实
的关键性质——它是一种语言流传物,由客观的存在到差异化的个体经
验与感知,由差异性的主体间的互动,再到以语言的形式固定下来,这
一过程的创造和转型远大于对外在客体的机械认识。然而该文的论述是
试探性的,以一套现有的哲学理论来反击争论双方所纠缠不休的旧哲学
框架,对于已经提出的事实是如何形成的这个问题尚没有深入和展开。

笔者并不打算延续客观事实与法律事实的争论,但其折射出的对证
据以及案件事实的十分有代表性的观念,正是需要有针对性地重新思考
的;而且,笔者所要研究的正是已被反思者提出、尚未被仔细考虑的问
题——案件事实在司法过程中的形成。

这里可以先通过一个案例,看看麻烦出在哪里。

三、旧思路的缺陷:崔英杰案"真相"的多重叙事

2006 年在北京市中关村发生了一起案件,小摊贩与城管起了冲突,
继而造成一名城管队员死亡。案件大概情况如下:2006 年 8 月 11 日下
午,小摊贩崔英杰在北京市中关村某路边无照摆卖,遇到北京市城市管
理综合行政执法局属下的海淀区城管大队的巡查队员来查处、没收经营
工具。在崔英杰与城管队员争抢摆卖用的三轮车的时候,城管大队副队
长李志强被崔手中的小刀扎伤,送往医院后不治。崔英杰逃离现场之
后,第二天被北京市公安局刑警抓获。2006 年 12 月 12 日北京市第一中

---

① 杨波:《对法律事实建构论的初步阐释——以主体间性为分析进路的思考》,载《法制与
社会发展》2006 年第 6 期。

级人民法院开庭审理此案，2007 年 4 月 10 日认定被告人崔英杰故意杀人罪，判处死刑，缓期两年执行。①

这个案子几乎从事发开始便在全国受到广泛关注，审判过程可以说是在众目睽睽的情形下进行的。过程和结果是否公正，是否能得到大多数人的认可，如果以传统观念的思路来看，那么只要满足了证据确凿、事实清楚、适用法律正确的充要条件便无懈可击。

崔英杰案相对于一般的刑事案件来说，证据应该是相当充分的——现场有大量目击者，崔英杰逃跑后第二天就被公安机关找到，当场缴获作案工具，同时逮捕帮助藏匿和协助逃跑者。根据一审判决书的罗列，审理时经过举证、质证并最终为法庭采纳的证据共 18 项，相当详尽，除被告人供述之外，有 8 位证人提供证言，其中 5 位直接描述现场所见的案发经过，另外有公安机关的现场勘查报告、法医鉴定报告、物证等。② 值得注意的是，该案有个特殊之处，城管当天执法时有海淀区城管大队宣传科工作人员制作录像，案件的经过是被现场拍摄下来的，这在刑事案件当中比较罕见。③ 可以说这个案子的审理判决在证据充分、确凿这一点上是没有问题的。

至于关键的被告人杀死执法人员的事实（另有同案被告人事后协助崔英杰藏匿逃跑的情况相对次要，不在这里讨论），判决书叙述如下：

被告人崔英杰于 2006 年 8 月 11 日 17 时许，在北京市海淀区中关村一号桥东南侧路边无照摆摊经营烤肠食品时，被北京市海淀区城市管理监察大队的执法人员查处，崔英杰对此不满，以持刀威胁的手段抗拒

---

① 崔英杰案的相关情况，比较集中、可信的资料主要来自《南方周末》的报道，参见《南方周末》2006 年 9 月 14 日第 A8 版，2007 年 2 月 1 日第 A6 版。

② 北京市第一中级人民法院刑事判决书，（2006）一中刑初字第 3500 号。

③ 法庭上提供的是已经被制作成宣传短片的录像，可以在北京市城市管理综合行政执法局网站纪念李志强的专题页观看，http://www.bjcg.gov.cn/cgxw/ztxx/lzgzt/yyzl/index.htm（访问时间：2007 年 8 月 2 日）如果网页无法查看该视频，请联系本书作者索要录像：totengraberin@aliyun.com。

执法，当执法人员将崔英杰经营烤肠用的三轮车扣押并装上执法车时，崔英杰进行阻拦，后持刀猛刺该城市管理监察大队海淀分队的现场指挥人员李志强（男，殁年36岁）颈部一刀，致刀柄折断，后逃离现场。李志强因被伤及右侧头臂静脉及右肺上叶，致急性失血性休克死亡。①

就这段叙述来说，本案的事实再清楚不过了——被告人因不满自己的无照经营被查处，抗拒执法，先是拿着刀子威胁城管，然后用刀猛刺被害人李志强，直接把李志强杀死。这种持凶器暴力抗法并当场杀害执法人员的残忍举动，足见其主观上有杀人的故意，而且情节十分恶劣。一切看上去都符合刑法关于故意杀人罪的规定，事实认定以及定罪量刑几乎找不出瑕疵了。那么，这个判决是否水到渠成地赢得了社会大众的认可，被大家评价为公平正义的结果呢？

非常遗憾，同时也引人注意的是，把崔英杰认定为残忍的杀人凶手并处以死刑的做法，在关注事件的公众当中引起相当大的不满，甚至是愤怒。实际上在法庭做出判决之前，从一般公民到法律专业人士，人们对崔英杰案的热烈议论已经明显展示出为数不少的人对崔英杰的同情，其中除了大部分理性讨论和表示同情的意见之外，甚至还有把崔英杰称为"英雄"，为其叫好的偏激言论。

笔者认为，这样的现象着实应当认真对待，并且认真思考：一个简单的刑事案件，证据确凿充分，案情经过清晰明了，也没有在法律规范上产生争议，可判决却不为公众所认同，甚至被视为不正义——问题究竟出在哪里？背后又隐藏着什么样的道理？折射出传统法学、法治观念的何种暗伤？对于我们重新在理论上认识司法活动有什么样的作用？在法律实践上又有什么样的意义？

粗略考察那些不接受判决结果、向崔英杰表示同情的声音，可以发现一个特点：他们当然不是在粗暴地反社会、反法治，更加不是支持杀人行凶，相反，他们认为自己主张的才是真正的社会公平、法治正义；

---

① 北京市第一中级人民法院刑事判决书，（2006）一中刑初字第3500号。

而面对一份无瑕疵的判决，他们的对抗方式是亮出另一个关于案件事实的故事，几乎与法庭所呈现的事实文本一样证据充分、逻辑严谨。

为同情者所坚持的"事实真相"，其文本素材要么来自报刊、网络等媒体（例如内容翔实的《南方周末》2006 年 9 月 14 日文章：《城管副队长之死》），要么来自法庭上被告人和辩护方提供的描述，综合看来，这些人讲述的事情面貌大致如下：

崔英杰是河北省保定市阜平县平阳镇各老村农民，曾被评为优秀士兵，退伍后因家境贫寒，在北京市中关村科贸大厦某娱乐场所充当临时保安。从 2006 年 4 月起，崔已被雇主拖欠四个月工资，生活窘困，遂以摆摊售卖烤香肠的方式谋生。2006 年 8 月 11 日下午海淀区城管巡查队以崔无照经营为由予以查处，并没收其经营工具。崔英杰哀求城管不要没收他借钱买来的三轮车，城管不予理睬。为了寻找一同摆卖的女孩赵某，崔英杰离开现场后又返回，看见三轮车已经装上城管的专用卡车，试图在最后关头夺回自己的财产。城管上前阻止，崔英杰害怕遭到人身强制，混乱中以手里握着的切香肠用的水果刀刺伤海淀区城管队副队长李志强，李送往医院之后死亡。

公众①用这样一段案件事实来对抗法庭的文本，若依照旧思路单纯用证据作为标准去衡量的话，其真实性实际上与法庭所确认的事实不相上下（详细分析见下文），但两个文本明显具有完全不同的含义。后者所展现的，不再是一名穷凶极恶的歹徒，而是一位艰难谋生的贫苦人，被告的行为也不再是暴力抗法、行凶杀人，而是在个人财产被抢走、唯一的谋生手段被剥夺之后，在混乱而惊慌失措的情境下错手伤人致死。如果推敲该事实文本的细节，甚至可能推翻故意杀人罪，成立其他罪名。基于相同的证据信息，却能讲出截然不同的案件事实的叙事文本，并且导向截然不同的法律评价、社会评价，这是怎么一回事？为了一个

---

① 说明：本书用到"公众"一词时，是指关注案件的、能形成一定社会影响力的、不特定的人群，"公众意见"则是指，来自关注案件的人群当中的意见；笔者不认为"公众"是一个能够有意见的拟人化的存在，也不是在"全民公投产生的绝对多数"的层面上使用这个词汇。本书第四章最后一节会论述这个问题。

公正的法律结果，我们一再强调的"事实"，真的是单纯得自证据的么？除了从证据中寻找事实之外，司法过程在案件事实的问题上是否还有其他环节被人们忽视了？

　　笔者认为，其中一个非常重要的环节就是修辞和叙事。案件事实在司法活动当中究竟如何形成，本是一个相当复杂而且庞大的问题，传统上人们注意的焦点总是审查证据、遵循司法程序，渐渐忘记了别的因素，也忘记了这个过程中还有其他各种各样错综复杂的因素，而这些被遗忘的内容有可能与证据一样，能够对事实的建构起到一种决定性的作用。叙事，修辞，或者更广义地说——有目的的语言活动，就是这样的被忽视因素。上面提出的问题，本书将以如下的顺序作出解答：首先分析证据所提供的有关案情的事件信息，是通过怎样的叙事策略形成故事化的事实文本的，同时找出导致上述"相同证据不同事实版本"的文本分歧现象，如何在叙事活动中产生；再透过这种司法中的语言活动分析叙事者的目的、判决书读者（当事人和所有关心案件的公众）的选择，以及这种选择是如何影响判决所引起的效果和评价的；公众叙事与法庭叙事在案件平台上的博弈，这类博弈在中国当前的法治实践里的形态与作用、我们的司法机关该如何对待它；并稍微引申至叙事与人的存在，每一个在制度社会中活动的活生生的人，希望通过叙事表达怎样的存在状态，以及如何通过叙事去完成一种自我寻求。

第二节　本书的观点和思路

　　必须道明，本书的主要目的，是在知识上推进我们对司法活动的认识，补充一个新的视角、建构一个新的理论框架来理解案件事实这一司法实践的产物。

　　为了读者方便，在导论中先提炼总结这个新理论框架的中心观点和思路：

第一，具有法律和审判意义的案件事实，是一个像讲故事一样叙述出来的叙事文本，通过了证据和法律规范这一关之后，它还需要在叙事活动和修辞活动中才能完成。

一般的诉讼理论都会强调案件事实来自证据，然而，当人们这样说的时候，并没有仔细考察，证据是否能一步到位地生产出那个具有法律意义、可以引起判决的事实文本，中间是否还有其他因素在起作用，以至于人们很容易想象案件事实就是证据的直接拼图。

本书提出的观点是，证据所能完成的，一来是回答是否存在一些事件，二来是在认识上得出一系列有关案件情况的信息。但是，案件事实并非直接将这些事件简单排列起来就能得到。事件按照顺序的排列，得出的是一种编年史体裁的文本格式，编年史的缺陷在于事件与事件之间的关系不明确、通读事件列表之后无法得出一个主题意义（换句话说，即"不清楚书写者想向读者表达什么"），事件的简单罗列并不能提供司法裁判所需要的信息。例如崔英杰一案对被告人的主观方面的认定直接依赖于对事件间的相互关系的想象。能够弥补这类缺陷的是，以事件为素材建构一个戏剧化的故事。所谓的戏剧化，是指：（1）人物具有明确的主观特征，从司法的意义上说，他/她要么是个故意犯罪的坏人，要么是个为无心之过乃至遭遇意外的好人；（2）有明确的主题意义，所有的事件和情节则围绕这个主题意义获得内在的关联性，而法律语境中的主题意义就是适应司法的话语框架，有能力导出一份裁判结果。这种建构故事的活动就是叙事活动，案件事实必须通过叙事活动才能成型。

第二，叙事和修辞不仅仅是语言的技术或形式，事实作为自在的事物并不能直接为人们所认识，而能够被认识的则是已经通过叙事呈现出来的、符合人的认知思维的景象，从这个意义上说，叙事和修辞就是事实的存在形式。

在一个案件的审理过程里，根据相同的证据、相同的事件序列，却可能出现多个截然不同的事实文本，每个文本导致的判决结果也不相同。在崔英杰案当中，基于同样的证据和事件编年史，前后可辨认出几个相当完整的叙事文本——此故事呈现的是一名穷凶极恶的歹徒杀害执法人员的历史，彼故事呈现的却是一位善良的小商贩遭遇城管的违规执法、惊慌失措中错手伤人致死的历史——前者能成立故意杀人罪，被告人将以罪犯身份被隔离或者消灭，后者只能认定过失或意外，而被告也许能得到宽大处理，或免于惩罚。造成这种复调历史和事实分歧的，是讲述者采用的叙事策略以及修辞技术。

修辞（rhetoric）在本书中采用的是最广义的定义，也是近十年来修辞转向的学说：一切有目的的语言活动。叙事（narrative）的含义比修辞稍窄，可以说是一切有目的的语言活动当中，那些以讲述故事为目的的活动。在新修辞学的观点看来，修辞讨论的是语言如何说服听众、司法判决如何说服当事人，以及使大众接受其公正性的技巧，① 审判中的叙事则是这种技巧的一个类型。笔者同意这个观点，然而本书的结论将更进一步：修辞并没有以积极的论辩和说服的形象出现在法庭上，而是直接以作为案件事实的叙事文本的形象呈现在读者面前，既左右了事实的外观和内容，也通过事实左右了读者对判决的看法。

第三，有必要专门论述的是，在刑事案件以及部分民商事案件中，形成事实文本的一个非常关键的叙事策略是人物形象塑造。从证据得来的各种片段化的信息和事件，叙事者应当如何将它们组织进那个戏剧化的故事，依靠叙事者希望塑造一个什么样的人物来决定。

在传统的叙事结构中，我们经常可以看到人物被分类为好人和坏人，所谓好人就是符合日常道德要求的人，而坏人则是违反了他/她所在群体的价值要求，甚至可能给别人造成伤害的人。日常生活的经验叙事也基本遵从这样的标签式划分。在崔英杰案中，法庭给出的事实文本相当明确地把崔英杰定义为坏人，编年体顺序的各项事件也明确地为了实现这个邪恶的杀人凶手的坏人形象被组织编排起来，除此之外这个人

① Peter Brooks and Paul Gewirtz（eds.），*Law's Stories：Narrative and Rhetoric in the Law*，New Haven and London：Yale University Press，1996，P. 187.

没有任何其他面孔。

然而那些同情崔英杰的人们所选择的另一文本，则刚好相反。崔英杰应当呈现一个好人的形象，于是所有的事件又按照好人的模式被解释，用来对抗法庭叙事。在这个文本中，崔英杰不是纯粹的杀人犯，他实际上是一个孝敬父母的孩子，一个优秀士兵，一个不屈于贫困坚持自食其力的勤劳人，一个艰难求生的小商贩。无可否认他杀死了一名城管副队长，但这不能全怪他，如果不是环境的恶劣、体制的逼迫，一个好人怎么会作出这样可怕的事情？

按照通俗的价值教条区分人物的善恶类别之后，读者自然会期待人物按照日常经验得到他们应该有的下场：好人得好报，坏人受惩罚。叙事者计划的故事结局亦即判决结果也就水到渠成。

第四，有时候事实叙事也会呈现无人物形象的情况，这种文本也有其特殊的修辞策略：消解人物形象的目的是同时消解人物修辞背后指向的问题，例如可能引出的法律争议和社会矛盾，尤其是在与案件的其他叙事版本对抗时，这种消解本身就是在否定对方希望建构的人物形象。

例如本书将要分析的另一个案例——湖北省巴东县邓玉娇案，这种人物形象的建构与消解之间的紧张关系显然易见。邓玉娇是湖北省巴东县一间娱乐场所的女工，2009 年 5 月 10 日晚当地公务人员酗酒后来到该娱乐场所，其中有人向邓玉娇提出性服务要求，邓玉娇拒绝之后，两名公务员继续尾随纠缠，双方发生冲突，邓玉娇用刀刺死一人刺伤一人。

法庭尚未作出判决，媒体和社会公众已经在热议案情，其中广为流传的事实文本是：女工邓玉娇遭遇酗酒官员，恶吏嫖娼遭拒竟意图强奸，烈女邓玉娇不受金钱诱惑、不畏强权，英勇反抗，刺死一人刺伤一人。同时，案件有些细节不是很清楚，因此这个叙事文本存在争议，比如受害者的行为是否能认定为意图强奸、邓玉娇的行为是否构成正当防卫，这些问题本应在法庭上仔细论证。

然而，法庭最终确认的事实文本，没有给任何细节定性，只是含糊地把事件罗列出来。没有否认受害人提出性服务要求、辱骂纠缠邓玉娇、对邓玉娇进行人身限制的情节，不过，就是不明说这样算不算意图强奸，如果不算，理由是什么。同样，对邓玉娇的形象也没有标签化，虽然判她有罪，但并没有将她塑造成凶恶的杀人犯，当然也否定了"抗暴烈女"的说法。围绕案件的各种法律争议和社会矛盾，在判决书的事实文本里，似乎不曾存在。

第五，案件的审理过程也是关于事实的各种叙事文本的抗衡，其中法庭内外叙事的对抗与和解直接关乎判决结果在民众看来是否公正。

从崔英杰案和邓玉娇案中我们可以看到，除了熟知的控方与辩方的对抗性叙事之外，还有法庭内与法庭外的对抗性叙事。所谓法庭内与法庭外叙事，指的是判决最终认定的案件事实的文本，以及在公众心目中所期待和接受的案件事实的叙事文本。不难想象，如果公众对案件经过没有认识和看法，或者他们心目中的事实与判决书描述的大致相同，那么在看到判决结果之后，公众认可判决的可能性是非常高的。

但在崔英杰和邓玉娇这个案子中，由于各种因素，公众在司法审判之外对于案件的事实已经有了自己的先行经验和意见，许多人对于人物形象的评价也早已有了先行的判别——这些均构成法庭外的叙事——当判决书叙述的案件事实与他们认识的有所不同时，便呈现出法庭内外的叙事对抗，可能导致法庭外有人不接受判决结果、或者认为判决存在不公正的一面的局势，这些人将积极宣传另一套案件叙事，去争取读者。在崔英杰案中，公众明显更倾向于崔英杰是好人的判断（部分人甚至认为城管是坏人），因此他们无法接受崔英杰像个恶人那样被处以极刑；在邓玉娇案中，公众则倾向于官员是邪恶的、邓玉娇是抗暴烈女的判断，也无法接受法庭给烈女定罪。

发生这种对抗的时候，法庭往往想到以这样的理由来否定和压倒法庭外的声音：经过审判最终确认的事实来自于确凿、合法的证据，而公众叙事缺乏这一点，所以公众应该服从法庭。但是上文已经指出，案件事实的最终文本不光与证据相关，也是叙事和修辞的结果，并且更为重要的是，我们从崔英杰和邓玉娇这两个案件中实实在在地观察到这样一个现象——被法庭否认的公众叙事所依据的证据和编年史事件，与法庭叙事一模一样。造成两个文本对立的，是叙事的策略。

从这个意义上说，法庭再拿出"我才是事实，你们要服从我"的态度来压服外界，很可能遇到麻烦。

第六，横向对比崔英杰案的法庭叙事和公众叙事，我们看到后者比前者蕴含的信息要大许多；而对比邓玉娇案的法庭叙事和公众叙事，我们则看到前者的修辞策略没有得到公众认可。

尽管在案件的审理过程中出现的各种关于案情的文本，都源自相同的证据和事件序列，但展现出来的具有法律意义的事实却大相径庭，值得注意的是，在崔英杰这个案件里有一个十分重要的现象——民众叙事比法庭叙事含有的信息量更大。

具体来说，就崔英杰案所体现的，在人物形象方面，判决书的叙事文本剔除了被告人的一切个人信息，使他以单一的杀人者面目出场，使读者看到的是一个没有来历的人和没有来历的犯罪，这种疏离的恐惧感当然有利于营造邪恶的人物形象。而公众普遍接受和认可的文本却大量强调被告人的过往经历、职业和经济状况，让读者首先对被告人的社会地位、所属阶层、生活条件有一个定位，并且引诱读者询问他为何走上犯罪道路。在情节推进方面，判决文本简洁地集中在崔英杰的行为上，描述其如何抗拒执法的城管、如何杀死其中一名城管队员；而民众文本不仅以崔英杰的举动为推进，也突出了城管在案发现场的行为，通过对城管执法的瑕疵的强调，进一步回答了引发案件的原因。

由此通过崔英杰案我们可以揭示一类现象：法庭内叙事为了得到一个明确清晰的"案件"和判决结果，删除了大量有关人物和情节的复杂性的内容，实际上割断了人物、行为和犯罪事件的语境关系；民众叙事则积极地恢复这个语境，试图回答被告人除了是个罪犯之外，还应当具有哪些身份，被告人身处的社会环境和生存条件是怎样的，这种背景和现场的环境与他的行为之间有怎样的关系。

　　另一方面，邓玉娇案的判决引起强烈的不满声音，却是因为公众清晰地辨认出了判决书当中的修辞策略，并对这个策略的应用产生不满。判决书没有将邓玉娇塑造成可怕的凶徒，也没有认可她在案发当时正面临被强奸的危险，正是如此才惹起了公众的质疑。质疑的焦点不是证据，而是面对相同的事件，为何具有一般常识的人都会自然而然地使用"嫖娼"的措辞，但法庭偏要使用"异性洗浴服务"，为何具有一般常识的人都会自然而然想到"强迫邓玉娇提供性服务"即"意图强奸"，但法庭偏偏不这样认为，也不解释理由。

　　尽管传统法学很少论述案件事实与修辞的关系，但是，公众对修辞以及修辞可能造成的影响力，有着敏锐的直觉判断。关注邓玉娇案的人，有不少准确辨析出了修辞与证据在事实建构上的区别，并在修辞策略乃至策略背后的动机的层面上，向法庭叙事发出挑战。

　　第七，由于叙事在社会生活中的功能，审判所显示的法庭叙事遭遇民众抗议，原因往往是后者发现前者危及了他们在体制下生存的安全感，而后者提出的叙事文本，根本目是要表达他们的生存状态以及对法律的诉求。

　　叙事作为一种伴随人类发展并建构着人类历史的语言活动，在日常的社会生活中具有一个重要的功能：当叙事者讲述他人故事的时候，也向听到/读到故事的人传达了"你们应当怎样生活"的教训，听众自然会根据故事人物的行动和行为结果来检查和预测自己的行动。如果我也碰到类似的情景、做出类似举动的话，将会得到什么回报？法庭叙事作为正式的、权威的官方教训，自然会受到人们最紧张的观察和评价。

　　假若法庭呈现给公众的文本显然偏离了一般人熟知的语境和故事模式，引起的将是强烈的不安和抗议。例如，大多数人的生活经验让他们相信崔英杰是个善良的人，依照熟知的故事模式，善良人应该在社会上受到善待，平平安安地生活，可是制度却给了他一个截然相反的报应，先被逼上绝路，再被法庭判处死刑。那么，人们当然要怀疑自己恪守本分努力做一个好人，是否也大有可能落得与崔英杰同样的下场？

同时，叙事的另一个重要功能，是人类表达自身存在的一个手段。公民在司法的问题上越来越不甘沉默，对社会热点案件积极发表看法，都是为了表现自己的存在——我不应当被无视，我的意见需要得到尊重和认真的回应。崔英杰是不是英雄、邓玉娇是不是烈女，不再是某个社会机构单方面的定义，或者说，即使你有权定义，我仍坚信我的定义，在这种复调历史中，通过英雄和烈女存在的，是各式各样的社会主体，形成多渠道平行的次文体。一旦他们认为自己被无视、没有得到尊重时，将产生巨大的不安感。

应当认识到，这种不安是非常可怕的，随时酝酿着对法律乃至整个制度的信任危机，这时候民众提出的对抗叙事，其深层意义便是抗议这种偏离，试图用积极的声音去表达他们的生存状态，以及他们对法律和法治的要求。同时，与精英论调所想象的完全不同，这种表达不是暴民的情绪化发泄，而是相当理性、相当精明的，并且有能力使用一套与官方话语同样证据确凿、逻辑严密的语言。综合来看，在中国当前的法治实践中，一味将民众的抗议视为缺乏教育的、粗暴的反法治举动，已是一种很不恰当的态度，显然我们需要认真倾听，并对法学理论本身作一个细致的反思。

第三节　研究现状综述

一、法律与文学运动

用叙事的视角来看待和分析法律现象，最早可以在法律与文学运动中找到端倪。尽管本书没有沿袭人们熟知的法律与文学的思路，但有必要对这种思路作一个简短梳理，以说明本书的观点与以往研究的不同之处。

法律与文学运动是 20 世纪 70 年代左右在美国法学院校内兴起的学术运动，准确地说不能称其为法学理论流派，它只是一种思维方式和价值取向。这种思维方式的主要特色是：强调法律不仅仅是逻辑或规范体系，也是一种语言，因而与文学有相通之处，结合二者的研究将大大拓展法学理论的视野。如早期倡导者詹姆斯·B. 怀特（James B. White）指出的，法律的力量在于"语言和修辞的说服力"，① 而不是一套精确的术语表，因而文学应被纳入法学教育当中，以弥补传统的只注重冷冰冰的科学的教育方式。② 此后，寻求法律和文学间的相通之处的思路很快分化为两大分支：文学中的法律（law in literature）和作为文学的法律（law as literature）。

1. 文学中的法律。这个分支的特点是以文学作品——尤其是那些讲述与法律有关的故事和情节的作品——为材料来挖掘、思考其中所体现的法律理论问题或实践问题，既可以是历史的，也可以是眼前的，然而挖掘的目的并非为已有的法学理论作注脚，而是试图推进乃至推翻死板的法律教条。国内这方面的代表作如苏力《法律与文学——以中国传统戏剧为材料》（生活·读书·新知三联书店 2006 年版），徐忠明《法律与文学之间》（中国政法大学出版社 2000 年版）、《包公故事：一个考察中国法律文化的视角》（中国政法大学出版社 2002 年版），以及强世功《文学中的法律：安提戈涅、窦娥和鲍西娅》（《比较法研究》1996 年第 3 期）等。标题已经可以反映出这个分支的鲜明特色。文学作品就是非常好的法律教材，比起枯燥的术语和推理，文学作品更能细腻而生动地表现正义、善良、复仇、犯罪、惩罚等观念在大的文化背景下的形象，以及人们内心对它们的体会——大有可能是与学究不一样的体会。

---

① James B. White, *The Legal Imagination*, Chicago and London：The University of Chicago Press, 1985, p xiii.

② 同上书，p. XI.

2. 作为文学的法律。这一分支的情况较为复杂，总的来说有两个主要特征：一是将法律文本或者法律实践都看作文学文本来研究，[①] 用分析文学作品的理论框架（比如修辞、解释、语义等）来分析和研究法律现象，这一方法论本身就是颠覆性的。二是用文学的方式来呈现法律，比如修辞技巧在司法意见中的运用有助于增强其说理的条理，并发挥语言的感染力以达到最佳的劝诫和说服效果；再比如对文学作品的社会教化作用与法律的社会教化功能的类比和关联性研究。有关叙事的问题，就是在作为文学的法律这一分支中提出的，（另有一种更为细致的划分，将法律与文学运动分为"文学中的法律""作为文学的法律""通过文学的法律"和"有关文学的法律"四支。文学作品的教化作用，以及法律中的叙事，则属于"通过文学的法律"一支。）[②] 这部分的研究现状总结将并入下文"修辞、叙事与法律"的综述。

法律与文学思路从一开始便非常深刻地认识到，法律不光是科学的，更加是语言的，但是却没能够克服一个缺陷，即，把修辞仅仅看作说话或写作中使用的装饰性的技巧，把文学以及讲故事的活动看作情感抒发式的（或者情绪煽动式的）感情行为，大量有关"作为文学的法律"的讨论也都将精力花在这些装饰和煽动的技术上。国内最近期的研究，如刘星《司法决疑与"故事文学"利用——以〈威尼斯商人〉为样本》（《清华法学》2008 年第 3 期）以及《司法日常话语的文学——源自中国基层司法经验》（《中外法学》2010 年第 2 期），详尽地指出了法律现象中的文学因素，并且使用文学理论去解读，其重点也是为了说明，故事情节和措辞技巧可以吸引和征服读者，使读者忽视抽象的理论争论，接受判决结果。

结果，这很容易让人以为，所谓法律与文学就是在为这些装饰品和煽动伎俩辩护宣传，告诉人们要是把它们用在法律方面将会有多么大的收益。反对者毫不留情地抓住这一点批评法律与文学运动。批评的论据没有什么

---

① 参见苏力《法律与文学——以中国传统戏剧为材料》，三联书店 2006 年版，第 9 页。

② 参见苏力《法律与文学——以中国传统戏剧为材料》，三联书店 2006 年版，第 9 页。

新鲜的，用的就是法学最原始的论调——文学是充满感情色彩和虚构性的东西，感情用事以及虚构使其与理性的现实存在距离，也决定了文学与天生崇尚理性、反对虚构的法律不可相提并论，甚至互相疏远。①

实际上，修辞和叙事远没有如此简单。本书所作的努力，是希望让读者看到，法律中的修辞和叙事在一定程度上建构了事实本身，而非单纯的措辞装饰、情感抒发或说服煽动。换句话说，正是语言的使用造成了事实的存在。

二、修辞、叙事与法律

（一）修辞学

修辞曾被认为是语言的运用技术以及装饰技巧，可以分为消极的修辞和积极的修辞两类，前者以基本直观、明白无误的方式表达客观事物本身，而后者与艺术手法相似，用以加强表达效果。② 修辞学这门学科在历史上则有狭义的比喻类型研究（如 18 世纪的修辞学），与较为广义的关于说服手段的研究（如古典修辞学和 20 世纪复兴的新修辞学）两大分支。它们的基本观念都是将语言视为外在于言说内容和对象的技术包装，只能起到表达效果上的作用，而作为自在的内容和对象，其存在状态不会受到这种技术包装的影响。

说话方式与说话内容分离的理念成型于亚里士多德时期，在亚里士多德的哲学理论中有意将古希腊语 "logos"③ 一词的 "语言" 含义弱

---

① 参见［美］杰罗姆·布鲁纳《故事的形成——法律、文学、生活》，孙玫璐译，教育科学出版社 2006 年版，第 8 页。

② 参见陈望道《修辞学发凡》，上海教育出版社 1997 年版，第 45 页。

③ Logos 一词在古希腊语中同时含有说话、语言，故事、叙述，说明、报告，思考、意见，原则、道理，原因、理由，作品的中心等复杂的意义（参见［古希腊］亚里士多德：《诗学》，陈中梅译注，商务印书馆 1996 年版，第 200 页）。该词汇在日常运用的时候并没有刻意区分各种含义，用词往往是一语多关的效果，可以推想，众多意义共用一个名称的情形，也从一定程度上说明使用该语言的民族在文化上和思维上将这些含义视为同一的或者密切相关的。

化，强调它的"道理"含义，前者是个技术问题，后者才属于本体科学的范畴。① 其后西方思想体系一直沿袭了一条内容与形式、本体与方法的二分道路，在有关语言的问题上埋伏了两项先入为主的设想：其一，思想和经验在语言之外独立形成，等待语言去表达；其二，语言能够准确、中立、无歧义地呈现等待表达的对象。②

虽然 20 世纪修辞学的复兴改变了中世纪之后的修辞学仅限于修饰词语和文体研究的局面，但是依然没有摆脱将修辞看作"有效地使用语言的技艺"③ 的传统。佩雷尔曼的新修辞学恢复了亚里士多德的古典修辞学理念，把修辞定义为有关论辩和说服的问题，所有的论辩都是修辞的，而非纯形式逻辑的，④ 沿着这个思路，我们就能揭穿传统法学自称"逻辑的理性可以保证法律无可置疑的正义性"这一主张所隐含的欺骗因素，指出实际上法律（特别是司法判决）是一套修辞活动，意在说服读者或听众认同其提出的命题。⑤

然而，问题很快在后结构主义修辞学那里受到挑战——语言不是单纯的载体，而是意识和知识的形成者，事物必须经过语言才获得可辨认、可理解的存在形式。⑥ 任何以语言的形式呈现的事物都不可能存在零修辞的原样状态，因而没有什么积极修辞和消极修辞之分，所以，修辞的定义被修改为：一切有目的的语言活动。人们的认识为什么会发生这样的急转，后结构主义为什么会提出这种颠覆性的见解，是一个相当庞大的哲学题目，这里无法展开论述，但本书会重点用实例演示给读者看，语言如何形成了事实，修辞策略如何导致事实的面貌发生变化。

---

① 参见盛晓明《话语规则与知识基础——语用学维度》，学林出版社 2000 年版，第 26 页。
② 参见刘大为《言语学、修辞学还是语用学》，载《修辞学习》2003 年第 3 期。
③ Peter Brooks and Paul Gewirtz（eds.），*Law's Stories*：*Narrative and Rhetoric in the Law*，New Haven and London：Yale University Press，1996，p. 177.
④ 参见温科学《20 世纪西方修辞学理论研究》，中国社会科学出版社 2006 年版，第 175 页。
⑤ Peter Brooks and Paul Gewirtz（eds.），*Law's Stories*：*Narrative and Rhetoric in the Law*，New Haven and London：Yale University Press，1996，p. 187.
⑥ 参见温科学《20 世纪西方修辞学理论研究》，中国社会科学出版社 2006 年版，第 81 页。

（二）叙事和案件事实

"叙事"和"修辞"两个概念的关系较为复杂。从学科史上说，叙事学早期研究的是小说文本的结构、功能等创作技术的问题；随着后经典叙事学突破了结构主义的局限，叙事与修辞的边界越来越模糊，叙事学与修辞学的研究对象也趋于同一，即语言如何被使用，如何实现说话者的目的，如何建构或消解言说对象。关于修辞，本书采取的是后结构主义修辞学的理解，指有目的的语言运用，叙事则是以形成和讲述故事为目的的语言运用，尤其侧重语言建构/消解言说对象这一理念。①

新叙事学以及后现代叙事学的研究，已经超出了经典的结构主义叙事学针对小说这种文学作品的表面形式的分析，扩展向政治和意识形态层面，这个方向也是法律与文学运动对待叙事的一贯态度。

有关法律、案件和叙事问题的研究早在法律与文学运动的起始阶段就已经被注意到，卡多佐在评价 1928 年美国一桩侵权案件的时候（帕尔斯格拉夫诉长岛铁路公司案），通过讲故事的方式描述案件事实，以达到一种讽喻的效果，批驳有利于原告的判决实际上牵扯了许多遥远而无多大关系的事件。② 后来作为法律与文学运动当中的一个分支（尤其是与"文学中的法律"对应的分支），其早期的发展主要是以一种对抗主流教条的形象进入法学和实践领域，"提请人们注意传统上被立法思维和程序所轻视或边缘化了的故事"③。比如被制度、法律语言等规则压制的主体经历，特别是社会弱势群体、受到歧视的性别、少数族群、少数派宗教团体等，目的通常是强调主体的差别身份，唤起同情。

从学术上说，这个阶段所谓的法律的叙事，仅仅是表示一种讲故事的行为，但没有深入探讨严格意义上的叙事学问题。叙事学理论（无论是结构主义的还是后经典的）都尚未广泛渗透到法律与文学运

---

① 关于两个概念的专门论述，参见申丹《修辞学还是叙事学？经典还是后经典？——评西摩·查特曼的叙事修辞学》，载《外国文学》2002 年第 2 期。

② 参见［美］彼德·布鲁克斯《法内叙事与法叙事》，载［美］James Phelan, Peter J. Rabinowitz 主编《当代叙事理论指南》，北京大学出版社 2007 年版，第 482 页。

③ 同上书，第 478 页。

动当中。彼德·布鲁克斯对这种叙事的狭窄视角的评价是：其负面
效果是让人们以为叙事（等同于"讲故事"）具有价值上的好作用，
实际上它既可以有好作用也可以有坏作用；并且这种没有针对叙事
本身进行分析研究的态度，会导致轻率的判断叙事具有什么特征和
作用。①

　　到第二个阶段，人们开始分析法律实践中的叙事，严格来说是开始
从以往传统法学理论主张的与文学无关的司法活动里辨析出叙事的存
在。现实中，法庭上（还有日常生活中）充斥着讲故事的活动，尽管
在理论上它一直被压制和否认，但人们却本能地懂得它的重要性：法律
职业者总是在把支离破碎的现实事件序列（fabula）转变成连贯的、令
人信服的叙事故事（sjuzet），这绝对不是用绳子把散珠串成项链那么简
单，其中还有自相矛盾的、不协调的、不连贯的地方需要处理。"叙事
本身修正了事件，改变了事件的面貌，生产了其他事件去填补空白，并
且给行为注入了动机。"②

　　同时，一个案件的审理过程出现几种事实的叙事文本的情况也受到
重视，例如彼德·布鲁克斯提到美国马里兰州的拉克斯案，该案在初审
和上诉过程中出现了关于同一个案件的四种不同的讲述，在不同的讲述
之下，被告获判 7 年有期徒刑或者无罪释放都是合理的，而且案发当时
的主要事件都没有任何疑问，布鲁克斯认为导致这种情形的原因是叙事
的粘贴方式不同，而叙事粘贴的实质则取决于法官对标准人类行为的看
法。③ 但布鲁克斯只把这个观点摆在那里，并没有展开分析叙事的策略
是如何起作用的。

　　H. Porter Abbott 在《剑桥叙事学导论》一书中则对 1892 年发生在

---

① 参见 ［美］彼德·布鲁克斯《法内叙事与法叙事》，载 ［美］James Phelan，Peter
J. Rabinowitz 主编：《当代叙事理论指南》，北京大学出版社 2007 年版，第 478 页。

② Peter Brooks and Paul Gewirtz（eds.），*Law's Stories：Narrative and Rhetoric in the Law*，New
Haven and London：Yale University Press，1996，p. 17.

③ 参见 ［美］彼德·布鲁克斯《法内叙事与法叙事》，载 ［美］James Phelan，Peter
J. Rabinowitz 主编：《当代叙事理论指南》，北京大学出版社 2007 年版，第 480 页。

美国的莉齐·勃登（Lizzie Borden）涉嫌杀害父母案进行了仔细的叙事学分析。① 不仅列明当时法庭上呈现的几种互相抗衡的关于案件事实的叙事文本，并且指出情节素材如何被格式化，如何被编排入一个故事，故事又如何隐藏着影子故事，被告人的动机和性格如何被叙事文本所解释，等等。

然而，这些针对案件事实的叙事分析，都绝少提及一个问题——叙事文本与证据之间是一种怎样的关系。如果不说明这一点，将无法澄清证据和叙事在案件事实的建构问题上各自所起到的作用，以及它们之间的关系和区别。

波斯纳抓住这一点向法律叙事学提出过尖锐的质问："当被告为了请求宽恕讲述了一个关于童年受到虐待和忽视的令人伤心的故事时，他是在暗含地主张，他叙述的事件同他之所以被判刑的犯罪行为之间有因果联系……但是，主张并不是证明。证据是关键的，但故事并没有给出证据……"② 因此，澄清案件审理中证据和叙事各自扮演的角色，将是笔者在书中的一个论述重点。③

而且 H. Porter Abbott 等国外叙事学家的论述，作为叙事学研究并不关心这些现象在法律上的意义。笔者的努力方向是尝试结合法学与叙事学，而且关联中国当下的历史环境。相对于法学领域的研究，本书的工作是深入探讨案件事实的叙事分析，尤其是叙事与证据的关系、与事实呈现的关系、与叙事者的存在的关系；而相比叙事学，本书的落脚点在

---

① H. Porter Abbott, *The Cambridge Introduction to Narrative*, Cambridge：Cambridge University Press，2002，pp. 138 – 155.

② ［美］波斯纳：《法律与文学》，李国庆译，中国政法大学出版社 2002 版，第 466 页。

③ 需要说明的是，在笔者之前，国内法学界专门从修辞和叙事的角度考察案件事实的研究几乎一片空白，当时唯一能检索到的是中国政法大学研究生院的栗峥在《理论界》2007 年第 1 期刊登的一篇不足 4000 字的短文《叙事话语中的事实求证》，仅简略描述了叙事的笼统特性。直到笔者的几篇论文发表之后，国内才有部分学者开始注意到这个问题。这几篇论文分别是刘燕：《案件事实，还是叙事修辞——崔英杰案的再认识》，载《法制与社会发展》2007 年第 6 期；刘燕：《案件事实的人物建构——崔英杰案叙事分析》，载《法制与社会发展》2009 年第 2 期；刘燕：《缺少人物形象的案件事实——邓玉娇案事实认定的修辞研究》，载《甘肃社会科学》2011 年第 5 期。本书是在这几篇论文提出的基本观点的基础上，进行更深入的展开论述，和以及研究。

法律的理论和实践上，通过对叙事问题的探讨，最终目的是要推进我们对法学理论的认识；通过考察修辞在案件事实中的存在，去理解当前中国社会特定环境下的司法活动中的叙事博弈，以及当前中国社会特定环境下的人在法律制度之下的存在状况。

三、历史事实与叙事建构

证据、素材和事实的关系，虽然在法律与文学运动当中较少分析，但在历史哲学领域却有过相关的讨论。鉴于寻找案件事实也属于一种特殊的查明和书写史实的工作（案件事实的文本可以算作一种历史学上的人类叙事），历史哲学的借鉴意义是非常大的。

证据从历史学的角度看，是事情在过去某个时间发生之后遗留下来的痕迹，比如考古遗迹（案发现场、尸体、物证），文献资料（书证），亲历者追忆（证人证言、当事人供述）等。19 世纪中叶以后的历史学因为受到实证主义哲学和自然科学的影响，开始为自身争取科学的地位，在这样的科学主义历史学眼中，作为遗留痕迹的证据，配合上严密的逻辑，历史学家能够撰写出像它实际上所发生的那样的事实。[1] 然而这种观念在 20 世纪中后期受到严重挑战，这个时期跟随西方哲学的语言转向和后现代主义思潮，历史哲学也出现了叙事转向（或称修辞转向、语言转向），其中重要的代表人物是海登·怀特。

海登·怀特认为历史证据所提供的是一种编撰和书写史实的素材，而不是史实本身，由素材转变为历史事实则依赖语言的使用、修辞艺术和叙事策略。首先，考古证据给予人们的是一个个事件，是窥视历史的点，还没有形成人们可理解的"历史"，[2] 关于这种点状的或片段状的

---

[1] 参见董立河《后现代历史哲学及其对传统历史学的挑战》，载《国外社会科学》，2006 年第 4 期。

[2] 关于对历史的可理解性（而非真实性）的追求，参见海登·怀特在《后现代历史叙事学》中对历史的文学性的评述。[美] 海登·怀特：《后现代历史叙事学》，陈永国、张万娟译，中国社会科学出版社 2003 年版，第 322 页。

观察与记载，怀特在分析三种常见的历史编撰体例的时候作了详细论述，三种体例分别是年代记（annals）、编年史（chronicle）、历史（history）。年代记用简短的句子记载事项并按时间顺序排列（例如《圣加尔年表》和春秋国史），罗列出一堆混乱而偶然的事件，即没有开头也没有结尾，更没有回答为什么会发生这些事情，它们之间有什么样的关系，"社会事件明显像自然事件那样不可理解"。① 编年史可以看作年代记的扩充，在事件叙述上更详细（例如黎希尔的《法兰西史》和《左传》）。历史或称叙事史则是完整的叙事性故事，各种事件都在年代记或编年史的框架之内，事件之间呈现出具有一致性的关系、结构以及意义——很显然，司法审判所要求的案件事实便属于这种体例。

考古证据得出的点状事件，按时间顺序排列就构成了年代记或编年史，年代记或编年史序列是历史叙事的材料，后者通过将原本断裂的事件互相关联，形成一个连续的故事，它必须回答这样的问题：事件综合之后的全景式故事会有怎样的效果？故事的意义是什么？"这些问题与被视为一个完整故事的整组事件的结构有关，并且需要对某个特定故事与编年史中可能'发现''鉴别'或'揭示'出的其他故事之间的关系做出大致判断。"② 同时，"一个叙事性陈述可能将一组事件再现为具有史诗或悲剧的形式和意义，而另一个陈述则可能将同一组事件——以相同的合理性，也不违反任何事实记载地——再现为闹剧。"③

这说明，意义化的、可理解的事实与叙事从一定程度上说是与证据分离的，在建构事实的过程中分属不同的层面，叙事不完全受制于证

① ［美］海登·怀特：《叙事性在实在表现中的用处》，陈新译，载陈启能、倪为国主编：《书写历史》第一辑，上海三联书店 2003 年版，第 170 页。
② ［美］海登·怀特：《元史学：十九世纪欧洲的历史想像》，陈新译，译林出版社 2004 年版，第 8 页。
③ ［美］海登·怀特：《后现代历史叙事学》，陈永国、张万娟译，中国社会科学出版社 2003 年版，第 325 页。

据，而是具有一种自我解释性和自相关性。①

为了论述的清晰和简便，本书在分析案件事实的建构的部分，将借用历史叙事学"年代记—编年史—历史"的解说模式，来阐述"证据—事件—案件事实"的形成过程。

第四节 研究方法和材料说明

一、个案研究

本书关于案件事实的叙事学研究，以两个真实的刑事案件作为分析材料。选取的案例是从 2006 年年底至 2007 年上半年在国内引起广泛关注的小商贩崔英杰杀死城管队员的刑事案件，以及发生在 2009 年 5 月、同样引起巨大社会反响的女工邓玉娇刺死嫖娼官员案。其中，以崔英杰案为主，邓玉娇案为辅。文献材料包括崔英杰案的一审判决书、公安机关的起诉意见书、检察院起诉书、庭审实录、被告人的两位辩护律师的辩护词，邓玉娇案的判决书、辩护人意见，以及有关两个案件的媒体报道、法庭外法律专业人士意见和非专业人士对案件的评论。

（一）是否为疑难案件

这里有必要对所选案件是否属于疑难案件作出说明，原因是，在法学研究中疑难案件与非疑难案件能够说明的问题不尽相同。疑难案件通常是指在司法实践中，遇到根据现有理论或制度无法得出唯一裁判结果的案子，这种情况下在案件当中直接反映出现有的法律理论或者法律制度的缺陷以及自相矛盾，而这种缺陷正是导致案件遭遇司法上的困局的

---

① 对叙事的自我解释和自相关性的评述，参见［荷］克里斯·洛伦兹《历史能是真实的吗？叙述主义、实证主义和"隐喻转向"》，郭艳秋、王晁译，载《山东社会科学》2004年第3期。

原因。非疑难案件在司法实践上可能并没有遇到这样的困难，但并不代表不存在争议，而是这种争议来自其他方面。

崔英杰案就属于在现行制度方面没有疑难的案件，首先这是个简单而典型的冲突杀人事例，从案发到侦破、嫌疑人被羁押全过程不足 24 小时；其次相关法律很清楚，法庭内外均未出现与如何理解法律规范有关的争议。而且该案的证据相对于同类案件来说充分程度也很高，甚至案发过程被现场拍摄下来，这在刑事诉讼的实践当中已算罕见。

但人们依然看到大量的争论围绕着这个案子，这些争论有的是审理阶段诉讼参与者以书面和口头的形式陈述案发当时的事件和情景，运用各种叙事技术、修辞方法试图诱导不同的判决结果，有的是庭外的公众对案发经过的看法和判决结果的议论。这样的争议，实际上可以出现在任何一个案件之中。

邓玉娇案的情形则有所不同。邓玉娇案存在法理上的争议，案情调查过程比较曲折，关于案情的一些情况显得不太清楚，从这一点上说，可以把邓玉娇案看作疑难案件。本书第三章的第四节将会详细讨论这个问题。需要注意的是，本书在第三章分析邓玉娇案时，不打算参与具体的法律规范和法律概念的争论，一来这不是本书的主题，二来该案这方面的问题已有许多正式和非正式的精彩辩论，无需重复劳动，但案件当中的不少法理争议与修辞问题是相关的，第三章会专门分析叙事策略与消解案件争议之间的关系。

（二）个案的代表性问题

本书选取的材料是两则个案，这种个案研究在学术上往往遭遇代表性的疑问——只用一两个例子能说明多少情况？或者一两个例子究竟能代表多大范围，会不会沦为一种极个别的、偶然的、没有多大意义的研究？

已经有学者指出，个案代表性的问题本身很可能是个假问题。[①] 所

---

① 参见王宁《代表性还是典型性——个案的属性与个案研究方法的逻辑基础》，载《社会学研究》2002 年第 5 期。

谓的代表性，是统计学在抽样方面的问题，当我们必须在给定范围内统计出某现象的覆盖率、而又没有条件对范围内的全部样品进行检查的时候，只能选取出一部分样品，由于结论是在证明整个族群内各个样品的特征，因此研究者必须对被选取出来的样品进行代表性解释，为什么选择这些而不是那些，它们在多大程度上能回答预先提出的问题。

但是，个案研究不是统计调查，即没有给定的范围，也没有全部样品和被选样品的对立——因此也不存在样品代表性的问题。比如，如果本书考察的是一年内全国小商贩与城管发生冲突的事件中，导致人员伤亡的比例有多大，或者全国娱乐场所服务员遭遇顾客欺凌的比例有多少，那么只选取北京市海淀区或湖北省巴东县的一个案件，当然无法说明问题。然而本书试图论述的并不是伤亡、欺凌案件的范围和频率之类的情况，而是试图分析从单个案件内反映出的各种深层次现象。

二、个案扩展

那么，是否意味着本书的一切结论都局限在个案当中，不需要任何推广呢？显然不可能完全如此。实际上，对代表性的质疑很大程度上就是来自个案研究者总是试图拿个案中得出的结论作普遍性的解释，有时候即使研究者自称个案研究侧重的是对细节的深入挖掘，他们仍然会含蓄地表达：希望其理论能够具备普遍性的解释力（例如费孝通的《江村经济》考察的就是一个村庄，但副标题却是"一个中国农村的经济生活"）。[①] 笔者的书中必然也会表现出类似的"企图"。

首先，本书尝试进行的是一种分析性的理论概括——利用崔英杰案和邓玉娇案在审理过程里表现出来的、不符合传统法学理论的现象，进行修辞学和叙事学的分析，并且形成一套案件事实的叙事建构的理论。这类分析性概括强调的是从个案中的具体现象总结出抽象化的理论和模

---

① 参见卢晖临、李雪《如何走出个案——从个案研究到扩展个案研究》，载《中国社会科学》2007 年第 1 期。

型，按照罗伯特·尹的观点，分析性概括首先将旧有的理论体系作为模板，与案例进行对比，在对比中指出旧有理论的缺陷，并以此为突破口进行理论修正或建构新的模板。① 就这一点来说，与格尔兹所说的个案中概括功能有相似之处：从个案抽象出的理论以一种反例的形象与旧有的普遍化的理论形成对抗，它的意义就在于对普遍化理论的冲击，而无需迎合普遍化和代表性，在个案的选择上（与抽样的代表性相比）更注重个案在理论方面的潜力，② 也可以称为典型性，所谓典型就是集中而显著地体现了某一类现象。③

其次，分析性概括的局限在于，从个案中抽象出的理论，只适用于这一类型的现象，由于这里不是做统计和抽样调查，这种现象在多大的范围内存在、有多大的覆盖率和出现频率都不很清楚。因此，如果要将抽象出来的理论框架向外推广，就会遇到其适用范围有多大的问题，面对另一个案件的时候，它能否继续说明问题呢？这样的问题一般不属于个案研究的工作，将有待他人将这种试探性的理论研究在统计和普遍化的方向上继续下去。但从研究是否有意义的角度出发，对此进行初步的说明还是有必要的，通常是作一种经验的和背景结构式的阐述。

综合来说，本书选择崔英杰案和邓玉娇案正是因为其具有典型性和理论潜力。其中，崔英杰案一方面案件的曝光度很大，从当事人到法庭、从媒体到民众，参与讨论的人群较多，而且大量意见集中在案件事实方面，多个叙事文本界限清晰地呈现出来；另一方面，小商贩与城管的冲突在国内近年越来越受重视，这个案件成为法治主题下民众与公权力进行话语抗衡的平台，也为本书从针对诉讼现象的理论落实到国内的社会现状下法治实践的问题提供了分析材料。

而邓玉娇案引起的社会关注，则更具有刺激性——女服务员与政府

---

① 同上。
② 参见卢晖临、李雪《如何走出个案——从个案研究到扩展个案研究》，载《中国社会科学》2007 年第 1 期。
③ 王宁：《代表性还是典型性——个案的属性与个案研究方法的逻辑基础》，载《社会学研究》2002 年第 5 期。

公务员、被欺凌的穷苦女子与嫖娼官吏的标签，戏剧化地撩拨起了媒体和公众的敏感神经，引发贫富差距、官民对立、社会阶级分化等情绪性话语，同时指向了比崔英杰案更为尖锐化、普遍化的社会矛盾。（至于选取的案件性质——崔英杰案和邓玉娇案均为刑事案件，是否会导致结论局限于刑事诉讼特有现象，这个问题在本书第三章第四节分析人物建构理论与邓玉娇案的关系时，再详细交代。）

　　本书研究的是个案中案件事实如何依赖叙事活动被创作出来的现象，并提供一套从新的角度认识事实审理的理论框架——这首先可以视为个案中的概括，与旧有的、普遍化的司法理论进行对比和对抗。其次也可以看作试探推广的分析性概括：从经验上讲，如果叙事指的是以讲述故事为目的的语言使用，那么它存在于日常生活的任何角落，法庭当然不例外，"原告和被告各讲一个故事——实际上是把他们'真实的'或原始的故事翻译成法律认可的叙事或修辞形式——然后陪审团从中选择自己更喜欢的故事"① 的情形，可以说确实普遍存在于司法过程中。

---

　　① ［美］波斯纳：《法律与文学》，李国庆译，中国政法大学出版社2002年版，第462页。

第一章　案件事实的叙事演化

由于本章的内容比较重要而且特殊，有必要事先交代关键点：

这一章分析的是，在司法审判中人们得到最终那个叙事化的案件事实的文本的纵向发展过程，同时告知读者，叙事和修辞是在哪个层面发挥作用的。通过证据以及按照规则对证据的考察，我们可以得到一套案情信息，这些信息基本上是无争议的，因为它们已有约定的证据共识和法律规范作为保证，笔者将这些关于案情的信息称为"事件"。事件在认识上的确定性几乎不再受到其他因素的干扰，这是证据所完成的案件事实第一阶段的建构。

重点在于第二阶段。事件虽然没有争议，但是将它们简单排列起来，我们还不能马上得到符合要求的案件事实，而是得到了一份如同编年史格式的列表。如何将编年史似的事件信息，转变成具有司法意义的事实文本，这个范畴的工作将由叙事和修辞活动来完成。

从证据到事件罗列，再到事实文本的演化过程比较隐蔽，而区分哪些（什么形式的）内容是一经确认和达成共识便难以动摇的、哪些（什么形式的）内容是需要通过修辞才能展现的，是个非常复杂的工作，因此本章篇幅较大，且必须借鉴大量历史哲学和叙事学的理论，以便清晰说明。同时，还需要借用一些已有的年代记、编年史和叙事史文献，来与崔英杰案的事件列表和事实文本进行对照分析，以论述关于案件的讲述方式是如何发生一种纵向演化的，以及演化各阶段之间在司法实践意义上的差异。

第一节　崔英杰案：一个案件多个事实

一、关于案件事实的几个版本

这本书研究的是事实审理过程中的叙事修辞问题，这一章将选取一个曾轰动全国的刑事案件作为分析的蓝本。我们首先来详细察看这个案件和它的经过。

2006 年 8 月 11 日，在北京市中关村科贸大厦楼下，小商贩崔英杰与北京市海淀区综合行政管理大队巡查员发生冲突，冲突导致城管副队长李志强死亡，崔英杰随后被逮捕，并被起诉至北京市第一中级人民法院。案件事实究竟是怎样的，直接决定了针对被告人崔英杰的定罪量刑，这也是审理阶段各个诉讼主体和法庭外关注案件的专业以及非专业人士争论的一大焦点。从这个尚未审判定案的阶段的争论和叙述当中，出现了多个版本的案件事实，笔者此处将详细考察四个较明显且有代表性的版本。

需要说明的是：第一，为了尽可能地保证理论分析的质量和结论的说服力，所选取的四个事实文本均出现在专业范畴之内——排除了媒体报道、民间传诵等在一般人眼中可能含有明显文学色彩（狭义的"文学"，如导论中所说，被一般人理解为具有明显的、公开的情感渲染、情节虚构等特征的叙事方式）的文本——它们来自公安机关起诉意见书、检察机关起诉书、辩护人的辩护意见、被告人的法庭供述、法庭外法律专业人士的辩护参考意见。第二，这四个版本并非照抄现成的叙事文字，而是笔者的辨析总结，其中起诉意见书、起诉书以及判决书描述事实的原文将在后面的章节引用和分析，辩护人和被告人试图讲述的故事可能混杂在他们对细节的争论当中，这一点也将在后面的内容中讨论。

版本一：2006 年 8 月 11 日下午，崔英杰在北京市海淀区中关村科贸大厦西北角路边摆摊售卖烤香肠，崔英杰没有营业执照，属于非法经营。北京市海淀区城市综合行政管理大队巡查员以无照经营为由予以查处，并没收其三轮车、烤炉等摆卖工具。查处过程中崔英杰暴力阻碍、抗拒城管人员的正常执法活动，且持刀威胁。城管将非法经营工具没收，崔英杰因此怀恨在心，意图报复，持刀冲向准备收队离开的城管人员，猛刺海淀区城管队副队长李志强颈部和锁骨之间的要害部位，伤及李志强右侧头臂静脉及右肺上叶，致使李志强死亡。①

版本二：2006 年 8 月 11 日下午，崔英杰在北京市海淀区中关村科贸大厦西北角路边摆摊售卖烤香肠，崔英杰没有营业执照，属于非法经营。北京市海淀区城市综合行政管理大队巡查员以无照经营为由予以查处，并没收其三轮车、烤炉等摆卖工具。查处过程中崔英杰与城管争夺三轮车，崔手中一直握有切香肠用的小刀。在三轮车等工具被收走之后，崔英杰跑向城管专用卡车，此时遇到城管人员追赶，崔英杰逃跑时用刀刺伤海淀区城管队副队长李志强，李志强送往医院之后死亡。②

版本三：河北省保定市阜平县平阳镇各老村农民崔英杰，家境贫寒，在北京市中关村科贸大厦某娱乐场所充当临时保安。从 2006 年 4 月起，雇主已拖欠四个月工资，崔英杰生活窘困，遂以摆摊售卖烤香肠的方式谋生。2006 年 8 月 11 日下午海淀区城管巡查队以崔英杰无照经营为由予以查处，并没收其经营工具。由于三轮车是崔英杰借钱购买的，崔英杰哀求城管把车留下，城管不予理睬，没收了全部工具。崔英杰离开现场后又返回，寻找一同摆卖的女孩赵某，此时看见三轮车已经装上城管的专用卡车，崔试图在最后关头尝试夺回自己的财产。崔英杰

---

① 参见北京市公安局起诉意见书，京公预诉字〔2006〕516 号；北京市人民检察院第一分院起诉书，京检一分刑诉字〔2006〕第 243 号。

② 参见北京市人民检察院第一分院起诉书，京检一分刑诉字〔2006〕第 243 号；北京市第一中级人民法院 2006 年 12 月 12 日崔英杰案一审庭审实录，http://tieba.baidu.com/p/226845523（访问时间：2016 年 8 月 3 日）。

跑向卡车时遇到城管队员的阻拦，混乱之中由于害怕人身受到强制，急于逃脱，崔英杰顺手将切香肠的小刀向身边一划，刺伤海淀区城管队副队长李志强，李志强被送往医院之后死亡。①

版本四：河北省保定市阜平县平阳镇各老村农民崔英杰，家境贫寒，在北京市中关村科贸大厦某娱乐场所充当临时保安。从2006年4月起，雇主已拖欠四个月工资，崔英杰生活窘困，遂向工友借钱购买三轮车、烤炉等工具，以摆摊售卖烤香肠的方式谋生。2006年8月11日下午海淀区城管巡查队以无照经营为由没收崔英杰的工具，当时城管队员没有穿制服，没有出示身份证件，没有出示包括行政处罚决定书在内的任何文件，也没有作任何口头说明。崔英杰误以为遇到抢夺或勒索，哀求无果之后离开现场，其后返回寻找一同摆卖的女孩赵某，这时看见三轮车被装上卡车，崔英杰试图在最后关头尝试夺回自己的财产，混乱中崔英杰用一直握在手里的切香肠的小刀刺伤海淀区城管队副队长李志强，李志强送往医院后死亡。②

二、哪个才是真相

依照一般的法学常识，这四个版本的叙事在刑法上将会导致截然不同的司法结果，因此，它们不能也不应当同时成立，至多只有一个版本是真实的（不管是所谓的法律真实还是客观真实），为了寻找这个唯一的"真相"，人们首先想到的当然是证据。本案判决书中罗列的可靠证

---

① 参见夏霖《崔英杰案一审辩护词》，http：//xialinblog. blog. sohu. com/128965007. html（访问时间：2016年8月3日）；李劲松《崔英杰案一审辩护词》，http：//www. 360doc. com/content/09/0718/19/159613_ 4331139. shtml（访问时间：2016年8月3日）；北京市第一中级人民法院2006年12月12日崔英杰案一审庭审实录，http：//tieba. baidu. com/p/226845523（访问时间：2016年8月3日）。

② 参见北京市第一中级人民法院2006年12月12日崔英杰案一审庭审实录，http：//tieba. baidu. com/p/226845523（访问时间：2016年8月3日）；罗锦祥《故意之前的错误——崔英杰的假想防卫辩护》，http：//www. lawyerluo. com/list. asp? id=264（访问时间：2016年8月3日）。

据如下。

1. 勘查、鉴定报告以及物证、书证：

（1）北京市公安局海淀分局刑事侦查支队出具的《现场勘验检查笔录》及现场照片证明：现场位于北京市海淀区中关村一号桥东南侧主路右侧车道。中心现场位于中关村一号桥东南侧由南向北主路路口停车标识线向南30米处右侧车道内。中心现场地面有长1.7米血迹（已提取），血迹附近地面上有一把红色塑料刀柄（已提取）。在海龙大厦地下一层海淀城管大队海淀分队办公室内停放一辆三轮车（系被告人所用），车斗内装有火炉、铁锅等物，物品下发现红色塑料刀鞘一个（已提取）。在海淀医院急诊室，从海淀城管大队海淀分队尹肇江处提取刀刃一把，刀刃长10.5厘米、宽2.3厘米（据介绍刀刃是抢救李志强时从其颈部取出）。

在北京市海淀区中关村科贸电子城8层名柜娱乐城保卫部监控室过道第79号更衣柜内提取到上衣一件（已送检）。

（2）北京市公安局法医检验鉴定中心出具的京公法病理字（2006）第676号《尸体检验鉴定书》鉴定结论证明：李志强颈前喉结左侧可见斜行条状创口1处，创道方向沿皮下浅肌层斜向右下，造成右侧头臂静脉破裂，进入右胸腔，止于右肺上叶，创道长为10厘米，李志强系被他人用锐器（片刀类）刺伤颈部，伤及右侧头臂静脉及右肺上叶，致急性失血性休克死亡。

（3）北京市公安局法医检验鉴定中心出具的京公法物证字（2006）第2747号《生物物证鉴定书》鉴定结论证明：极强力支持送检现场血迹2处、刀刃上血迹、上衣（名柜娱乐城保卫部监控室过道第79号更衣柜构）上的血迹为李志强所留。

（4）当庭出示的公安机关出具的三轮车、刀刃、刀柄、刀鞘照片，经被告人崔英杰辨认后确认是其使用的物品及凶器。

（5）北京市公安局海淀分局刑事侦查支队出具的《接受刑事案件登记表》证明：2006年8月11日17时10分，报案人崔公海报称其与同事李志强等人在海淀区中关村科贸大厦西北角路边执行公务时，一名男子持刀将李志强颈部扎伤，李因抢救无效死亡。

（6）北京市公安局海淀分局刑事侦查支队出具的《到案经过》、《工作说明》证明：经调查确定崔英杰有重大犯罪嫌疑，后于2006年8月12日3时许在北京市海淀区金渤瀚国际商务会馆将崔的朋友张雷传唤，张雷交待崔英杰找其称自己将城管砍伤，要借钱躲藏，后崔英杰携带牛许明和段玉利提供的钱财，去了张雷、张健华为其安排的藏匿地。当日4时许，公安人员在北京市海淀区金渤瀚国际商务会馆将被告人张健华抓获；5时30分许，在天津市塘沽开发区万连别墅72栋5楼将被告人崔英杰抓获。2006年8月31日16时许，公安人员在北京市海淀区中关村恒昌科技有限公司内将被告人牛许明抓获。同年9月1日9时许，段玉利主动与公安机关联系投案，公安人员即到北京市海淀区科贸大厦内将被告人段玉利带回审查。

（7）公安机关出具的《户籍证明》证明：被告人崔英杰、张雷、牛许明、张健华、段玉利及被害人李志强的姓名、出生日期、住址等情况。[①]

这部分证据在形式上主要是历史遗留痕迹和实在物品，例如遗留在现场、小刀、衣服上的血迹、指纹，例如被害人遗体所显示出的创伤以及通过创伤的情况推测的凶器形态、受创情形，等等。它们最重要的作用，是在自然科学与日常经验结合的层面，去证明案件的存在，以及案件关键点、关键事件与案件当事人（比如被告和受害者）之间的联系。例如案发当天被告人确实在现场，例如刺伤李志强的小刀确实属于被告人所有，而案发时被告人也确实使用过该小刀，等等。（另外还有历史文献等用以证实涉案人员身份的相对重组事实来说较次要的证据，不多赘述。）

这些点状的历史遗迹呈现了点状的事件存在，及其与某个人之间的

---

① 北京市第一中级人民法院刑事判决书，（2006）一中刑初字第3500号。

关联，这种经验上的存在和关联，是认识过程的一个环节，但其并不必须通过日常语言来呈现，因而属于尚未被"叙事化"的经验，也尚未形成一个关于案件经过的事实文本。不得不承认，尽管从自然科学的角度看，物证、现场勘查等物质性的历史遗迹，确实可以提供一种看上去比主观回忆和追述更能令人放心的证据，但对于必须以叙事形式出现才能为人们理解并接受的案件事实，遗迹性质的证据起到的作用只能是辅佐性的。

实际上，如果只看这部分证据，脑海中呈现的恐怕就是一堆零碎而不成形的点状印象——一些血迹，一把小刀，一具尸体，一个嫌疑人，诸如此类，但是人们无法从中读出任何日常话语的叙事文本（一个具备人物、情节、起因、经过、结果、主题意义的完整故事），因而，到这里还不能想象这个案子到底是怎么一回事，当时当地究竟发生了什么事。

2. 案发现场录像：

"执法工作现场录像证明：在查处崔英杰无照经营活动时，崔英杰先是持刀阻挠城管人员查处，又在执法车离开现场时，冲向执法车的情况。"[1]

这段录像在开庭审理时成为该案的重要证据，有关录像所反映的问题后文还会详细分析，此处暂不赘述。

3. 证人证言和被告人供述：

（1）证人崔公海（北京市海淀区城市管理监察大队队员）的证言证明：2006 年 8 月 11 日下午，他们在中关村地区清理无照商贩，当行至中关村科贸大厦西北角时，见李志强追赶一名男子，这名男子在追逐一辆城管执法车，他也跟着追这人，后该男子停下转身快步向他俩走来，当走到他俩身后时，李志强对别的同事说了句话，刚转过身，追车的男子扑过来，右手反握匕首，由上向下扎了李志强脖子一刀，就

---

[1]　北京市第一中级人民法院刑事判决书，（2006）一中刑初字第 3500 号。

跑了。

公安机关出具的《辨认笔录》证明：经证人崔公海对12张不同男性照片辨认后，指出2号照片上的人（崔英杰）是手持匕首杀害李志强的人。

（2）证人狄玉美（北京市海淀区城市管理监察大队工作人员）的证言证明：2006年8月11日下午，城管大队在中关村地区清理无照经营商贩，当车行至科贸电子城西北角，见有一男一女在路边经营烤肠，副队长李志强带领城管执法员将摊贩的三轮车按住，那名男商贩右手始终握着一把匕首，抗拒执法，与队员推搡，不让队员没收摊位，后几名队员将商贩的三轮车抬上她所驾车的车斗内，那名女商贩又哭又闹抓住三轮车的前轮不松手，几名执法队员把女商贩拽离执法车，李志强站在她所驾车的右侧让她快开走，李刚转回身，那名男商贩跳过护栏手持匕首迎面刺扎李志强左侧颈部一刀，还把手一横，刀刃折断，男商贩将匕首把扔在地上转身跑进胡同。

公安机关出具的《辨认笔录》证明：经证人狄玉美对12张不同男性照片辨认后，指出10号照片上的人（崔英杰）是手持匕首杀害李志强的人。

（3）证人芦富才（北京市海淀区城市管理监察大队协管员）的证言证明：2006年8月11日下午，他们治理中关村地区的无照游商，大约17时许，李队长带领他们5个协管员巡逻至科贸电子商城北侧的胡同时，见一名男子手持水果刀护着三轮车，李队长让这名男子将刀放下，这男子不让扣车，李队长拽住三轮车，那男子没抢下车，就往一个大院里跑了，李队长让他们将三轮车装上汽车，没一会儿，那名持刀男子又回来了，见三轮车已被拉走，就向李队长走去，持刀刺扎李的脖子后逃跑。

（4）证人张建国的证言证明：2006年8月11日16时许，他们与城管队执法时，当车行至中关村大街科贸电子商城北侧，发现有两个卖哈密瓜的新疆无照商贩，胡同口还有一个卖烤肠的男商贩，他们将一个新疆人的车没收，后没走多远，听后面特乱，回头见李志强队长站在路边，全身是血，脖子前面还在不停的喷血。

公安机关出具的《辨认笔录》证明：经证人张建国对 12 张不同男性照片辨认后，指出 1 号照片上的人（崔英杰）是案发前在案发地卖烤肠的商贩。

（5）证人赵乔然的证言证明：她父亲的朋友说崔英杰在北京市海淀区中关村科贸大厦做保安员，平时摆摊卖烤肠，想找人帮忙，她也想来京打工，便于 2006 年 8 月 10 日下午到京。次日下午，她和崔英杰在崔的住处制作香肠，16 时许，二人来到中关村科贸大厦附近摆摊卖烤香肠，后城管工作人员要没收他们的三轮车和香肠，崔英杰拿出刀威胁城管人员，不让扣车，城管人员将三轮车装上一辆货车，她在旁边哀求，拉着车不让运走，后她见崔英杰跑了，她站了会儿，也离开了现场。

（6）证人贾奉祥的证言证明：2006 年 8 月 11 日 20 时许，一个叫张雷的朋友给他打电话，称有个姓崔的朋友来找他，问他在天津的住址，还让他去接姓崔的。当日 22 时许，姓崔的给他打电话，约好见面地点后，他将崔带回单位的宿舍休息。次日一早，警察到宿舍将姓崔的抓走了。

（7）证人范保山的证言证明：2006 年 8 月 11 日 17 时许，他在科贸中心上班时听朋友说崔英杰将城管扎伤了。后他在一层遇见段玉利，就对段说：小崔出事了，好像是把城管队员扎伤了。

（8）证人方文起的证言证明：大约在 2006 年 8 月 11 日左右 17 时许，段玉利向他借手机，直到第二天早上，段才将手机还他，他的手机是西门子 S65 型。

（9）被告人崔英杰在侦查期间供述：2006 年 8 月，11 日 16 时许，他刚将摊位支好，城管人员来执法，要没收他的三轮车，他不让扣车，并拿刀威胁，后城管人员将他的三轮车装上执法车，他想将三轮车抢回，但执法车已开走，他未追上，很气愤，想教训教训城管队员，便持刀将最前面的城管队员扎伤。[①]

但凡对司法工作有一点常识和经验的人都不难理解，证人证言和被告人供述是至关重要的证据——不是实体法或程序法上的至关重要，而是认识上的至关重要。前面已经讲到，自然物虽然提供了较为确实可靠的有关经验联系的证据，但在形成事实的全貌上能发挥的作用很小，而证言和供述本身就是日常语言的、叙事的，往往在仔细阅读这部分证据之后，人们才感觉到事情面貌的逐渐浮现，才开始真正琢磨案情经过。物质性的证据这时才开始发挥作用，佐证或否定人们对案情经过的各种想象。

这里需要非常小心的是，此处每一段证人证言和被告人供述，都是一段再现历史场景的叙事文本，都已经经过修辞的建构，却又与判决书所认定的事实文本有所不同；同时，它们实际上是判决书的书写者的叙事文本，并非证人和被告的原话，众所周知，在审讯和审理过程中，证人和被告人对案情的描述大多数是以询（讯）问、回答的对话体形式记录，法官的重要工作之一就是从这些琐碎的对话当中提取素材，然后改造成陈述体的故事。对话者当然也是在回忆非语言的历史场景的时候，用语言的格式重塑了被追忆的历史场景。退一万步说，暂时不论这些，权且将证言和供述当做原始证据，我们来看看它们究竟能提供什么。

为谨慎起见，证言和供述中的部分措辞需要排除。此处的被告人供述与法庭上崔英杰对案件经过的供述有很大出入，而且其中提到的崔英杰"很气愤，想教训教训城管队员"的说法，在开庭审理时受到辩护方的强烈否认，又找不到其他任何证据佐证崔英杰的确说过这话，先予以排除。再排除某些证人证言中使用了明显的发挥故事情节的语言，以及全无其他证据佐证的细节叙述——比如狄玉美证言中"还把手一横"这样绘声绘色的措辞。

实际上，城管工作人员狄玉美的证言是各项证据中叙事细节最丰

---

①　北京市第一中级人民法院刑事判决书，（2006）一中刑初字第 3500 号。

富、最具有修辞感染力的：李志强对即将到来的危险的先知先觉，预警她赶紧将车开走；她以某种方式"看见"崔英杰飞身越过栏杆直扑李志强，不但用刀扎进李志强的致命部位，还"故意"把手一横，将刀刃折断——普通读者读到这样的故事一定会想到，只有被告人带着极其强烈的仇恨和极度邪恶的意念，而且处心积虑地选定了一个特别的受害目标，才会作出这样凶残可怕的举动。

然而，从现场拍摄的录像的情况来看，如果狄玉美当时确实如她所说坐在卡车的司机座位上，怎能这般清晰地看见车尾后面、一片混乱中、几秒钟之内迅速闪过的事情，并且还"看见"了诸多在其他目击者的回忆中均没有提到的细节？对比之下人们肯定也会承认，这是个相当值得警惕的疑问。[①]

这里当然不是怀疑狄玉美在撒谎作伪证，而下文也会论述，叙事的问题远比这复杂得多，根本不能够以平常所说的撒谎与否或真假与否来评价。笔者在这里提醒读者注意：即使承认本书提出的基本论点"案件事实是叙事和修辞的产物"，也不应将过程简单看作某位叙事者（比如法官）直接根据素材（证据）创作故事（案件事实）的单线条活动。作为素材本身的证据有时就是一则被叙事者讲述的故事，各类叙事者在司法过程中以各种方式提供了各式各样的叙事文本，司法实际上是一个众多叙事者和众多故事的对抗、交流、整合、分裂的平台。

接下来，综合所有的证据，我们看到案情的经过有一个相当清楚且无争议的脉络。

首先，依时间顺序，案情经过的线索排列如下：

2004 年初　　　　　　崔英杰来到北京

2006 年　　　　　　　崔英杰在中关村无照摆卖

2006 年 8 月 11 日　　崔英杰的摆卖受到阻止

---

① 录像可以在北京市城市管理综合行政执法局网站纪念李志强的专题页观看，http://www.bjcg.gov.cn/cgxw/ztxx/lzqzt/yyzl/index.htm（访问时间：2007 年 8 月 2 日。）如果网页无法查看视频，请联系本书作者索要录像：totengraberin@aliyun.com。

　　　　　　　　　　　　崔英杰与阻止其经营者纠缠

　　　　　　　　　　　　崔英杰离开现场

　　　　　　　　　　　　崔英杰返回现场

　　　　　　　　　　　　李志强被崔英杰手中的小刀刺中

　　　　　　　　　　　　李志强送往医院后死亡

2006年8月12日　　　　崔英杰被公安机关抓获

　　其次，案件经过是由几个核心事件组成的，这些事件都通过了法庭质证程序，并且在各方当事人当中都没有争议（与上面的线索一样，即使在以后的章节笔者分析叙事策略导致事实的样貌发生严重分歧的时候，仍会发现这些得自确凿的证据的案情事件，始终没有被改变）：

　　（1）崔英杰是进城务工的农民，被雇主拖欠四个月的工资，生活陷入困境。①

　　（2）崔英杰借钱购买了三轮车等工具，在中关村路边售卖烤香肠，崔英杰没有营业执照。

　　（3）2006年8月11日下午17时左右，海淀区城管大队队员到崔英杰摆卖地点查处无照小商贩。

　　（4）第一批到达现场的城管没有穿制服，② 没有出示任何书面证件和文件，没有任何口头说明。

------

　① 关于这一项，判决书、起诉书、起诉意见书以及判决书所列证据当中都没有指出，也没有相关说明——下文将会分析这种避而不谈的态度是有目的的。辩护律师提交的书面辩护意见和法庭上的口头辩护都在积极强调这项事件，另外媒体报道中也叙述了相关情况，从这些材料提供的证据来看，这项关于崔英杰的生活经历的内容是确实可信的，而且在审理中针对事件本身的真实性也没有任何争议。参见夏霖《崔英杰案一审辩护词》，ht-tp：//xialinblog. blog. sohu. com/128965007. html（访问时间：2016年8月3日）；李劲松：《崔英杰案一审辩护词》，http：//www. 360doc. com/content/09/0718/19/159613_4331139. shtml（访问时间：2016年8月3日）；北京市第一中级人民法院2006年12月12日崔英杰案一审庭审实录，http：//tieba. baidu. com/p/226845523（访问时间：2016年8月3日）；《南方周末》的报道，参见《南方周末》2006年9月14日第A8版，2007年2月1日第A6版。

　② 在现场录像中可以看到包围崔英杰的城管都没有穿制服，有两个保安身穿保安制服。由于录像经过剪辑，后半部分出现的穿制服城管是什么时候到达的、离崔原先摆摊地点多远，都不清楚。录像网址：http：//www. bjcg. gov. cn/cgxw/ztxx/lzqzt/yyzl/index. htm（访问时间：2007年8月2日。）

（5）崔英杰为了三轮车与城管纠缠，当时崔手里握有小刀。

（6）三轮车被没收，崔英杰离开现场，与一同摆卖的赵某失散。

（7）崔英杰返回现场，手握小刀跑进人群。

（8）城管大队副队长李志强被崔英杰刺伤颈部，送往医院后死亡。

这时，我们对比本章开头给出的四个事实版本，不难发现：四个版本都在上述案情线索的框架之内；四个版本也都没有超出上述证据确凿的八项事件。然而，读者很容易便能读出：从线索列表到事件列表，再到事实文本，存在着相当大的差异。各项事件排列在一起尽管看上去十分清晰，但仔细推敲便发现，对于具体的司法活动来说几乎没有多大的意义，因为没有办法根据它们适用法律、得出判决结果，这其中许多重要的法律问题丝毫没有得到解决；另一方面，四个版本的案件事实看似都来自铁证如山的八项事件，但它们之间却又迥然相异，并且在法律意义上这些相异之处将会造成巨大的司法分歧——为什么会出现这种现象？是什么因素导致了从列表到事实文本的纵向差异以及文本间的横向差异？这将是这本书要集中解决的问题。

第二节 失败的事实文本：为什么有了
证据不等于有了事实

对于发生在过去某个时间的案件进行真实情况的重组，广义上说当然可以算作一种追忆、记录、再现历史的行为，只是这种历史再现有其特殊性，即必须在法律的语境中完成，并积极地、公开地迎合特定的法律目标，比如适应罪名的定义和量刑标准。与通常想象的不一样，人们并不是首先找到了一段外在的、客观的、自我实现的历史，然后看看它是否符合法律关于某个问题的规定；这个顺序是恰好颠倒的：法律规定了我们应当用什么样的方法、照什么样的模式去观察、寻找和编写这段历史。例如崔英杰案是一个刑事案件，那么在刑事审判庭上，人们寻找案件事实的举动都是在程序法允许的范围内，去努力配合实体法关于这类杀人事件的情节框架。这种事先已在价值上和结构上规定了事实的撰写模式和思维模式的情形，其出发点本是为了尽可能保证真实和公正，但在现实中，这种叙事和修辞的特殊要求可能在损坏事实的同时也生成了事实。

一、案件事实和历史事实的表现方式

既然从广义上说案件事实是个历史再现的问题，那么笔者要借用一些历史学的术语和理论来讨论问题。这样做的唯一目的是论述的清晰和简便，当涉及其他学科在其内部遇到争议的情况，以及争议对于本书借用该理论造成的影响，笔者都会指出并作一些说明。

首先，需要澄清本书中将会频繁用到的两组词汇，这种界定只是为了行文清晰，并不用于纠正其他人其他场合下的用词习惯，因此其含义和使用也仅限于本书。

第一组：证据—事件—事实

平时我们在讨论诉讼法的相关问题时这几个词汇往往混用，例如将证据称为"证明案件真实情况的事实"（见刑事诉讼法第四十二条）。将证据也称为一种"事实"，可能造成用词上的混淆，这个事实不是案情经过，而是泛指蕴含证据信息的一切有形或无形载体，为了论述的方便清晰，笔者有意在本书中区别三者。本书提到证据时，指的是案件发生之后留下的相对稳定的痕迹，比如历史遗迹（案发现场、尸体、物证）、文献资料（书证）、亲历者追忆（证人证言、当事人供述）；同时诉讼证据应是证据形式与内容的统一体，[①] 本书用作分析材料的崔英杰案（以及后面的邓玉娇案）的证据都是被法庭采信并且没有争议的。

事件，则是指对发生在案件经过中的情况的最初步语言化记录，是

---

① 这个说法得自徐静村教授对证据的定义，参见徐静村《刑事证据：割裂与还原》，载《人民检察》2005 年第 2 期。

一种直接从证据中显示出的历史情况以及对其内容的直观陈述，并且尽可能排除了人们常识上所判断的、明显的文学修辞（注意不是排除一切修辞）。例如"崔英杰没有营业执照"的陈述，对"是否存在崔英杰与城管发生冲突一事"这类问题的直接回答。

本书所说的事实，是法庭据以做出裁判决定的最后成熟的描述案件经过的叙事文本，更重要的是，事实与事件不同，它是关于案件经过的一个戏剧化、情节化的全景叙事，有起始和终结、情节的推进、人物形象和命运，并且被赋予了明确的意义（诉讼和法律上的意义）。

第二组：年代记—编年史—历史（叙事史）

这一组是历史学的一般概念，分别指三类用文字记载历史的体裁。年代记作为一种历史记载的基本类型，用简洁的短语或句子记载事项并按时间顺序排列，通常以年份作为基本时间单位，也叫年表或大事记，现在往往作为长篇历史编撰的附录；编年史在事件记录上比年代记更为详细，并且表现出一种不完整的叙事倾向；历史或称"叙事史"，则是完整的叙事性故事，事件和时间都呈现出具有一致性的关系、结构以及意义，司法审判所要求的案件事实便属于这种体例。

尽管是常识性的一般概念，但详细来说，本书对这三个概念的使用特别参考了美国历史学家海登·怀特的文章：《叙事性在再现实在中的价值》，[①] 以及德国学者赫尔舍尔的论文《新编年史：一种史学理论的纲要》。[②] 必须承认，海登·怀特的历史哲学对本书的基本观点的形成有非常大的启发，是笔者的灵感来源之一，读者也会在本节中看到笔者借鉴了《叙事性在再现实在中的价值》一文的分析思路。不过，落实到实际的论点和论述上，笔者并不打算（也无法）沿袭海登·怀特的依赖结构主义的思维路径，更不能认同他在点出了修辞对历史的建构之后，却狭义地将修辞看作比喻格类型（即中世纪至近代修辞学学科发

---

① 参见 ［美］海登·怀特《形式的内容：叙事话语与历史再现》，董立河译，北京出版社2005年版，第6页。

② 参见 ［德］L. 赫尔舍尔：《新编年史：一种史学理论的纲要》，陈新译，载《世界哲学》2003年第4期。

展的最狭窄结果），也顺势把历史的事实叙事归类为几种比喻格形态——这种对修辞的理解正是笔者所批判的；① 另一方面，本书分析的是法律问题，而法律问题又有其自身特点，这种特殊性才是本书真正关心的。

　　另外要附带说明的是，这三种体裁是相当基础和相当粗略的分类，也具有相当强的跨文化性，几乎所有的文明自从学会了用文字来记载历史，其记载方式都经历了先简后繁的过程，中国人的做法也不例外。同时，分类方式可以有很多种，比如，宁波大学历史系钱茂伟教授将中国早期史学的文本化过程细分为口述流传—碎片记事（如甲骨文）—单篇记事（如金文）—连续记事（如春秋国史）—历史编撰（如《春秋》）—历史叙事（如《左传》），人类叙事（如《史记》）。② 然而这种分类的标准并不是基于叙事的发展成熟度的，因为此处将口述作为一种低于记事的初级阶段的史前史，但在事实上，尚未出现文字记载习惯的时代，人们为了传诵本族历史而口头讲述的故事，已经具有比连续记事或历史编撰更加纯熟的叙事结构和技巧，甚至可以说，在缺少文字的人群中，往往越是能找到发达而精致的吟唱史诗和神话传说。笔者之所以专门选取了年代记—编年史—历史（叙事史）这样一组分类概念，不仅因为它的跨文化性，也因为它恰巧体现了文字记载在叙事精致度上的演化。

二、失败的或不完善的事实形式

　　回头看本章第一节中给出的崔英杰案的来龙去脉。类比起来，在上一节的最后笔者用以总括案件线索的时间顺序列表，可以算作一种年代记体例，八项核心事件的罗列则属于典型的编年史记载模式，开头部分

---

① 关于历史的修辞建构，可参见海登·怀特的代表作《元史学：十九世纪欧洲的历史想象》，陈新译，译林出版社 2004 年版。

② 参见劳谐《中华文明的 21 世纪新意义之史学鸟瞰——"21 世纪的中国史学和比较历史思想"国际学术研讨会综述》，载《学术月刊》2004 年第 6 期。

案件事实的四个不同版本则是成熟的叙事化历史文本。线索列表和事件罗列，都是笔者有意"还原"的，当然不是说这个案件的司法过程中的确存在过这样的文本，也并非暗示所有的案件审判关于事实的叙事都必然有这三步文本过程——不过实践中，笔者确实看到过法官在仔细阅读案卷时，为了帮助理清思路会书写类似的草稿——叙事文本在单个案件中完全可以一步到位。在这里，笔者做的所谓还原，本意是为了论述的必要，而对于认同这本书所提出的叙事建构观点的读者来说，应小心对待出现的一切文本。

案件线索：

2004 年初	崔英杰来到北京
2006 年	崔英杰在中关村无照摆卖
2006 年 8 月 11 日	崔英杰的摆卖受到阻止
	崔英杰与阻止其经营者纠缠
	崔英杰离开现场
	崔英杰返回现场
	李志强被崔英杰手中的小刀刺中
	李志强送往医院后死亡
2006 年 8 月 12 日	崔英杰被公安机关抓获

在仔细考察判决书所使用的各项证据（以及庭审实录）之后，笔者将主要人物崔英杰的行为按照时间顺序排列，形成类似年代记的记录格式。不难发现，我们可以从这个线索中读出被告人崔英杰的几乎全部与案件有关的行为，以及李志强死亡的情况，这里每一行的记录，都能够直接从经过了庭审质证并最终为法庭所采信的证据中获得，基本上无须推理或解释。然而，我们又无法从这个线索中读出任何能给被告人的行为作出司法定性和评价的信息——这是事实本身的问题还是书写方式的问题？

类比一下经典的年代记体的历史文本。海登·怀特曾使用德意志史料文献《圣加尔年代记》作为例子，这份文献相当符合年表的典型形

式，如从公元 709 年起的记载条目：①

709 年	严冬。哥特弗里德公爵去世。
710 年	灾年，庄稼歉收。
711 年	
712 年	洪水泛滥。
713 年	
714 年	有实权的下属皮平去世。
715 年	
716 年	
717 年	
718 年	查理给撒克逊人以毁灭性打击。
719 年	
720 年	查理抗击撒克逊人。
721 年	瑟多将撒拉森人驱赶出阿奎泰纳。
722 年	丰收。
723 年	
724 年	
725 年	撒拉森人首次到此。
726 年	
727 年	
……	

（注意，海登·怀特在文章《叙事性在再现实在中的价值》当中已经分析过该年代记与叙事的问题，这里不是重复怀特的劳动，而是为了本书的主旨选择这段记载作为类比的例子，怀特的分析重点在于如何书写历史，笔者的分析则侧重于那些能够总结出与司法实践有关系的理论

---

① ［美］海登·怀特：《形式的内容：叙事话语与历史再现》，董立河译，北京出版社 2005
年版，第 9 页。

的内容。）

单纯看节选的这段表格，没有任何问题，用这样简单的方式去记录我们生活的世界，本身并没什么不妥。这显然不是一个为日常语言所熟知的故事格式，因为它没有开头，没有情节，也没有结尾。左列的年份数字可以无限制地向前后延伸下去，只要这种纪年历法没有发生变化；右列的内容不仅枯燥，而且匿名的记载者用了一种近乎冷漠的口气去记录这些事件，它们表现得与记载者、读者或者其他任何人都没有关系。

然而它也不是完全没有提供信息的，以怀特的话说，读者在面对这样的冷漠记录时，被"置于一种徘徊在崩溃边缘的文化中，置于一个严重匮乏的社会中，置于一个受到死亡、毁灭、洪水与饥荒威胁的人群中"。① 这样讲未免有些夸张，不过，我们确实看见被记录的内容不是打仗，就是天灾，要么就是某个人的死亡。问题就在这个时候开始了——阅读者的好奇和追问引发了关于过去发生的事情的记载及其可靠性、意义、目的等的疑问——后面读者将会看到，这些问题也正是在审理案件事实的时候处处发挥着作用的。

根据人们的日常经验，生活不可能只发生这么一点事情，细节总是充斥每个角落，那么，为何这份年代记一整年只写了一件事情？为何很多的年份干脆空白？不可能什么事都没有发生，常识告诉我们，只要这个族群的人还活着，他们的历史就不可能空白。这类问题升级一个层次便是：年代记的记录者在使用什么样的标准去选择那些他/她认为应当被载入史册的事件？怀特认为可能有一个隐含的标准，即人的基本需求与它们的满足，所以这份表格里都是人们最关心的生存主题：庄稼是否有好收成，是否发生自然灾害，是否有外族入侵引起战争。② 笔者认为这仅仅是一种猜想，记录者并没有年年关注农业生产的状况，也漏掉了这个时期的多场重要战役，这样一系列的碎片式的事件，也有可能是随

---

① ［美］海登·怀特：《形式的内容：叙事话语与历史再现》，董立河译，北京出版社2005年版，第10页。
② 同上书，第11页。

49

机的，因而是否真的存在"有意的"历史记载也很成问题。

于是，继连续性和记载标准之后，紧跟而来的便是目的——写作这样的年代列表的目的是什么？只有存在了某种目的之后，才能确定那个有意为之的选择标准。令人沮丧的是，这一点更无从探知。但凡历史记载者，总是自称遵循一个最高的目的：为后世留下一份关于过去状况的真实文献，全面和真实往往被重点强调；然而他们又自觉或不自觉地受制于更小、更具体的目的：为了某个特定的时代，某个特定的民族，某个特定的文化，某个特定的政权，等等。

在这段年代记里，我们完全无法读出国家的观念；"哥特弗里德公爵"和"有实权的下属"这样的词汇则暗示了至少存在某种政权结构；几次提到的抗击撒克逊人或撒拉森人又暗示了记录者可能有的民族立场。但是，逝世的公爵、皮平，抗击外族的查理、瑟多究竟有什么关系，属于同一个国家或政权吗？这个与撒克逊人和撒拉森人常年处于冲突状态的究竟是什么民族？已经被驱赶出阿奎泰纳的撒拉森人几年后"首次到此"，"此"又是什么地方？与记录者所代表的民族在地缘上构成什么关系？被记录的人物和事迹究竟对民族的命运起了什么样的作用……问题可以无休止地提下去。

如果对欧洲中世纪史有所了解，读者根据这段支离破碎的记录或许可以猜测到，记录者很可能是站在法兰克王国的立场上书写的。"有实权的下属皮平"应是墨洛温王朝的著名宫相赫斯塔尔的皮平。"查理"则是皮平的私生子查理·马特，公元715年继任宫相，拥立克罗泰尔四世为法兰克国王，实为受宫相操纵的傀儡。当时的法兰克内部分为三个小国，北有撒克逊人侵扰，南受阿拉伯人挤压，战乱频仍。715–718年，查理反击从莱茵河东岸进攻的撒拉森人和撒克逊人，并征服撒克逊人，迫使其称臣纳贡。然而，719年启动法兰克统一进程的苏瓦松战役，726年的圣像毁坏运动，以及后来武力吞并勃艮第等国运攸关的重大事件，年代记竟以空白示人，又令人对记录者的立场感到十分的困惑不解。

年代记这种记载方式对于试图了解所谓真相的人来说，是失败的。总结起来，它无法回答的问题可归纳为以下几类：

1. 被记录的事件之间的关联如何；

2. 事件序列的完整性和连续性怎样体现；

3. 被记录的内容作为一个整体，讲述了怎样的中心主题；

4. 被记录的内容作为一个整体，有什么意义，即它向读者提供了什么经验，解释了什么道理，作出了什么样的道德评判。

后面读者将会看到，叙事就是为了解决这些问题而发生的。

三、失败文本的症结

（一）年代记式的案件线索

上面的分析套用在崔英杰案的线索表，情况完全一致。我们看到的是一行行自成条目的人物及其行为。

在关联性方面，左右列有一个较为明显的时间对应关系，但在上下行之间，除了给定的时间先后顺序之外，看不出别的关系。尤其是案件经过的关键部分，第四至第七行，崔英杰同前来阻止其经营的人发生纠缠与崔英杰离开现场之间是什么关系——是因为纠缠无果崔英杰选择放弃，还是被力量强大的阻止者赶走了？崔英杰离开之后再返回现场，这两个举动又有什么联系——当中是否发生了什么事导致被告人不得不折返，是因为被害人，还是因为其他和案件无关的事情？从崔英杰返回现场到李志强被刺伤死亡，任何读者都会感到这里存在显著的断裂——崔英杰的返回与他伤人致死的行为是否有直接关联，两个行为之间是否还有别的事件被遗漏了？具体什么样的情形导致李志强被崔英杰的小刀刺中？

在完整性方面，类似年代记形式的记录即没有开头也没有结尾。如果从记载事件的角度来看，每个条目都可以成为一个完整的"时间—事件"对应记录；然而将它们合在一起看，则没有一个能够作为完整性标准的判断尺度，在任何一点起始、结束或断开，都没有多大影响。

若再从故事的角度说，则根本不存在一个可辨认的故事，虽然有人物出现，却没有可辨认的情节，也没有人物及其行为是否已经在文本中达到其共同作用的命运结局。当然，这里也就不存在故事是否说完整了的问题。

在意义方面，要注意的是，与《圣加尔年代记》这类历史记载活动有所不同，在司法语境中，文本的意义已经被明确地规定好了，是参与其中的言说者必须完成的。这是一种法律上的意义，有关事实的记载文本，首先需要迎合法律秩序对史实的观察角度，例如，文本可能不必关心崔英杰的收入对社会经济状况的反映，但是必须体现崔英杰与他人发生冲突并且导致他人死亡之时，他的主观状态如何；同时还需要迎合法律秩序对史实的评价机制，也就是说，文本一定要能够让它的读者看出来在司法的层面上它应该作出什么样的法律评价，让读者看出来它与现行法律关于权利义务关系或者罪名的规定相匹配的内容，针对文本所展示的情况能否作出一个明确的法律裁判，胜诉还是败诉，有罪还是无罪。当然这份线索表没有完成以上任务，可以说在司法语境下必然被判断为一堆没有意义的字句。

（二）主观要求对叙事形成的作用

到这里，我们可以说，是法律实践活动的特性决定了事实不得不以叙事文本的形式登场，而深究这种特性，我们会发现，尽管案件事实和历史事实时时处处都标榜着客观真实，但是讲述事实的深层冲动却是主观的：

首先，关于事实的文本必须"有意义"，从更广泛的角度来讲，这其实是人们内心的一种认识、解读进而掌握人们所身处的世界和社会环境的愿望，也是一种渴望通过建立（认识的、思维的和行为的）秩序来保证安全生活的本性。因此，面对现实中大量存在的、对发生过的事情的非叙事化再现，人们会本能地认为它们还不完善，处在某种尚未完成的阶段。对待历史学，"人们普遍认为，无论一位历史学家在叙述事件时可能如何客观、评价证据时如何谨慎，只要他不能给历史实在一种故事的形式，其陈述就仍不能成为严格意义上的历史"①。对待司法，人们会更迫切和严苛地要求一个关于事实的故事形式，以解答他们针对人物和情节的一切疑问，满足他们对真相和公正的情感欲望，安抚他们对有秩序的生活的需求。

其次（也是需要多花笔墨解释的），读者在这一节阅读了无名作者的年代记和笔者罗列的崔英杰案线索序列之后，想必会感到，它们都缺少明确的中心——单个条目虽然清晰，但联合起来却不知道它们想表达一个什么样的主题。与要求文本必须有意义所折射出的认识渴望不同，人们对于主题——你讲这么一个故事给我听究竟想向我传达一个什么意思，想教给我一个什么道理——的强烈要求则更有可能是受到的文化教育灌输出来的结果，故事的主题貌似客观事物，实则是一个带有浓厚的政治和道德色彩的问题。

黑格尔在他的《历史哲学》一书中已经讲到，"历史这一名词联合了客观的和主观的两方面，而且意思是指拉丁文所谓'发生的事情'本身，又指那'发生的事情的历史'。同时，这一名词固然包括发生的事情，也并没有不包括历史的叙述"②。所谓历史的主观性是与历史的叙述紧密相连的，那么这样的主观性表现在哪里呢？"家庭和部落的状态的平淡的事变经过，是不值得怎样记忆的。但是命运显明的事实和转变，也会鼓动泥摩息尼——'记忆女神'加以注意，——这好像爱情和宗教热可以使想象力把一个原先无形的冲动化为有形。"③ 那么叙述的冲动以及被化为有形的形象又是怎样的？

一个生存渐见稳定、进展而成为国家的社会，不是要求政府方面发出纯属主观的命令来满足目前的需求，而是要求各种正式的告谕和法律——范围广大而且普遍适用的规定。这样，便产生了与理智的、在本

---

① ［美］海登·怀特：《形式的内容：叙事话语与历史再现》，董立河译，北京出版社2005年版，第8页。

② ［德］黑格尔：《历史哲学》，王造时译，上海书店出版社2001年版，第61页。（着重号乃原文所加）

③ 同上。

身中确定的——而在它们的结果上——持久的行为和事变有关的一种纪录和一种兴趣……

各民族在有史以前经历的那些时代——我们可以想象它们为多少世纪或者几千万年——也许它们曾经充满了革命、游牧迁徙和最稀奇的变迁——因为它们没有主观的历史叙述，没有纪年春秋，所以也就缺少客观的历史……只有在对于"法律"有自觉的国家里，才能有明白的行为发生，同时对于这些行为也才能有一种清楚的自觉，这种自觉才会产生保存这些行为的能力和需要。①

尽管笔者一向不认同黑格尔的哲学观点，当然也不认同他想象出来的民族国家的精神内在性以及基于此而产生的民族自我、自觉的存在，但是笔者认为这段论述却精辟地点出了问题的关键——国家、民族、氏族（或其他任何能够对松散的人们形成凝聚力的群体称谓）观念的出现，是叙事历史出现的先决条件，国家或者某个群体称谓就是叙事的主题。一旦宣称某个叙事文本是某个国家或民族的历史，书写者必然站在这个国家或族群的立场上去选择那些与她的命运息息相关的事件，以及能够展现她的诞生、成长、昌盛或衰落、崩溃、灭亡的拟人化的生命过程或过程的其中一段的事件。这种思维对于已经受过训练的读者来说太熟悉了，当我们找不到这种立场的时候，便会对呈现给我们的那份历史记录感到相当困惑和不满。

国家、民族、部落、家族等等群体称谓，以及它们的制度、法律，和"明白的、自觉的行为"，作为叙事的主题和叙事者的立场，已经有其清晰的政治性，那么道德性又如何体现？按照黑格尔的说法："一个民族，当它从事于实现自己的意志的时候，当它在客观化的进程中抵抗外部暴力、保护自己的动作的时候，这一个民族是道德的、善良的、强有力的。"②

这是不是真的并不重要，重要的是一代代的历史书写者几乎都坚信

① ［德］黑格尔：《历史哲学》，王造时译，上海书店出版社 2001 年版，第 61－62 页。
② 同上书，第 75 页。

着类似的教条。有明确主题的历史文本，政治群体的形象（这究竟是关于哪个/哪些国家、民族、群体的何种命运的史实）应该是显然易见的（至少不能像上文呈现给读者的年代记那样混乱）；而作者写作时对该政治群体的态度是基本认同（例如各国史学家编撰的本国历史），还是不认同（例如《第三帝国的兴亡》的作者，美国人威廉·夏伊勒显然是反纳粹的），抑或表面上保持距离的中立（例如爱德华·吉本在古罗马灭亡近两千年后撰写的《罗马帝国衰亡史》），他们都在以明显或隐晦的方式传达这样的教训：人类的政治性群体应当以什么样的方式来完成自身的保全以及发展，一个国家或民族该如何组织、如何行事才能使其壮大，又会因为何种状况、何种选择而致其衰败。这就是所谓社会制度的存在，以及人只有在制度中才能完成其存在意义的观念，且不论这种观念是不是太自负了，至少它迄今为止仍很有市场——叙事作为人们生活中最普遍的语言模式"都把使它所论及的事件道德化的愿望作为其隐含的或明显的目的"，① 这种"将实在等同于作为我们能够想象到的一切道德源泉的社会制度的冲动……叙事性如果不是这种冲动的功能，也肯定与之紧密相关"②。

　　相比之下，案件事实应当比普通的历史事实具有更明确的价值立场。不像史实的撰写者可以自称是在单纯地记录历史，至于读者从中读出什么，撰写者并不一定要负责，案件事实则必须紧跟一个肯定或否定、宽容赦免或惩罚治罪的评判，事实连同评判一起展览给公众，让他们参与进这个评价系统。同时，司法实践中的叙事，其政治性和道德性更加浅显直白，公然地以官方宣传的姿态来推行一种要求得到普遍遵循的行为乃至思维准则：

　　主体被责成在社会制度中成就其全面的人性，而法律制度是主体最直接遭遇社会制度的形式，关于法律制度的地位存在模棱两可或相互矛

---

① ［美］海登·怀特：《形式的内容：叙事话语与历史再现》，董立河译，北京出版社2005年版，第18页。
② 同上书，第19页。

盾的地方，一个人希望讲述的有关过去（无论是公众的过去还是个人的过去）的故事的结尾是缺乏根据的。①

法庭上关于案件事实的描述，都不得不以制度评价和道德准则为目的，否则就是无效的叙述。

此处再提醒读者：叙事主题尽管道德性极强，但表现形式则是非常狡猾的。表面看起来，叙事者先向受众说完一段故事，暗示他/她讲的一切都是在客观地描述事情的经过，然后再告知人们，应从中得出什么样的经验教训，仿佛事实与教训是一种分别独立的状态，然而，实际上后者早已渗透在前者之中，或者说后者决定了前者的面貌。这一点在本书后面的内容里将会进一步分析。

第三节　成功的事实文本：什么样的文本符合审判要求

一、碎片式的案情信息

上文已经总结了失败的事实记录的几项特征：被记录的事件之间缺乏可辨认的关联，事件的集合无法体现为人熟知的完整性，缺乏可辨认的主题，没有意义。这些特征在关于崔英杰案的年代记式的线索列表中十分突出，那么笔者展示的另一文本——案件的事件经过——情况又如何呢？

通过仔细对照该案判决书所给出的证据材料，可以从中推敲出的事发经过如下：

（1）崔英杰是进城务工的农民，被雇主拖欠四个月的工资，生活陷入困境。

（2）崔英杰借钱购买了三轮车等工具，在中关村路边售卖烤香肠，

---

① ［美］海登·怀特：《形式的内容：叙事话语与历史再现》，董立河译，北京出版社2005年版，第19页。

没有营业执照。

（3）2006 年 8 月 11 日下午 17 时左右，海淀区城管大队队员到崔英杰摆卖地点查处无照小商贩。

（4）第一批到达现场的城管没有穿制服，没有出示任何书面证件和文件，没有任何口头说明。

（5）崔英杰为了三轮车与城管纠缠，当时崔手里握有小刀。

（6）三轮车被没收，崔英杰离开现场，与一同摆卖的赵某失散。

（7）崔英杰返回现场，手握小刀跑进人群。

（8）城管大队副队长李志强被崔英杰刺伤颈部，送往医院后死亡。

所谓从证据推敲得出，实际上能够从判决书所展示的证据那里直接读出的信息，就是这八项事件。"直接读出"指的是避免了所有需要推理、推测、解释、想象发挥等思维或语言过程的内容，用最简单直白的语言叙述的信息。①

假若严格坚持传统的诉讼观念，此处罗列的八项事件应该就是司法

---

① 细心的读者看到这里肯定会追问：这八项事件难道不也是用语言的形式"翻译"了可能是非语言的证据吗？不也同样存在修辞建构的问题吗？回答是肯定的。笔者总的观点是，只要使用了语言，便存在修辞。"修辞零度"的状态是不成立的。（修辞零度的问题国内学者论述较为集中的有以下四篇文章：胡范铸：《论中国修辞学的当下处境》，载《修辞学习》1998 年第 1 期；胡范铸：《再论中国修辞学的当下处境》，载《修辞学习》1998 年第 4 期；缪俊、胡芳方、阮文善：《"零度"的困境——试论修辞与修辞学的价值》，载《修辞学习》2005 年第 3 期；赵军：《修辞学转向与"零度"》，载《重庆社会科学》2006 年第 3 期。）

　　所谓的最简单最直接的语言，只不过是尽量做到排除推测或想象而已——这仍是一个修辞问题。而如何修辞，以及所造成的效果，笔者的"自由裁量"尺度恐怕比读者想象的还要大得多。例如事件（5），若写成"崔英杰手中握着小刀与城管纠缠"势必导致读者想象崔英杰有意持刀威胁、暴力抗法的画面，与公诉方在庭上竭力试图营造的剧情场景一致；再如事件（8）要是改成主动句式"崔英杰刺伤（或刺死）城管副队长李志强"，则几乎是未审先判地影响了读者去认定被告人的故意杀人罪。所以，读者在阅读这本书的时候，同样应该十分小心地审视笔者的语言和修辞。

　　当然，这里不构成悖论。本书论述"事实是修辞建构的"，是指生活中各种非语言情状被转化成语言的过程，而不是一切语言过程。语言本身被语言再度诠释的情形比较复杂。前者涉及经验范畴（语言讲经验），后者的用语言再去分析阐释语言自身的问题（语言讲语言），并不一定伤害到经验范畴。因而，承认"'事实是修辞建构的'这句子也有修辞"绝不等同于承认"事实不是修辞建构的"。换句话说，修辞的确存在于一切语言活动中，但不是一切修辞都在完成对经验事实进行建构的使命。

所需的"案件事实"了，而且不折不扣地来源于经过了法庭质证、审理并被确认采纳的证据，理论上说，事实审理可以到此结束了，根据这样的案件事实可以得出司法结论了。真的是这样吗？

很明显，凡是具有法律常识的人在阅读了以上事件序列之后，都会感到无所适从，根本不可能从这样的叙述中获得任何能够指导他们作出司法判断的信息。为什么会有这种情况发生？

二、从编年史到叙事历史

作为崔英杰案的叙事分析的铺垫，这里有必要先以一些历史文本为例证，对比单纯的事件罗列与完整的事实叙事之间的关键性差别。

（一）令人不满的编年史

要解答这个问题，我们首先得将这份核心事件的罗列与先前的案件线索表对比。如果说线索表可以对应历史学上的一种年代记式的记叙格式，那么事件的罗列对应的是编年史体裁的格式。编年史可能更为人所熟悉，比起年代记，编年史的详细程度更高，情节性和可辨认的叙事程度也就相应更高，但比起人们最喜欢也最经常看到的"历史"文本来说，又欠缺了什么。（有的情况下，汉语"编年史"和英语"chronicle"两个词也用来广泛地称呼所有明显按年份顺序记载史实的方式，这种情况下，年代记或年表也被视为编年史的一种。但本书是区分了编年史和年代记两种历史编撰体裁的。另外，请读者注意，其实二者之间不存在一个严格的界限。与所有的人为分类一样，模糊边界是不可避免的，只能作一个大体上的约定，因为根本无法自然地区分言语简洁到什么程度算年代记，复杂到什么程度算编年史。）

例如，中国目前能找到的最早的断代编年史《春秋》，此处列出鲁桓公元年至十八年的一节：

桓公元年

元年春王正月，公即位。三月，公会郑伯于垂，郑伯以璧假许田。夏四月丁未，公及郑伯盟于越。秋，大水。冬十月。

桓公二年

二年春，王正月戊申，宋督弑其君与夷及其大夫孔父。滕子来朝。三月，公会齐侯、陈侯、郑伯于稷，以成宋乱。夏四月，取郜大鼎于宋。戊申，纳于大庙。秋七月，杞侯来朝。蔡侯、郑伯会于邓。九月，入杞。公及戎盟于唐。冬，公至自唐。

桓公三年

三年春正月，公会齐侯于嬴。夏，齐侯、卫侯胥命于蒲。六月，公会杞侯于郕。秋七月壬辰朔，日有食之，既。公子翚如齐逆女。九月，齐侯送姜氏于欢。公会齐侯于欢。夫人姜氏至自齐。冬，齐侯使其弟年来聘。有年。

……

桓公五年

五年春正月，甲戌、己丑，陈侯鲍卒。夏，齐侯郑伯如纪。天王使仍叔之子来聘。葬陈桓公。城祝丘。秋，蔡人、卫人、陈人从王伐郑。大雩。螽。冬，州公如曹。

……

桓公十一年

十有一年春正月，齐人、卫人、郑人盟于恶曹。夏五月癸未，郑伯寤生卒。秋七月，葬郑庄公。九月，宋人执郑祭仲。突归于郑。郑忽出奔卫。柔会宋公、陈侯、蔡叔盟于折。公会宋公于夫钟。冬十月有二月，公会宋公于阚。

……

桓公十七年

十有七年春正月丙辰，公会齐侯、纪侯盟于黄。二月丙午，公会邾仪父，盟于趡。夏五月丙午，及齐师战于奚。六月丁丑，蔡侯封人卒。

秋八月，蔡季自陈归于蔡。癸巳，葬蔡桓侯。及宋人、卫人伐邾。冬十月朔，日有食之。

桓公十八年

十有八年春王正月，公会齐侯于泺。公与夫人姜氏遂如齐。夏四月丙子，公薨于齐。丁酉，公之丧至自齐。秋七月，冬十有二月己丑，葬我君桓公。①

先不论已被中国的文史哲学术界泛滥讨论的作者、政治、法律、哲学、文化等等问题，这里笔者试图从一个普通的没有学术铺垫和成见的单纯读者的角度，将其当做一份历史文献，去观察其中的叙事问题。② 这段记事看上去较《圣加尔年代记》有意思得多，至少有了一个主题——东周时代鲁国的历年大事记（实际被记录下来的事件涉及众多的诸侯国，也有人认为当时在官方记事上有各国史官互通信息的习惯），这也是个政治立场明确而典型的主题。以诸侯国君主的在位年份为单位，每个条目都显得十分清晰，再以四季为子条目，记录作者认为应当被记下的大事，既然是鲁国史，那么总是有关鲁国的家国社稷的事情，比如粮食生产、自然灾害、特殊天气和星相、外交、战争、君主家庭和诸侯国政府的重要事件。

但是，通篇读来，我们依然会觉察到一种不完整感。似乎是来自于被记录的事件之间的关联性——上一年与下一年，除了时间延续并且都与鲁国这个政治实体有关之外，很难说它们还有别的什么联系，一年之内的四季之间也是如此。同时，和年代记一样，这部编年史虽然文本从鲁隐公元年（公元前722年）起至鲁襄公十四年（公元前481年）止，

① 《春秋左传·桓公元年至十八年·经》。
② 笔者个人倾向于《春秋》乃鲁国历代史官按照当时的编撰习惯和典范所记录的史实文本的观点，而非后人传说的孔子所作（但不排除孔子本人或孔门弟子对其进行了编撰或修订），因此在本书中也将其作为编年史的实例来进行对比分析。历史学界近期也有用计量史学的研究方法来论证其作者是孔子的文章，如乔国良：《从"正品年份"时代变化规律论孔子作〈春秋〉》，载《学海》2000年第4期。然而，关于《春秋》原本究竟是历史文献还是政治哲学教材、作者是史官还是圣人的争议与这篇文章的主题没有多大关系，在这里没有必要讨论，全部略过。

但并没有明确的叙事性开端和终结，只要条件允许，按照原有的笔调继续向前推或者往后写，可以是无止境的。最后一点，尽管文本具有了显著的主题和立场，然而却没有给读者一个确定的意义——它究竟在试图告诉人们什么样的故事，什么样的经验和教训？（后人从中推敲出的各式各样的微言大义暂且不论，也正是因为原始文本的语焉不详，才给了人们进行索隐、发挥乃至穿凿附会的巨大空间。）

海登·怀特曾对编年史的这类症结有一个更深层的评论："编年史缺乏对它论及的一连串事件的'意义'进行概括的结尾，这种结尾我们一般期望从创作完好的故事中看到。编年史往往许诺某种结尾，但不提供。"① 也许《春秋》作为一个整体的文本，其原始的记录者以及后来重新修订编撰的作者确实希望通过它去传达某些深刻的思想和道理，然而他们没有用明白的语言写进文本，没有向读者作任何交代。是这个表达思想、道理的结尾缺失了，使故事没了意义，使被记述的内容看上去仍然显得破碎散乱和无的放矢，使编年史依然无法满足人们对于"事实真相"的好奇心。

（二）叙事历史

正因《春秋》的原文对史实的记录过于简略，令人费解，于是有不少后人为其作传，向读者解释其含义。其中《左传》比较特别，与《公羊传》或《谷梁传》等春秋传书十分不同，它没有用人们熟知的论述笔调，而是另外记叙了一段时间上相应、内容上更详细的史实，置于原文下，作为注解。其态度有如：原文没有交代清楚，这里再详细告知当时发生了什么事情。《春秋》关于桓公二年的记载不到百字（原始文本无标点），而《左传》却给这一年的条目的"传"写了一段近千字的史实，包括原文里没有出现的事件。（如果把《左传》视为一部历史文献，便遇到了前面提出的问题：它究竟应该归类为编年史还是叙事史？单篇来看，其文字基本符合叙事史的定义，但全篇看，它也是按照年份

---

① ［美］海登·怀特：《形式的内容：叙事话语与历史再现》，董立河译，北京出版社 2005 年版，第 22 页。

断章记录的。笔者在这里取单篇为样本，与典型编年史文本作比较时，将它当做叙事史。）

当中宋国卿华父督杀害宋国大夫和宋国君主，以及因此引发的相关外交事件的一段，《左传》记载如下：

（桓公元年）宋华父督见孔父之妻于路，目逆而送之，曰："美而艳。"

二年春，宋督攻孔氏，杀孔父而取其妻。公怒，督惧，遂弑殇公。

君子以督为有无君之心而后动于恶，故先书弑其君。会于稷以成宋乱，为赂故，立华氏也。

宋殇公立，十年十一战，民不堪命。孔父嘉为司马，督为大宰，故因民之不堪命，先宣言曰："司马则然。"已杀孔父而弑殇公，召庄公于郑而立之，以亲郑。以郜大鼎赂公，齐、陈、郑皆有赂，故遂相宋公。

夏四月，取郜大鼎于宋。戊申，纳于大庙。非礼也。臧哀伯谏曰："君人者将昭德塞违，以临照百官，犹惧或失之。故昭令德以示子孙：是以清庙茅屋，大路越席，大羹不致，粢食不凿，昭其俭也。衮、冕、黻、珽、带、裳、幅、舄、衡、紞、纮、綎，昭其度也。藻、率、鞞、鞛、鞶、厉、游、缨，昭其数也。火、龙、黼、黻，昭其文也。五色比象，昭其物也。钖、鸾、和、铃，昭其声也。三辰旂旗，昭其明也。夫德，俭而有度，登降有数。文、物以纪之，声、明以发之，以临照百官，百官于是乎戒惧，而不敢易纪律。今灭德立违，而置其赂器于大庙，以明示百官，百官象之，其又何诛焉？国家之败，由官邪也。官之失德，宠赂章也。郜鼎在庙，章孰甚焉？武王克商，迁九鼎于雒邑，义士犹或非之，而况将昭违乱之赂器于大庙，其若之何？"公不听。周内史闻之曰："臧孙达其有后于鲁乎！君违不忘谏之以德。"①

关于宋国内乱，《春秋》的原话只说到华氏弑君、杀孔父，一句带过，并没有交代更多的内容。《左传》则先说华父督偶遇孔父的美艳妻

—————————
① 《春秋左传·桓公元年至二年·传》。

子，再讲他杀孔父之后娶其妻，惹怒宋国君——事情由此变成：华氏是因为垂涎孔氏之妻，再加上后面讲到的双方在政治上的纠葛，使其生邪念杀死孔氏；又因国君怒，而害怕获罪，干脆弑君。这样便具备了典型叙事的一个重要的情节结构：故事的开头。这里所谓的开头，不是文字的自然起始，而是一种"决定了故事展开条件的初始格局"。①

编年史的记录使华氏杀孔弑君的行为看起来毫无来由，它仅仅在时空的某个点上以自然自在的方式放置着，并没有什么的事情推动它的发生，而后续的桓公联合另外三国诸侯平乱、取走大鼎置于鲁国太庙等等事件，与它是否有联系、是怎样的联系，文本的反映也不怎么清楚。但在叙事历史的文本中，一切都清楚而井井有条：

小的起因：对美色的贪念。

导致：杀人，夺妻，弑君，致国乱以及一系列外交格局变化。

大的起因：（1）宋殇公即位后常年内乱，太宰华父督因为垂涎孔父的夫人，以内乱罪责在孔父为由杀人夺妻，惧怕殇公降罪而弑君，形成更大的政治混乱。（2）之后，鲁、齐、陈、郑等国的君主接受了华氏贿赂。

导致：鲁桓公联合齐侯、陈侯、郑伯，承认华氏在宋国的权力，华氏从郑国召回庄公立为傀儡君主。形成宋国亲近郑国、积极笼络鲁、齐、陈等国的政治格局。

此时，我们还发现了一个"不同于初始格局的并且包含了故事结果的终极格局"，② 其他的事件都安置在故事的开头和结局之间，形成情节，即从开头到结局的推进和演变，"这种看法意味着，故事中的每一件事都限制在一种总体上是推论性的情景之中，它从中获得意义。或者，换一种说法：事件的历史意义存在于讲述它的由来以及由此得出的结果之中"③。

---

① ［德］L. 赫尔舍尔：《新编年史：一种史学理论的纲要》，陈新译，载《世界哲学》2003年第4期。

② 同上。

③ 同上。

　　很明显，作为初始格局的开头，是一种功能性的修辞结构，这个修辞功能在叙事中的作用如同告知读者：因为发生了如此这般的事情，于是才有了下面的一系列情节和行动，假如避免了如此这般的事情，恐怕就不会再有现在给大家讲的这个故事了。作为终极格局的故事结尾，其修辞功能具有更明显的政治特征：开始如此这般的事情和以后一系列的行动，终于导致了那样的命运，假如过程的某个点上作出不一样的选择，恐怕命运和结局将会大为不同，大家若能记住这个故事，日后遇到类似情形，自会有所取舍。

　　也就是说，叙事的这种从开头到结尾的修辞结构，向文本的读者暗示了一个"因果"观念，灌输了一种哲学的兼或政治的思维方式——世界、历史、社会的状态和人们的生活，并非随意、无序的，它们呈现出眼下的样子，是被某种力量推动的——好的叙事文本应该能够向人们揭示这背后的力量，让人们理解并把握通过故事展现的世界和人类自身。

　　如此，这一章第二节所总结的四个问题，叙事体历史已经解决了三个：

　　1. 事件间的关联性：被记录的事件之间通过一种（部分是想象出来的）因果关系环环相扣地联系着，下一个事件是被上一个事件诱发的。

　　2. 故事的完整性：如赫尔舍尔所说，有了初始格局和终极格局，被记录的各项事件都被安放在了一个推论链条的各自位置上，统一完成着从初始格局到终极格局的演进，形成一个整体。

　　3. 故事的主题：前面已经讲到，编年史的宏观主题是"关于鲁国的历史"；叙事史在这一段的主题，可以总结为"宋国的华氏弑君案及其对鲁国和地缘政局的影响"。

　　第四个问题是故事的意义或评价——叙事者对故事情节和人物作出什么样的评价，同时使读者领会什么样的意义。这个内容在叙事过程中往往以两种方式展现，可以是隐藏在情节当中的，也可以是叙事者以积极的姿态向众人讲解的。后者在文学领域常被看作技法成熟度比较低的作品，例如比较粗糙的儿童文学和民间寓言，讲完了人物命运之后，再补上一段"这个故事教育我们……"的结构，或者是劝说大家学习故事中的人物的行为，或者是告诫大家要避免像故事中的人物那样。采取隐藏评价的故事，则没有明显的说教段落，而是把这个任务留给读者和听众，由他们自己从故事里读出意义。应该引起我们谨慎对待的是，有的叙事者会宣告故事没有评价，仅仅是在记录或讲述，但笔者认为这是一种欺骗，因为无目的语言是不能构成叙事的，而目的不是其他，正是讲述者试图向聆听者施加影响的欲望，它只有成功和失败的区别。有关这个问题将在后面的章节再详细讨论。

《左传·桓公二年》的故事，叙事者试图表达的评价还是很明显的，但在技术上作了处理，由故事中的一个人物出来讲解传达。臧哀伯对鲁桓公说了一大段服装、纹饰、音律和等级秩序的话，意在点明华氏一案从开始就是个乱了纲常伦理的大恶事，而其后的桓公又因受贿默许这样邪恶的事情，本来已是不对，还要把受贿得来的鼎放到太庙里去展览，官吏和百姓看见如此榜样，岂不是都要学坏了？若从历史叙事的政治性角度来看，臧哀伯的话正是一段非常标准的儒家政治观伦理观的教材。

三、已完成的案件事实：各版本如何填补信息之间的断裂

（一）案情事件之间的断裂

有了从编年史到叙事史的铺垫，我们可以回答本节第一部分提出的问题了：为何案发经过的八项事件如此清楚地罗列在众人面前，人们仍然对于应当怎样审判感到茫然无措。原因在于，按照时间顺序记录的这八项案情事件，就像令人不满的编年史，每一个条目虽然清楚，而且证据确凿，也比年代记进步了许多，却依旧不能满足人们对事实和真相的要求。

　　事件之间依然存在无以弥补的断裂和模糊。例如事件（6）和事件（7），崔英杰离开了现场，崔英杰返回现场——读者肯定要疑惑，这两个行为是怎么回事？虽然排列在一起，但显然是不连贯的，或者是时间上有空隙，被告人离开现场后过了一段时间再回来，又或者是环境上有空隙，离开之后发生了什么事情或被告人想起了什么致使他再次返回。单纯出于好奇而泛泛地提出这些，似乎还看不出这有什么重要，但是，在法庭上被告人的代理律师的辩护言辞却让我们看到了问题的关键："崔英杰第二次跑出来是为了找跟他在一起干活的小女孩，而并不是为了实施报复……他第二次返回，根本不是为了杀死李志强，就是为了讨回自己的谋生工具。"① 这句话说明，在辩护方的眼里，事件（6）（7）之间的断裂非常重要，如何在叙事上填补它，将是一个直接指向犯罪构成要件的、决定被告人生死的致命关节。

　　事件（7）和事件（8）之间也存在类似的问题。崔英杰跑进人群，手上还拿着小刀，然后是李志强被刺伤死亡，然而这看上去也有点接不上——具体情形是怎样的呢？被告人跑进人群，是漫无方向，还是有特定的目标，如果有，目标就是被害人李志强，还是别的什么，崔英杰又是在何种心理状态下刺伤刺死李的。这些问题都是审理过程中控辩双方纠缠争论的焦点。

　　崔英杰因为什么情况离开了案发现场之后又跑回来，这个恐怕只有他本人才知道，他在法庭上的说明是，当时发现一同摆卖的女孩赵某不知去向，于是回头寻找，代理律师也积极抓住这一点进行辩护。公诉方显然不情愿见到这种说法被法官采信，他们认为被告人再次回到现场的目的就是报复："崔英杰与李志强没有个人恩怨，只是因为他的个人无照经营被查处就产生了报复念头，其报复念头并不是单单指向李志强一个人，而是指向在场的城管队员。"②

---

① 北京市第一中级人民法院 2006 年 12 月 12 日崔英杰案一审庭审实录，http：//tieba. baidu. com/p/226845523（访问时间：2016 年 8 月 3 日）。

② 同上。

　　至于李志强被害的具体情形，在呈给法庭的录像中由于被障碍物遮挡而无法反映，只能根据当事人和目击者的回忆，但是大多数证人都没有看到这个情节。崔英杰本人的描述是现场很混乱，他急于逃走只将小刀往身后随意地一划，并无目的，也不知道伤到了谁；自称目击了过程的证人，城管人员狄玉美则说崔英杰是有意地将刀扎向李志强的要害，刀扎入李志强体内之后崔英杰还"把手一横，刀刃折断"，[1] 同是城管人员的崔公海却又说被告是反握匕首从下往上扎向李志强的。[2] 尽管在这个案子中，这一点上的证据有所不足，但客观的行为，至少其外观总是能够通过证据的详尽来反映的，麻烦在于客观行为背后的主观因素——非常可惜，人们没有任何渠道去直接获得他人的内心活动，一切都只能依赖间接的途径，比如通过客观的行动去推测和想象。下一章我们将看到，修辞在这个环节发挥了多么惊人的作用。

　　编年史的这些断裂点之所以引起纠缠，是因为它们都是直接影响判决的关键因素；之所以会发生争论以及有争论的空间，是因为证据其实并没有向法庭（或任何人）提供一个明确的答案。

　　同时，断裂处该如何弥补，其实在法律的语境中已有一个事先确定的要求，这一点使得案件事实比普通的史实文本的选择空间更为狭窄，修辞性也更强——在这个领域，思维方式、认识方式和语言方式都是被规定好的。对于历史来说，如果我们放开某些本身就不很严苛的教条，完全可以承认年代记或编年史文体尽管不大令人满意，但仍然能够看成某种意义的真实，只不过没有按照现代人熟知的语言和思维模式去观察和呈现而已。可是在法律领域，尤其是司法领域，真相的修辞格式是规定好的，要求的细节如果发生缺失，这个文本会在整体上被认作事实不清、真相不明，而在刑事案件中这样的特点又格外显著。

　　（二）成型的事实叙事

　　无论如何，司法过程中呈现给法庭和公众的各种书面文件或口头陈

────────────────

①　北京市第一中级人民法院刑事判决书，（2006）一中刑初字第 3500 号。
②　同上。

述，必然要出现那种高层次的叙事史式的案件事实。在崔英杰一案里，有关事实真相的叙事文本至少可以辨认出四个版式，见本章第一节的开头所列。

例如版本一：2006 年 8 月 11 日下午，崔英杰在北京市海淀区中关村科贸大厦西北角路边摆摊售卖烤香肠，崔英杰没有营业执照，属于非法经营。北京市海淀区城市综合行政管理大队巡查员以无照经营为由予以查处，并没收其三轮车、烤炉等摆卖工具。查处过程中崔英杰暴力阻碍、抗拒城管人员的正常执法活动，且持刀威胁。城管将非法经营工具没收，崔英杰因此怀恨在心，意图报复，持刀冲向准备收队离开的城管人员，猛刺海淀区城管队副队长李志强颈部和锁骨之间的要害部位，伤及李右侧头臂静脉及右肺上叶，致使李死亡。[①]

这段看上去干净利落、不多不少的叙述，实际上已经将编年史事件间的断裂以及证据无法显示的信息全都修补整齐了。

1. 叙事的主题：鉴于这里的叙事者是司法控诉方，在特殊的语境之下，故事具有一显一隐两个主题。明显的、字面上的主题，是一个关于歹徒在光天化日之下公然行凶，国家法律、社会秩序遭到邪恶个人严重破坏的故事。国家、法律、秩序、正义和安全，是这个文本处处提醒着它的读者的关键词汇。有了这么一个指导主题，编年史的各项事件都有了相应的解释和组织方式。放到司法的语境下，另一个隐形主题，即邪恶的个人一定会受到法律的制裁，被破坏的秩序将在法庭上得到修正，被冒犯的国家和人民意志必须得到安抚。

2. 叙事的完整性：导致这样的刑事案件发生的原因，是作为个人的崔英杰无视法律，只求获取个人私利——他在没有营业执照的情况下，违法摆卖赚钱，而且售卖的是最需要安全监管和规范经营的熟食；当被告人的违法行为被执法者阻止时，他的邪恶本性和藐视法律的态度变本加厉地表现出来。于是才有接下来发生的持刀威胁并报复杀害执法

[①]　参见北京市公安局起诉意见书，京公预诉字〔2006〕516 号；北京市人民检察院第一分院起诉书，京检一分刑诉字〔2006〕第 243 号。

人员的情形。而叙事的终极格局（结尾），表面上说，是以一名城管队员的死亡为形式的恶性案件的酿成，从深层意义上说，这里真正的结局是隐藏的——如此清晰的邪恶事件，任何人都能想象，假如这个国家、这个社会还有公道的话，最合适的结局就是给予行凶者严厉的惩罚——换句话说，故事真正的终极格局被推给审判者和读者，让他们自觉地将其展现出来。

3. 事件间的联系：这时候，案件编年史的事件不再是偶然的、互相独立的了，它们环环相扣，以确定的因果关系和"具体思维指导具体行为"的模式天衣无缝地推进发展，直到最终来到那个揭示故事整体意义的结局。（很容易发现，这里的叙事文本并没有用完所有的编年史事件，这种遗漏实际上包含了重要的修辞目的，笔者将在以后的章节专门论述这个问题。）

因为崔英杰有违法经营的行为，所以他受到了、也理应受到执法者（城市管理综合执法人员）的制止，乃至惩处；因为执法者的查处，也因为崔英杰的个人邪恶和目无法纪，崔竟然持刀威胁执法者；因为非法摆卖的工具被没收，也因为崔英杰内心对执法者的仇恨和积极盘算报复执法者的念头，使他握着刀冲进城管队员当中，并将李志强杀害。接下去，读者可以合理地估计到，崔英杰被公安机关抓获、被检察机关起诉，送上法庭，等待他的判决必然是严厉而毫无悬念的。这样一来，关于案件事实的叙事，几近完美无缺，根本不存在什么编年史的断裂点。事件（7）没有什么值得提出疑问的——崔英杰跑进人群就是为了报复杀人（事件（6）被这个叙事文本删掉了，恐怕不是无意为之）；事件（8）和（9）也不存在不清楚的地方，既然是报复杀人，这样的动机决定了犯罪要件的主观方面，被告人必定知道他当时将会致人死亡，也积极追求这种犯罪结果，明确了主观方面，他行动上的细节已不需深究，即使实际情况无人亲眼目睹也没多大妨碍。

那么，再看版本四：河北省保定市阜平县平阳镇各老村农民崔英杰，家境贫寒，在北京市中关村科贸大厦某娱乐场所充当临时保安。从

2006 年 4 月起，雇主已拖欠四个月工资，崔英杰生活窘困，遂向工友借钱购买三轮车、烤炉等工具，以摆摊售卖烤香肠的方式谋生。2006 年 8 月 11 日下午海淀区城管巡查队以无照经营为由没收工具，当时城管队员没有穿制服，没有出示证件，没有出示包括行政处罚决定书在内的任何文件，也没有作任何口头说明。崔英杰误以为遇到抢夺或勒索，哀求无果之后离开现场，其后返回寻找一同摆卖的女孩赵某，这时看见三轮车被装上卡车，崔英杰试图在最后关头尝试夺回自己的财产，混乱中崔用一直握在手里的切香肠的小刀刺伤海淀区城管队副队长李志强，李志强被送往医院后死亡。①

同样，编年史事件在这个文本中被编织成了一套具有更高级的修辞技巧的叙事史故事，然而，却是一个截然不同的故事。首先，主题从邪恶的罪犯杀死执法者，转变成了备受欺凌的贫穷农民工崔英杰，遭遇地痞恶霸一般的野蛮城管队，被告人试图保住自己的合法财产，跑向自己的三轮车时在混乱中（可能是不小心的，也可能是判断错误），手里切香肠的小刀刺伤了李志强，导致李志强伤重死亡。放在司法的语境中，该版本的叙事史的隐含主题是：这里所发生的并不是一个恶性的刑事案件，而是一起悲剧性的意外事故，并没有所谓的故意杀人的邪恶歹徒，只有一个走投无路而错手伤人的可怜农民，因此法庭真正需要考虑的是如何在复杂和失衡的社会关系中小心处理这种矛盾，以防激化积压已久的社会问题，引发更大的震荡。

既然主题发生了改变，同样的编年史事件，便有了完全不一样的解读方式和组织方式。② 在这个主题下，事件（2）崔英杰的无照经营，不再是目无法纪的坏分子的行为，而是如事件（1）所显示的那样，是

---

① 参见北京市第一中级人民法院 2006 年 12 月 12 日崔英杰案一审庭审实录，http://tieba. baidu. com/p/226845523（访问时间：2016 年 8 月 3 日）；罗锦祥：《故意之前的错误——崔英杰的假想防卫辩护》，http://www. lawyerluo. com/list. asp? id = 264（访问时间：2016 年 8 月 3 日）。

② 尽管人们得到叙事材料的时间可能先于叙事活动，以及叙事主题的形成，但是从叙事的思维过程上说，叙事者通常是先确定了主题和叙事者需要表达的那个中心思想，然后再根据这个主题去观察、思考、编排、修剪叙事可能用到的素材。

一个为生存所迫的无可奈何的举动。事件（5）中崔英杰与城管发生纠缠，在版本一看来是暴力抗法、持刀威胁执法者，在这里则被诠释为由城管的执法不当引起的误会。而事件（6）（7）之间的缺口在这个文本中是如此填补的：因为见局面不利，崔英杰实际上放弃了要回三轮车等经营工具的念头，打算离开现场；因为与一同摆卖的女孩失散，所以返回寻找；因为看见自己的三轮车在城管手中，希望再次尝试抢回，所以跑进人群；因为场面混乱，慌张中失手伤人。

或许，有过司法实践经验的人，大多都会预测，这个版本的事实被法庭接纳的可能性非常小，然而我们不得不承认，它确实也完成了与版本一相同的任务——面对完全一样的证据、案件线索、编年史事件，去建构一个既符合人们熟知的历史语言、也符合我们熟知的法庭语言的叙事体的故事（本章第一节给出的四个叙事版本皆同此理）。

关于案件事实的叙事演化过程，到这里已经展示完毕，这一章开头所问的哪个才是真相的问题，恐怕已经没有什么意义了。真正困扰我们的是：从相同的（尚未叙事化的）证据等信息出发，可以演化出不同的叙事，而且在司法语境下，文本间的差异可能导致相去甚远的司法判断——那么，关于司法活动的叙事过程本身，究竟向我们揭示了什么？接下来的章节，笔者将细化分析案件事实的叙事建构当中的一些比较关键的理论问题。

第二章　从证据到事实的跳跃

　　看过案件事实在司法审判过程中的叙事演化的演示之后，我们还是回到证据的问题上来。但是，笔者必须说明的是，有关证据的各种问题，对于这本书来说不是重点，甚至可以说，完全是一个旁支的内容——本书讨论的是，案件事实的产生过程的修辞问题。然而，由于证据是传统的法学在观察和讨论事实审理时最为关心的一个环节，本书完全绕开不谈将显得有所缺失。所以，这一章的内容看上去可能会在整体上与其他章节有所疏远。

　　如导论中所说，本书不可能否认证据以及证据规则在事实认定上的至关重要的作用，笔者尝试的是一个推进式的而非否定式的研究。证据是认识案件事实的第一来源，如果证据发生变化，相当于上一章中的案情线索和编年史事件都必须随之变化，也相当于后一个层面上叙事所依赖的素材都出现根本性变动，最终的事实文本必然发生重大变化——这些是毋庸置疑的。只是，这个问题早已经过大量的论述和研究，笔者没有必要重复。

　　但由于传统的关于案件事实的讨论，只关注证据这个阶段，而叙事建构的阶段总是被忽视，本章试图揭示的是：如果用旧的理论去观察案件事实，我们会感觉到证据与事实文本之间存在某种断裂地带，可是这种断裂又不为人所承认，这样的矛盾将导致在证据与事实间的认识、推理问题上，得出一些模糊混乱的理解。因而笔者尝试在这个阶段提出一个推进式的理论框架，也是为了弥补这种认识上的断裂感。

第一节　证据与事实之间的距离

由于笔者无法亲身介入这个刑事案件，只能得到现行法律法规允许公开的资料，因而崔英杰案的证据都来自一审判决书，有利之处在于，这些写入判决书的证据都是经过了法庭程序的质证，并且由合议庭法官决定采信，更能支持笔者在这本书里的观点——证据并不能有效排除修辞造成的事实文本的分化，这一分化完全可以发生在证据问题业已完成之后。不利之处则是，无法获得侦查、起诉阶段收集来的第一手证据，以及审判人员所掌握的第一手资料，因此无法详细分析修辞在司法的各个阶段所起到的作用。

一、崔英杰案的证据以及从中得出的信息

（一）崔英杰案的证据

仔细阅读判决书列出的物证、书证和鉴定勘查报告：

（1）北京市公安局海淀分局刑事侦查支队出具的《现场勘验检查笔录》及现场照片证明：现场位于北京市海淀区中关村一号桥东南侧主路右侧车道。中心现场位于中关村一号桥东南侧由南向北主路路口停车标识线向南 30 米处右侧车道内。中心现场地面有长 1.7 米血迹（已提取），血迹附近地面上有一把红色塑料刀柄（已提取）。在海龙大厦地下一层海淀城管大队海淀分队办公室内停放一辆三轮车（系被告人所用），车斗内装有火炉、铁锅等物，物品下发现红色塑料刀鞘一个（已提取）。在海淀医院急诊室，从海淀城管大队海淀分队尹肇江处提取刀刃一把，刀刃长 10.5 厘米、宽 2.3 厘米（据介绍刀刃是抢救李志强时从其颈部取出）。

在北京市海淀区中关村科贸电子城 8 层名柜娱乐城保卫部监控室过道第 79 号更衣柜内提取到上衣一件（已送检）。

（2）北京市公安局法医检验鉴定中心出具的京公法病理字（2006）第 676 号《尸体检验鉴定书》鉴定结论证明：李志强颈前喉结左侧可见斜行条状创口 1 处，创道方向沿皮下浅肌层斜向右下，造成右侧头臂静脉破裂，进入右胸腔，止于右肺上叶，创道长为 10 厘米，李志强系被他人用锐器（片刀类）刺伤颈部，伤及右侧头臂静脉及右肺上叶，致急性失血性休克死亡。

（3）北京市公安局法医检验鉴定中心出具的京公法物证字（2006）第 2747 号《生物物证鉴定书》鉴定结论证明：极强力支持送检现场血迹 2 处、刀刃上血迹、上衣（名柜娱乐城保卫部监控室过道第 79 号更衣柜构）上的血迹为李志强所留。

（4）当庭出示的公安机关出具的三轮车、刀刃、刀柄、刀鞘照片，经被告人崔英杰辨认后确认是其使用的物品及凶器。

（5）北京市公安局海淀分局刑事侦查支队出具的《接受刑事案件登记表》证明：2006 年 8 月 11 日 17 时 10 分，报案人崔公海报称其与同事李志强等人在海淀区中关村科贸大厦西北角路边执行公务时，一名男子持刀将李志强颈部扎伤，李因抢救无效死亡。

（6）北京市公安局海淀分局刑事侦查支队出具的《到案经过》、《工作说明》证明：经调查确定崔英杰有重大犯罪嫌疑，后于 2006 年 8 月 12 日 3 时许在北京市海淀区金渤瀚国际商务会馆将崔的朋友张雷传唤，张雷交待崔英杰找其称自己将城管砍伤，要借钱躲藏，后崔英杰携带牛许明和段玉利提供的钱财，去了张雷、张健华为其安排的藏匿地。当日 4 时许，公安人员在北京市海淀区金渤瀚国际商务会馆将被告人张健华抓获；5 时 30 分许，在天津市塘沽开发区万连别墅 72 栋 5 楼将被告人崔英杰抓获。2006 年 8 月 31 日 16 时许，公安人员在北京市海淀区中关村恒昌科技有限公司内将被告人牛许明抓获。同年 9 月 1 日 9 时许，段玉利主动与公安机关联系投案，公安人员即到北京市海淀区科贸大厦内将被告人段玉利带回审查。

（7）公安机关出具的《户籍证明》证明：被告人崔英杰、张雷、牛许明、张健华、段玉利及被害人李志强的姓名、出生日期、住址等情况。[①]

由于判决书中给出的证人证言，每一段都已经是完成了叙事的修辞，并且经过了不止一个讲述者的加工处理，从证人在侦查阶段对公安机关诉说的回忆，到公安、检察机关书写的卷宗，最后由法官执笔重新整理成定型的故事，写到判决书中。因此，为了避免先入为主的偏见，笔者这里先省略这部分证人证言。另外选取的是更接近于原始材料的一段证据，即证人在法庭上的直接证词，这是一种问答对话体的片段式的呈现。崔英杰案在庭审时只传唤了一名证人赵某（就是崔英杰所说的案发当日与他一同摆卖的女孩）：

［辩护人询问证人］

辩护人：赵某，你当天和崔英杰什么时候出摊？

赵：下午三四点左右。

辩护人：后来你被一大帮人围起来，争夺三轮车的时间？

赵：4：30左右。

辩护人：城管队员做了什么？

赵：我们护着车，他们拉着，我哀求他们把车给我们留下，双方都在争那辆车，当我转身的时候发现那辆车已经被他们装上，我在那边大概呆了三四分钟，当我转过身的时候不知道发生了什么。

辩护人：他们要查抄车的时候有没有出示证件？

赵：没有。

辩护人：是否填写了行政处罚决定书？

赵：没有。

辩护人：是否出示扣押物品通知书？

---

① 北京市第一中级人民法院刑事判决书，（2006）一中刑初字第 3500 号。

赵：没有。

辩护人：崔英杰跟城管说了什么？

赵：他说把车给我们留下，我们的生意不做了。

辩护人：你有没有看见在混乱之中，崔英杰用刀扎向他们队员中的其中一人？

赵：没有。

辩护人：我看过你的笔录。你怎么知道找到你们这些人是城管工作人员？

赵：我听崔英杰说的。

辩护人：什么时候听到的？

赵：在城管来的时候。

辩护人：没收三轮车和香肠是谁跟你说的？

赵：我不太清楚。

辩护人：你有没有看到城管工作人员有几个人追他？

赵：七八个。

辩护人：是在什么时间？是在三轮车被拉上执法车之前还是之后？

赵：之后。①

同样的对话体证据，还有法庭上的崔英杰供述，同案被告人张雷、牛许明、张健华、段玉利供述。篇幅限制，这里只节选其中几段作为直观认识的材料：

［公诉人讯问被告人崔英杰］

公诉人：你跟本案被害人认识吗？

崔英杰：不认识。

公诉人：你跟他以前有过矛盾吗？

崔英杰：没有。

---

① 北京市第一中级人民法院 2006 年 12 月 12 日崔英杰案一审庭审实录，http：//tieba. baidu. com/p/226845523（访问时间：2016 年 8 月 3 日）。

公诉人：今年 8 月 11 日你因为什么问题？和什么人发生冲突了？

崔英杰：我不知道。

公诉人：你摆摊经营什么项目？

崔英杰：卖烤肠。

公诉人：有营业执照吗？

崔英杰：没有。

公诉人：过去无照经营的行为是否受过有关部门的查处？

崔英杰：是的。

公诉人：什么人查处的？

崔英杰：当时我不知道。

公诉人：8 月 11 日当天，你进行无照经营的时候，有什么人干扰你的经营活动？

崔英杰：不知道是什么人，就是过来一帮人。

公诉人：有什么人跟你说什么了？

崔英杰：过来一句话都没有说，直接拉我的车。

公诉人：你当时有什么反应？

崔英杰：我感觉可能是碰上社会上的人了，我问他们，他们没有说话，我就哀求他们，他们说不行，比较坚决，意思是必须把车带走。

公诉人：你当时手里拿着什么东西？

崔英杰：我正在切肠，拿着小刀。

公诉人：你有什么行为？

崔英杰：我吓唬他们。

公诉人：后来呢？

崔英杰：后来我就离开了。

公诉人：这些人对你人身有什么举动吗？

崔英杰：当时没有注意。

公诉人：后来你为什么要离开现场？

崔英杰：我一看人越来越多，我感觉要车是没有希望了，他们要就要了吧，我就离开了。

公诉人：后来为什么又返回现场？

崔英杰：我回去找那个女孩。

公诉人：当时手里拿着什么？

崔英杰：一直拿着切肠的小刀。

公诉人：返回现场之后遇到了什么人？

崔英杰：我看见他们正在把我的三轮车往他们的车上装。

公诉人：当时被害人李志强的衣着和体貌特征看清楚了吗？

崔英杰：没有。

公诉人：为什么要用刀扎他？

崔英杰：我没有特定的目标，他距离我最近，对我最有威胁。

公诉人：他怎么威胁你了？

崔英杰：我们擦肩而过的时候没有太看清楚。

公诉人：你手里怎么拿的刀？

崔英杰：右手拿刀，刀刃向下。

公诉人：怎么扎被害人的？

崔英杰：我当时没有看，就是一划，我怕他抓我，顺手一扒拉就扎了他。

公诉人：怎么扒拉的？

崔英杰：记不清楚了。

[公诉人讯问被告人张雷]

公诉人：你跟崔英杰什么关系？

张雷：同事关系。

公诉人：你们关系怎么样？

张雷：还可以。

公诉人：你说你们在小吃店商量的时候，说崔英杰出事了，他出什么事了？

张雷：跟别人打架了。

公诉人：他怎么跟你说的？

张雷：在小吃店，他向我借钱，我说我没有，我问他到底出什么事了，他跟我说跟别人打架，把别人扎伤了。

公诉人：伤者是什么人？

张雷：城管。

公诉人：伤到什么程度？

张雷：我不知道。

[辩护人询问被告人张雷]

辩护人：崔英杰当天见到你的时候，你从外表的着装能看出他打架了吗？

张雷：不能。

辩护人：他说的打架、伤人都是听他的口述？

张雷：是。

辩护人：他说伤到什么程度了吗？

张雷：没有。

辩护人：有可能伤到什么程度，他跟你说过吗？

张雷：没有。①

（二）证据所显示的信息

如果要求读者来审理这个案件，来寻找案件的事实经过，来判断被告人是否有罪，那么，面对这些毫无保留的陈列在眼前的证据，读者会有什么样的感知？课堂上的法学教育很少涉及事实如何得来的问题，而更多关注的是面对各种事实，一个专业人士该如何适用法律，仿佛那些"事实"都是现成的，"在大学的法律教育中，书面上（在试卷和家庭作业中）反复出现的事实被假定为完整且切合实际的。因此，学生只

---

① 北京市第一中级人民法院 2006 年 12 月 12 日崔英杰案一审庭审实录，http：//tieba. baidu. com/p/226845523（访问时间：2016 年 8 月 3 日）。

需要对它们进行评价就行了。但在实践中情况却截然不同"①。

眼前的情形，相信绝大多数普通的、理性的人看到的是：一摊血迹，一把被告人用过的、导致被害人死亡的小刀［证据（1）（4）］，被告人穿过的染有被害人血迹的衣服［证据（3）］，被害人是大静脉和肺部受重伤而死的［证据（2）］，有人报案说凶手是被告人［证据（6）］。

而问答对话式的证言和供述，我们能获得的是一些支离破碎的，没有重点的，而且存在不少前后矛盾的信息片段。在这里，提问的人是否在提问之间已经有一套先入为主的关于事实经过的大致文本，此处先不讨论；但可以肯定的是，他们的提问是有站在他们的立场上需要为自己考虑的目的，然而这目的是不能向旁听人揭示的，一切都必须看起来像是"客观的"，因此序列在旁人眼里显得很模糊，而回答者更是处于被动的位置，问什么就答什么，无法直接出示一套完整的叙事化的文本。

比如公诉人问被告：后来为什么返回现场？被告答：回去找那个女孩。这里的提问看上去是想将人们的注意力引到被告人的动机和心理过程上，而被告的回答又将人们的思维岔开，仿佛这段话与正在审理的故意杀人案无关（这不是随机的，这里存在着相当微妙的修辞对抗）。紧接着的问答显得更为矛盾，公诉人问被告返回时手里拿着什么，我们的思维再次被岔开，直到被告回答一直拿着切香肠的小刀，而那正是刺伤被害人的同一把刀，对话似乎又重新回到故意杀人的主题上来。

然而，蜿蜒曲折的言辞，赤裸陈列的物品，这里唯独缺少的就是事实。案件事实在哪里呢？

它不可能自动地呈现在法官或陪审团或任何一个非亲历者面前，（亲历者是否能代言原始的事实也相当值得怀疑，因为个人的感知总是有限的，甚至还有当局者迷的情形，况且在同一历史片段中的不同亲历者可能有完全不同的视角和认知；因而亲历者以及他们的思维、记忆过程也仅仅是叙事史文本的素材来源，而非叙事历史本身。）它是一个被

---

① ［德］伯恩·魏德士：《法理学》，丁小春、吴越译，法律出版社2003年版，第298页。

发现——或称之为"被创作"可能更贴切些——的过程，这过程当然不是凭空而来的，它有自己特定的模式：例如证据的底线作用，事实不可能完全脱离证据，在这个案子里，谁若出来提出明显与证据信息相冲突的主张，比如李志强不是崔英杰刺伤或杀害的，或崔英杰没有与城管队员发生冲突，肯定无法说服任何人；再例如程序法关于怎样使用证据的规定，比如若有些证据尽管真实而准确，但是获取的手段是违法的，法庭也不应当采纳这种证据作为组织或认定案件事实的根据。

可是，单纯有了证据本身，有了规范人们处理证据的方式，就完成全部任务了吗？人们具体是怎么从证据里看到或查明事实的？或者问，证据具体是怎么变成事实的？关于这些问题，很难在人们熟知的法学教育中找到解释。甚至有学者直接说，这本身就是个模糊的心理和思维过程，根本无法解释，或者可以笼统地称其为自由心证。① 可能在传统法学理论中，这样的讲法并没有错，因为传统的法学并不提供心理认知过程的研究。

真正糟糕的情形在于，我们一方面承认通过证据查明案件事实的过程是个模糊的过程，没有能力解释清楚内里的来龙去脉，但另一方面我们又高调地宣称真相只有一个、事实是确定的、它必须也只能来自证据、这是公平正义的根本。到底如何，需要先来考察一下证据与事实之间的距离。

二、从证据到事实的跳跃

在上一章当中，笔者罗列了这个案件的线索和事件序列，其中一段是关于李志强被崔英杰刺伤死亡之前的时间：

崔英杰与城管纠缠

崔英杰离开现场

崔英杰返回现场

---

① 参见苏力《送法下乡》，中国政法大学出版社 2000 年版，第 162 页。

即事件（5）至事件（7）：

（5）崔英杰为了三轮车与城管纠缠，当时崔手里握有小刀。

（6）三轮车被没收，崔英杰离开现场，与一同摆卖的赵某失散。

（7）崔英杰返回现场，手握小刀跑进人群。

这里选取出来作为分析的例证。

关于事件（5），可以看到的比较原始的证据是法庭上的两段问答，一段是证人赵某回答崔英杰的辩护人询问的证词，另一段是主要被告人崔英杰回答公诉人讯问的供述：

［辩护人询问证人］

辩护人：后来你被一大帮人围起来，争夺三轮车的时间？

赵：4：30 左右。

辩护人：城管队员做了什么？

赵：我们护着车，他们拉着，我哀求他们把车给我们留下，双方都在争那辆车，当我转身的时候发现那辆车已经被他们装上，我在那边大概呆了三四分钟，当我转过身的时候不知道发生了什么。

［公诉人讯问被告人］

公诉人：8 月 11 日当天，你进行无照经营的时候，有什么人干扰你的经营活动？

崔英杰：不知道是什么人，就是过来一帮人。

公诉人：有什么人跟你说什么了？

崔英杰：过来一句话都没有说，直接拉我的车。

……

公诉人：你当时手里拿着什么东西？

崔英杰：我正在切肠，拿着小刀。

公诉人：你有什么行为？

崔英杰：我吓唬他们。

公诉人：后来呢？

崔英杰：后来我就离开了。①

证词供述，是一种非常强烈的个人追忆的陈述形式，它是一种语言化的表现，追忆者当然有他们自己对事情经过的整体看法，或者模糊或者清晰。但在法庭的问答程序里又打乱了它的叙事化的修辞倾向，因而，这种追忆陈述停留在尚未进化成叙事的语言阶段。打乱的缘由一方面来自一问一答的结构，这使人们没办法长篇大论地组织语言，另一方面则是，回答的人虽然是亲历者，然而提问的人不断将自己的意志投入进去，试图左右追忆人的思维方向，或者干脆扰乱他们原初的认识，诱骗他们把事情往提问人期望的目标上说。两种意志的对抗之下，矛盾和混乱是不可避免的，这也给旁听的判断者造成很大的困难。

这两段对话的内容都是关于城管队来了以后、城管副队长李志强遇害以前所发生的情况。崔英杰与他们发生了纠缠是肯定的，但"纠缠"具体是指什么？这个问题放在编年史文本中似乎没什么意义，读者甚至根本想不起来提问。但是，在司法活动的语境（特别是此时此地的刑事案件的审理语境）之下，这又成了个很重要的问题，待会儿我们会看到控辩双方都在抓住这个细节大做文章，因为它关系到叙事下一步的情节该怎么编织。

赵某描述的场面大致是一个"他们拉着，我们护着"的样貌，并且她还"哀求"了城管（赵某已经表示她当时知道对方的身份是城管，针对的是他们路边无牌摆摊，目的是没收他们手上的东西，这和崔英杰在法庭上试图暗示的不一样）。崔英杰一开始试图描述的与赵某差不多。公诉人问"有什么人干扰你的经营活动"，看似多余，实则有技巧：假如被告回答"城管"，就等于当庭承认自己妨碍执法。崔英杰似乎很敏感地觉察到问题的陷阱，说"不知道什么、过来就是一帮人"，不但逃开了对方的目标，而且展开一套遭不明身份者抢夺财物的图景。然而公诉人突然强势要求崔英杰回答"手上拿着什么"，如

---

① 北京市第一中级人民法院 2006 年 12 月 12 日崔英杰案一审庭审实录，http：//tieba. baidu. com/p/226845523（访问时间：2016 年 8 月 3 日）。

果看过公安机关的起诉意见书和检察机关的起诉书,公诉人问这样的问题是想达到什么效果,它在公诉方的叙事文本里将扮演什么修辞作用,都显然易见,公诉人在试图证明崔英杰有备而来。被告人只能如实供称手中有切香肠的小刀,还加了一句"我吓唬他们",这句话既可以理解为"我威胁他们",也可以理解为"我只是想吓唬吓唬、没有打算伤害他们"。

那么,这样的证据提供了什么信息?或证明了什么事实?笔者不能直接总结。因为证据本身以语言的面貌出现,已经是修辞的结果了,这里再做个所谓的总结,就是向读者提供另一套修辞,而这套新修辞将怎样地改变事情的面貌,是读者难以控制的(因为这必然是笔者的修辞),也可能具有相当大的误导性和欺骗性。

但我们可以看看,诉讼参与者自认为他们从证据中寻找到了什么。

在检察机关的起诉书中关于这一段的案件事实是这样叙述的:"被告人崔英杰于 2006 年 8 月 11 日 17 时许,在本市海淀区中关村科贸大厦西北角路边,因无照经营被海淀区城管大队查处时,即持刀威胁,阻碍城管人员的正常执法活动……"① 公诉人在法庭上也多次提到"被告人崔英杰以暴力手段阻碍城管人员的执法活动"、其行为"具有暴力妨害公务的性质"。②

也就是说,在公诉方眼里,从城管来到现场到被害人死前的这段时间所发生的所谓的双方纠缠,实际上是崔英杰持刀威胁城管,阻碍正常执法,暴力妨害公务。显然,这完全不是证人赵某在开庭审理时所说"我们护着车,他们拉着,我哀求他们把车给我们留下,双方都在争那辆车,当我转身的时候发现那辆车已经被他们装上"③ 的情形。从她的证言当中,根本读不出任何能与持刀威胁暴力抗法勾连上的信息。同时,这也不是崔英杰的供述:"我正在切肠,拿着小刀……我吓唬他

---

① 北京市人民检察院第一分院起诉书,京检一分刑诉字〔2006〕第 243 号。
② 北京市第一中级人民法院 2006 年 12 月 12 日崔英杰案一审庭审实录,http:// tieba. baidu. com/p/226845523(访问时间:2016 年 8 月 3 日)。
③ 同上。

们……后来我就离开了。"①

公诉方的措辞看上去是在手里"拿着小刀""吓唬"等元素的基础上加以发挥（注意，笔者这里有意不用"推断"这个词）而来的。证据中没有表明"吓唬"具体是指什么，言辞恐吓"如果不怎样我就要伤害你"？肢体的冲撞？把武器亮在对方面前表示将会使用它来攻击对方？或者并未有明确的言辞，而是大声喊叫哭闹，小刀不过是碰巧在手中（因为刚才正在切香肠，忘了放下手中的竹签、香肠或刷子等任何东西，都很符合常识）？又或者仅仅是怒目相向，什么也没说，什么也没做？无论从逻辑还是经验常识的角度看，这些可能性、乃至更多的可能情景都是存在的。尤其对于刑事案件的审理来讲，排除合理怀疑是非常重要的，即使在中国的司法现状中无法完成这样高的要求，但尽可能减少明显会引起怀疑的叙事，仍是审判必须遵循的底线。然而在公诉人的修辞中，其他的可能性一概忽略，直接把事实狭窄定位到"持刀威胁、暴力抗法"的情景上。

在判决书所列的证人证言里面，提到崔英杰与前来没收三轮车的城管队员发生纠缠时，都使用了类似持刀威胁这样的措辞。由于无从得知最原始的证言是什么形态，判决书的证言都是经过审理人员再次书写的；而法庭所认定的事实、判决书中所书写的叙事文本，已经将崔英杰当时的行为描写为持刀威胁城管执法；所以，笔者认为判决书中的证言实际上是审判者的修辞，所描述的事实也是被审判者的叙事同化过后的文本，并非证人自己的修辞，不宜放在这个章节作为例证使用。

如果上面的例子还不容易给读者一个清楚图像的话，我们再来看事件（6）和（7）。

这两个事件在庭审阶段一度成为控辩双方的争论焦点，尽管基本情况非常简单，就是崔英杰与城管纠缠争夺三轮车之后、李志强遇害之前，崔英杰离开现场又返回现场，但是直接涉及这两个事件片段的证据

---

① 北京市第一中级人民法院 2006 年 12 月 12 日崔英杰案一审庭审实录，http：//tieba. baidu. com/p/226845523（访问时间：2016 年 8 月 3 日）。

非常少。证词中提到这一点的，只有证人芦富才："这男子不让扣车，李队长拽住三轮车，那男子没抢下车，就往一个大院里跑了，李队长让他们将三轮车装上汽车，没一会儿，那名持刀男子又回来了。"① 另外就是被告人自己在法庭上的供述：

公诉人：后来呢？

崔英杰：后来我就离开了。

公诉人：这些人对你人身有什么举动吗？

崔英杰：当时没有注意。

公诉人：后来你为什么要离开现场？

崔英杰：我一看人越来越多，我感觉要车是没有希望了，他们要就要了吧，我就离开了。

公诉人：后来为什么又返回现场？

崔英杰：我回去找那个女孩。

公诉人：当时手里拿着什么？

崔英杰：一直拿着切肠的小刀。

公诉人：返回现场之后遇到了什么人？

崔英杰：我看见他们正在把我的三轮车往他们的车上装。

公诉人：当时被害人李志强的衣着和体貌特征看清楚了吗？

崔英杰：没有。②

可能距离修辞最远、最具有客观性的一份证据是记录部分案发现场情况的录像的其中一小段，由海淀区城管大队宣传科工作人员王金波现场拍摄。（现在我们能看到的整份录像，也就是开庭审理时呈交给法庭的录像，实际上是一段北京市城管宣传短片，已经经过了剪辑、配音、画外解说等后期制作，而且这些加工制作完全是站在城管的立场上去诠释整个场面，有非常强烈的宣传口吻，不能再视为原始的事实。但是其

---

① 北京市第一中级人民法院刑事判决书，（2006）一中刑初字第 3500 号。

② 北京市第一中级人民法院 2006 年 12 月 12 日崔英杰案一审庭审实录，http://tieba.baidu.com/p/226845523（访问时间：2016 年 8 月 3 日）。

中某些片段，仍然可以看出当时现场的一部分具体情形。）① 笔者反复观看了这一段视听资料：当时城管的面包车和卡车停在镜头左边，李志强站在面包车旁，崔英杰并不在镜头内。随后，崔英杰从镜头右边往左跑向卡车的方向，并且从李志强身边经过，李志强跟上去，接下来发生的事情被面包车挡住，没有拍摄到。

此处证据形式是视听资料，它能够显示的内容，是一个人（被告）从镜头一侧跑向另一侧，十分简短的身体举动，也仅仅如此。然而，控辩双方在讨论到"事实"的时候，问题却没有这么简单了。

北京市公安局在向北京市人民检察院第一分院提交的起诉意见书中是这样写的：

> 犯罪嫌疑人崔英杰于 2006 年 8 月 11 日 17 时许，在本市海淀区中关村科贸大厦西北角路边，无照摆摊卖货时，因被本市海淀区城管大队查处，即怀恨在心，持刀将执法的海淀城管队副队长李志强（男、36岁）颈部扎伤，致急性失血性休克死亡。②

请读者仔细留意，一来，这个事实文本中的崔英杰，根本没有离开过现场；二来，"因被查处、即怀恨在心、持刀将……"的措辞方式，虽然都是关于被告扎伤受害人之前的内容，但已不见了单纯身体行为，而是转换成为对心理活动的描写。

公诉人在法庭辩论时的陈述则更为明显地指向被告的内心："崔英杰与李志强没有个人恩怨，只是因为他的个人无照经营被查处就产生了报复念头，其报复念头并不是单单指向李志强一个人，而是指向在场的城管队员。"③ 辩护方的应对采取的也是完全相同的策略：

> 崔英杰第二次跑出来是为了找跟他在一起干活的小女孩，而并不是

---

① 录像网址：http://www.bjcg.gov.cn/cgxw/ztxx/lzqzt/yyzl/index.htm（访问时间：2007 年 8 月 2 日。如果无法在网页查看该视频，请联系本书作者索取录像资料：totengraberin@aliyun.com。）
② 北京市公安局起诉意见书，京公预诉字［2006］516 号。
③ 北京市第一中级人民法院 2006 年 12 月 12 日崔英杰案一审庭审实录，http://tieba.baidu.com/p/226845523（访问时间：2016 年 8 月 3 日）。

为了实施报复……他第二次返回，根本不是为了杀死李志强，就是为了讨回自己的谋生工具……从被告人崔英杰第二次跑出来，向货车的方向冲过去，到他去事发现场仅仅9秒钟，那么，从受害人以及其他城管工作人员向第二次跑出来的崔英杰围上去，到崔英杰把水果刀推向受害人的时间仅仅3秒钟，这3秒钟能说崔英杰是要报复而实施杀人吗？①

实际上有关事件（5）（6）（7）的基本情况，单纯就证据本身来说，是比较明确和清楚的——现有的证据确实可以证明崔英杰在城管来到之后与他们发生过冲突，确实可以证明崔英杰一度离开过案发现场，也确实可以证明崔英杰在城管队员准备收队离开的时候又返回了现场。然而，一切仅限于此。这也是案情经过的编年史文本所能显示的内容。从各种证据和线索中，我们读出编年史事件并不困难，困难的是到叙事史文本的跳跃——该如何解释人们是怎样从证据中得出叙事文本所展示的情节呢？

正如这一段几秒钟的录像里，我们看到一个男人自镜头右边向镜头左边跑去，但这种视觉现象需要转换成语言。笔者可以陈述：被告人手握小刀自镜头右边向镜头左边跑去（这能否看做最符合实际的真相？）。笔者也可以陈述：被告人手握小刀向城管卡车跑去（给他的行为添加明确的方向标，但真正的目标是什么呢？）。但在法庭上，关于事实的陈述是：被告人怀恨在心，产生报复念头，手执小刀向城管队员冲去（紧接着便用刀刺死了城管副队长），以及被告人回头寻找失散同伴，见到三轮车被装上卡车，试图上前再做最后的努力将其要回（伤人的事件发生在后来的混乱之中）。

编年史文本的单项事件，我们尚不难看出它们与证据所显示的情况之间的关联；然而事实的文本，已经离证据的初始面貌相去甚远。笔者认为，从证据到事实，实际上是一个很大的跳跃式的形态变换，其关联性表现得非常模糊隐讳，而且缺乏确定性和唯一性的稳固保障。究竟应

---

① 北京市第一中级人民法院2006年12月12日崔英杰案一审庭审实录，http://tieba.baidu.com/p/226845523（访问时间：2016年8月3日）。

该怎样认识这个认知过程，在法学、证据学、心理学乃至哲学等众多学科当中，本身就是一个十分棘手而且没有定论的问题。

第二节　证据认知的一般理论

一、一般的认知方法

法学学术领域实际上早已看到了证据和事实之间无法取得一个直接联系。"事实从来都不是自证自明的，事实永远不会自动呈现于法官面前以供法律适用。"① 并且也承认诉讼的双方当事人会根据自身的立场和利益，对自己向法官（或许还有代理人）讲述的案件事实进行取舍和选择。但是对于法官或陪审员，人们坚持认为他/她所扮演的是一个中立的角色，因而不应当存在当事人那样的有意地取舍歪曲，他/她要做的是从呈现给他/她的证据里面发现事实。

发现那个永远不会自动呈现的事实，必然是个复杂的过程，但又必须是一个排除个人利益和主观性的过程，才能达到所谓的案件真相——无论它是争论中的法律真实还是客观真实——这个由法庭最后确认的案件事实是唯一而确定的。所以，法学关心的是怎样去规范法官发现事实的过程，有如下面这样的非常有代表性的概括：

（1）如何解决法官审查判断证据的主观随意性问题？有哪些因素影响法官正确认定案情？……（2）法官有没有能力通过证据审查判断完成对案件事实的正确认定？……（3）在具体的诉讼中，有哪些法律制度能够保障法官通过审查判断证据正确认定案件事实？②

---

① 杨建军：《法律事实的解释》，山东人民出版社 2007 年版，第 143 页。
② 张斌：《证据方法的法理学思考》，载《西南民族大学学报》（人文社科版）2003 年第 6 期。

那么法官究竟是通过什么方法，去审查证据，发现事实的呢？笼统来说，理论上最容易想象、也是最多人讨论的，就是经验和逻辑。如果人们强调事实的发现是一个从证据到事实的单向线形而且无缝的思维过程，就很容易把它想象成类似于演绎推理的形式。经验来自于法官对包括个人经验和他人经验在内的各种日常现象、社会现象以及知识理论的准确把握，并上升到某种普遍性的总结——比如在一般情况下，一个和案件没有直接利害关系的人所描述的情况，与一个和案件有利害关系的人所描述的情况相比较，前者的可信度更高。① 这种经验的抽象命题将作为一种大前提，继而用类似逻辑推理的方式检验眼前个别的、具体的情况与大前提的关系，然后得出结论。

另一种在法学领域较有代表性且更为细致的概括，将发现和认定事实的方法总结为直接感知的方法、自然科学的方法、逻辑推理的方法、经验认识的方法以及价值判断的方法。②

直接感知的方法，是指不需要经过任何中间环节的推论和解释，立即可以获得所需的内容。例如，通过城管队员在案发现场拍摄的录像，人们可以直接看到证人赵某手拽三轮车与城管拉扯，可以直接看到崔英杰突然从外面奔至案发现场，也可以看到当天来查处无照经营的城管队员都没有穿制服。这些信息的获得都是不需要经过任何推论的。（当然，按照笔者将"事件"与"事实"分开讨论的思维，这些内容尚不能算作最后被认定的案件事实，只能叫做案发经过的单项事件。）

自然科学的方法，顾名思义就是通过各种自然科学的手段才能获得的信息。比如通过生物技术的检测，确定了崔英杰案发后换下来的上衣沾染的血迹，正是被害人李志强的血液；通过尸体检验的各种技术最终确定李志强的死因，是被锐器重创大静脉和肺部，失血休克死亡，而且此处的锐器就是崔英杰当天所使用的小刀。假如缺乏有效的自然科学理

---

① 张斌：《证据方法的法理学思考》，载《西南民族大学学报》（人文社科版）2003 年第6 期。
② 这个总结来自杨建军的专著"法律事实的解释"第五章《法律事实的发现与判断》，山东人民出版社 2007 年版，第 150－168 页。

论和技术条件，这些内容是难以发现的。

逻辑的方法，经验的方法，以及可能比较少用的价值的方法，都属于直接无法得知而须以间接推断的方式来获得信息的途径。笔者认为这里的问题十分复杂。关于逻辑的方法，尽管经常为人津津乐道，认为在法律的领域中，理性、逻辑、推理等等保证思维的严谨和正确性的手段更能够确保事实真相的揭示和审判结果的公正。然而，在司法过程中"逻辑"一词的使用如同"因果"一词一样，是非常松散而随意的，它并不一定表示形式逻辑的命题与命题／句子与句子之间的关系判断（更罕有涉及数理逻辑的时候），事实上这种用法在司法实践的语境中非常少。

首先，"大前提—小前提—结论"的三段论式演绎推理，要求很严格，而且讨论的必须是句子（命题）与句子（命题）之间的关系，但司法过程讨论的是经验事件之间的关系，二者不完全等同。一来经验事件不一定表现为句子，可能是完全非语言化的，二来单个命题本身就暴露在质疑当中。举个例子，"所有的人都会死——张三是人——所以张三也会死"这个三段论推理模式可以用来回答当大前提成立时"张三是不是会死"的问题，然而，司法活动里面，需要解决的问题很可能是"所有的人真的都会死吗"，或者"张三真的是人吗"，又或者"张三当时看见李四了吗"。

因而，大部分司法活动中所谓的逻辑推理，完全是指一种与日常经验对照的相似性，比如事情这样发挥，故事这样讲述，是否合乎人们对于日常生活、社会实践的大致想象。

二、混乱而靠不住的推断

在李克非、杨军编著的《中国古代公正执法》（中国政法大学出版社 2002 年版）中记载的一个故事，被视为使用逻辑推理方式发现案件事实的典型案例：周生与赵三相约赴南京经商，赵三早起上船，等待周生时睡着。船家张潮将船撑至僻静处，推赵三落水，夺去财物。后周生至，张潮谎称未见赵三。周生使张潮往赵三家催促。张潮到赵家后在门外喊道：三娘子，三官人为何迟迟不来？赵妻孙氏大惊，道赵三出门已久。孙氏与周生四处寻找，三日未得踪迹，遂同周生一道报官。起初，县令认为孙氏另有缘故害死其夫赵三。案子一直打到大理寺，杨评事阅卷后分析：张潮敲门即唤三娘子，可见早已知赵三不在屋内。由此认定犯罪者是张潮。[①]

笔者认为，这种推断完全靠不住。将这样的事实认定方式当做一种"逻辑推理"的例证，正符合了上面所讲的，人们在司法实践的领域一直都不怎么严格地使用"逻辑"这个词汇，并且将它涵盖了明显的经验似然性推测。"敲门先喊三娘子"与"早知赵三不在屋内"，后者看上去像一个判断命题，暗含了特定的审理语境下张潮是否知道赵三下落的待证问题，而前者只是个不含命题句子的直观情景描述，二者根本不能构成三段论结构。不过，日常生活中人们确实会有这样的行为：已知某人不在屋内，喊他也是徒劳，干脆喊别人来应门好了。假若不怎么严格地使用"因为……所以……"句式的话，这段话也能说成"因为张潮知道赵三不在屋里，所以开口就喊他的妻子"。

然而，这里的思维模式仅仅具有一种与日常情景大致相似的想象，并没有逻辑的或因果的必然性。日常生活里，也有太多的其他因素，可以导致张潮不确定赵三是否在家时依然"敲门即唤三娘子"。例如，周生差遣他往赵家催人时，对他说过什么话？如果周生见赵迟迟未来，已经在张潮面前推测赵三或许不在家，出门办事耽搁了，那么张潮受此影响，大有可能不经意间先喊了三娘子。再者，对心理学有所了解的读者都知道，一个人在不经意的情况下脱口而出的言辞，与他/她刚刚在心里默想或欲求的事情是直接关联的，若张潮根本不是犯罪者，而又从周生处得知赵三迟迟未赴约，路上盘算猜测他是不是出门在外，是不是遇到事故了，到他家也未必能寻到他本人等等，也有可能导致张潮脱口喊

---

① 参见杨建军《法律事实的解释》，山东人民出版社 2007 年版，第 153 页注释。

了三娘子。

一项推测，即使合理地符合了某个熟知的日常情景，但却同时存在其他同样合理的日常情景，无法排除，那么这个推测的说服力是非常虚弱的。

再说崔英杰的案子。事件（5），通过对证人证言、被告人法庭供述等证据的直接感知，我们可以大概了解到崔英杰在摆摊时遇到城管查处，情况并不和平顺利，双方发生过摩擦和纠缠。但是我们无法从现有的证据中直接得知，应该如何给这样的"纠缠"作出适合司法语境的评价——到底是威胁执法人员、暴力抗法，还是普通的护住经营工具不让没收的简单举动？既然无法直接得知，便只能依靠间接的方式。

证人赵某和被告人崔英杰坚持声称当时他们没有过分的行为，只是不希望看到三轮车被没收，护住车子与城管来回争抢而已。由于证人和被告人是亲历者和行为人，此处的言论在他们自己看来就是对现场情形的直接描述，不存在推断的问题，然而对立方公诉人显然不情愿这样的说法被法官采纳，他们主张的"事实"则是崔英杰当时手持匕首威胁城管，属于相当严重的暴力抗法行为。这里我们无法直接从证据里得出"威胁"和"暴力抗法"，那么这是如何推断出来的？从经验的角度说，小商贩不希望经营工具被没收而阻止城管，这样的举动很常见也很合乎想象，同时，崔英杰手里握着切香肠的小刀（注意这刀不是后来拿出来的，而是崔之前正在切香肠，一直在手中没放下的），二者联系起来是否就等同于持刀威胁执法人员？假若作为一种粗陋的情景想象，这样的说法也算是情理之内的推测，但是，这里却没有任何条件可以保证它的准确无误，也没有什么可以保证推测在上下文之间的必然性。

小商贩遇到城管人员的查处，一般情况下会做出什么样的反应？作为一名普通人，具备天然的趋利避害的经济理性，此时肯定不希望财物被没收，断了做生意赚生活费的路子，最容易想到也是最无害的首选举动可能是逃跑；要是被城管堵住来不及逃跑，在对方着手没收工具时拉住不放，或用力争抢，皆为常见的情节；有时，无照商贩因被逼急了或本身情绪暴躁，与城管发生扭打等激烈冲突，甚至用器械攻击，在目前中国的社会环境下也发生过。这个案件中，崔英杰一开始已来不及逃跑，那么后两种情形，单纯靠经验推断来说，都有可能发生在他身上，一来他自己承认发生过纠缠和争夺，二来他当时手中确实握有切香肠的小刀，有可能用作武器，并且这把刀就是后来扎伤城管副队长并导其死亡的利器。法庭上控辩双方各执一词，尤其是公诉人，认为辩护方的直观描述是撒谎，那么支持他们的主张唯有依赖间接的推测，但他们始终没有提出有说服些的理由，普通的争夺还是持刀威胁执法者，成为互相无法排除的并行可能。

法庭采信哪一方的说法，应该依靠什么样的标准？或许按照疑罪从无的程序价值标准，应该选择崔英杰和赵某自述的情况，但是最后我们看到，法庭没有这样做，而是选择了与公诉方一致的说法，认定崔英杰有持刀威胁执法的行为。当然，判决书也没有给出理由来论证为什么要这样确认事实。

事件（7）则更能看出所谓的事实推断的混乱。

前面已经讲到，从直观的证据材料（视听资料）上我们看到的是被告人崔英杰由镜头一边跑向另一边，这应该是他离开现场之后再返回时的一小段情景，恰好在李志强被害之前的时间段。直接感知获得的信息，除了一个单调的、机械的身体举动之外，别无其他。然而在法庭上，没有人单纯地讨论这个身体举动，所有人都认为他们应该看到、也确实看到了这举动背后的心理内容。

公诉方在起诉阶段实际上略去了崔英杰曾经离开过现场的事件，是被告自己提起并且辩护律师积极强调了这一点之后，公诉方才有所回应。关于崔英杰第二次跑回现场的行动，公诉方的解读是他意图报复城管队员，就是为了杀人/伤人的目的才又跑了回来；辩护律师和被告人则对这样的解读非常不满，认为事情根本不是这样，高调宣称崔英杰早已放弃与城管的纠纷，离开了现场，再次回来的动机是寻找失散的赵某，而跑向人群和城管车辆的举动，是看到自己的三轮车想再试着抢回来，与在场的城管队员无关。这两种意见又形成一个互相无法排除的并行对峙局面。

先不论崔英杰自己内心的真实想法（他可能是唯一知道"真相"的人，可惜被告的身份使他的言辞对听众的影响效果变得非常棘手），包括检察官、辩护律师、法官以及众多关心案件的庭外人士在内的人们，该如何应对这样的场面。首先，我们能看到的单纯身体动作被转换成了我们看不到的行为动机等心理活动，这一转换的逻辑确然性如何保证？在整个案发经过之中的什么因素，使人们得以判断此处的行为折射了行为以外的内容，是个相当模糊的问题，是否属于逻辑能解决的范畴还很难说。也许用不那么严格的逻辑推断，可以这样说：按照我们对于人类行为、思维和情感的长期研究，现在基本上大家都认可一个正常人的行为都是有目的的，因此崔英杰再次返回现场的举动，必然有他的特别目的。

接下来，我们需要把被告人的目的具体化的时候，事情变得更加麻烦：报复抑或寻人，如此具体的心理动机，又是从哪些因素推断得知的呢，其逻辑关联该怎么论证？面对一个人跑过镜头视野的画面，是怎样读出"怀恨在心，意图报复"这种结论的？双方在法庭上都没有给出任何论证，仅仅是各说各话，其实笔者相信，这里根本无法论证。

依靠经验恐怕较为容易自圆其说。由于经营被查处，工具被没收，于是陷入偏激的情绪，想报复城管——这种情节编排是合理的，之所以合理，乃是因为它符合我们对于实际生活的观察，在现实中的确存在过类似的故事。如果我们赞同公诉方在前面的说法，把崔英杰看成一个凶恶的歹徒，面对执法者竟拿出武器威胁对方，那么接下来推测他可能怀恨在心，回头来实施犯罪，在一定程度上是有说服力的。

另一方面，如果读者倾向于崔英杰的陈述和辩护律师的意见，他的离开已经可以说明他放弃了与城管的对峙，其后返回被解释为只是为了寻人，同时尝试再努力要回被没收的财物，也同样符合人们的日常经验。同等条件下，我们仍然面临两难的选择。（实际上在经过剪辑的现场录像里，笔者注意到一个细节：有一组镜头是在收队时对准城管的卡车拍摄的，一辆三轮车正要被装上去，证人赵某——镜头中穿黄衣的女孩——还在牢牢抓住三轮车的一端，一名男性城管队员将她拦腰抱住，用力拖开并推到一边。当时赵某独自一人，崔英杰并不在镜头内。这从一定程度上印证了崔英杰与赵某一度失散的说法，同时也可以印证崔英杰所描述的看见三轮车正被装上卡车的情况。然而案件审理的过程中没有人提及录像的这一细节。）

　　尽管证据方法论可以笼统地列举一些理论，对证据和事实的认知与思维方式进行大概分类，但是宏观的理论碰到非常具体和细节化的现实问题时，解释力便显得十分苍白。有关人们在司法的"证据——事实"方面的判断认知，心理学上确实有过专门的细致研究，其中一个相当系统化的、也是 20 世纪 90 年代以后在与司法有关的心理学研究方面获得了相当高的认可度的理论，是"故事模型"的认知模式，最早由美国心理学家 Nancy Pennington 和 Reid Hastie 在 20 世纪 80 年代末、90 年代初研究英美法系刑事案件的陪审团的裁判心理时提出。笔者认为这个认知模型在证据、事件、事实的认识过程的细节方面，具有非常强的解释力，尤其是上面提到的那些看似毫无来由的证据解读，在这个模式的观察下能够获得一定的合理解释。

第三节　证据认知的故事模型理论

一、故事模型简介：先想好故事再看证据

　　关于司法审理的证据认知故事模型的基本观点是：并非像人们想当然的那样，案件证据与事实的认识顺序是单向的、由证据到事实的线形过程。先对证据材料进行观察、思考和分析，发现证据与证据之间的关系，然后从中逐渐得到一个完整的事实样貌——这种传统的想象是不正

确的。现实中的情况是，当人们了解了有关案件的大致信息，并初次浏览了呈现给他们的证据之后，会在头脑中形成一个关于案件基本面貌的叙事式的故事，接着，以这个叙事化的案情故事作为指导，再去观察和整理证据，也就是说，该如何理解证据所显示的信息，很大程度上是由先前在审理者头脑中形成的那个故事来决定的。而故事的具体形态是什么样子，则取决于审理者的个人经历、文化背景等因素。①

举一个简单的例子。当听到有人宣称他在公共场所丢失了钱包，装钱包的手提袋被划开一道裂口，大多数人马上就能想象以下的叙事文本：一名小偷（多数会想象成一名青壮年男性，体型消瘦而且衣着寒酸）在人来人往的车站或商场等待作案机会，盯上事主的手提袋后悄悄靠近，趁事主不注意时用刀片划开手提袋，拈走钱包，随即消失在人群里。迅速作出这样的故事想象，一来是因为大多数人曾经听说过或看到过不少类似的故事，并不断被告知到了公共场所要小心这类盗窃行为，它在人们的头脑中非常熟悉；二来是公共场所、丢失钱包、划开口子这三个关键信息引发的指向性联想。一旦我们的头脑中出现了这样一个叙事化的故事，我们其实已经在重新评价提供给我们的信息。丢失钱包被解读为遭遇盗窃，手提袋上的一道裂口此时看起来就是被小偷用刀片划开的痕迹。

但是，故事的组织在整个审理过程中不是一成不变的，有可能出现不止一个文本，而且在回过头去看证据时，可能发现验证不通的情形，于是修正故事。比如有人仔细察看了手提包上的裂口，发现它的边缘并不整齐，破损程度像是被钝器刮擦拉扯所至。这时候人们很可能调整故事情景的想象：事主在车站或商场等公共场所，人多拥挤，不经意间手提袋与金属物体刮擦，拉扯时袋子划破，事主没有察觉，钱包由破口处

---

① Nancy Pennington 和 Reid Hastie 的故事模型理论的详细内容，参见，Nancy Pennington and Reid Hastie，"Explaining the Evidence：Test of the Story Model for Juror Decision Making"，*Personality and Social Psychology*，1992，Vol. 62，No. 2：p. 189 – 206. 以及 Nancy Pennington and Reid Hastie，"The Story Model for Juror Decision Making"，in Reid Hastie（ed.），*Inside the Juror*，Cambridge University Press，p. 84 – 115.

掉落遗失了。故事被修正的时候，我们回头看到的证据材料也获得了新的解释——丢失钱包不再是遭遇盗窃，而是不小心遗失，手提袋上的裂口不再是被小偷用刀片划开，而是事主不小心刮破的。

初始信息的两种解读都是被想象出来的先入为主的故事牵引的，如果这里再更换故事，它们还会有其他的解释，例如钱包根本没丢，是遗忘在家里了，或者裂口虽然不整齐，但仍是为小偷所破，诸如此类。那么，在案件审理过程里，怎样确定证据理解和事实认定的准确性呢？

Nancy Pennington 和 Reid Hastie 认为故事模型理论由三个部分构成："（1）通过故事建构来评价证据；（2）考察陪审团审理规则之后将待选的结果列出；（3）找出最合适、最匹配的故事与规则结合得出裁判结论。"① 同时还有四个确定性原则：

（1）覆盖性（coverage），即建构出来的故事必须覆盖了所有的可靠证据；（2）一致性（coherence），即故事不应存在自相矛盾或不能自圆其说的地方；（3）唯一性（uniqueness）：最后只能确定一个案件事实成立，不能多种事实文本同时成立；（4）合适性/匹配性（goodness-of-fit），即与相应的法律规则达至最佳的匹配适应。②

而一个有关案情的故事，必定包含三部分的知识：

（1）庭审时出现的当前案件的信息，如各种证据、证人证言和当事人法庭供述等；（2）审理者脑海中的与正在审理的案件内容相似或相关的故事，比如以往发生在审理者所属社区的类似案件；（3）人们对于一个情节完整的故事的普遍期待，比如要有始有终、能自圆其说等等。③

覆盖性和一致性决定了案情故事获得接受的程度，如果一个故事对于审理中给出的证据信息的覆盖性越大，亦即尽可能全面地用上了提供

---

① Nancy Pennington and Reid Hastie, "Explaining the Evidence: Test of the Story Model for Juror Decision Making", *Personality and Social Psychology*, 1992, Vol. 62, No. 2.
② 同上。
③ 同上。

给审理者的证据，那么这个故事用来解释证据以及证据间的关系的可接受程度就越高（很快我们就会看到，在现实中要做到覆盖性和一致性有多么困难）。故事内在的一致性也是确保人们如此认识和解释证据的可信度的重要指标——至于这个故事与真实发生的历史情况是否吻合，就是另一个问题了——作为其本身来说必须各部分都完整，不能存在明显的自相矛盾，而且故事必须具有一种表面的合情合理（plausibility）的感觉，也就是故事情节和它对所涉及事件的描述必须符合人们对现实世界的经验以及想象。

需要强调的是，读者不能误会故事模型理论是在讨论证据是如何被建构成案情故事的。恰恰相反，这个理论的目的是要解释人们怎样认识证据，其精髓在于极其有创见地发现人们是通过建构故事，来理解证据信息的。可以说，先有脑海中浮现的故事，然后才有了透过故事去看证据的各种认识，证据材料和它们所提供的初始信息，本身并没有意义，所谓的意义是在故事中被"赋予"的。

二、故事模型分析崔英杰案的证据认知

第一节我们了解过崔英杰案的部分证据材料，并且也看到它们在审理阶段被控辩双方以截然不同的方式进行运用和解读，但是各自又无法提供一个可靠的逻辑说明来阐述作出这样的解读的必然性。假如按照证据认知的故事模型理论来考察，我们至少可以给这里的认识机制作出比较合理的解释。

回顾北京市公安局的起诉意见书（见本章第一节）以及北京市人民检察院第一分院的起诉书中所列明的案件事实：

被告人崔英杰于 2006 年 8 月 11 日 17 时许，在本市海淀区中关村科贸大厦西北角路边，因无照经营被海淀区城管大队查处时，即持刀威胁，阻碍城管人员的正常执法活动，并持刀猛刺海淀城管队副队长李志强（男，36 岁）颈部，伤及李右侧头臂静脉及右肺上叶，致李急性失

血性休克死亡。①

能够推测的是，公安和检察机关开庭之前已认定这是个故意伤害或故意杀人（公安的起诉意见书所写罪名是故意伤害致人死亡，检察机关在起诉书中修改为故意杀人）的刑事案件，从起诉到庭审时依照的都是这个思路。已经掌握的证据和案情信息如第一章第一节最后列出的案件线索以及核心事件。面对一个无照小商贩与城管执法队员发生冲突，导致城管副队长死亡的案件，若要完成故意杀人的思路，这样的故事不难想象：小贩因为知道自己是违法经营，千方百计不想受惩罚，无法顺利逃脱便暴力对抗执法者，个别有武器的凶暴者更当场将人扎伤刺死。

起诉书的故事文本看起来句句属实，而且头尾连贯，事件之间的因果关系十分清楚。证据确实显示崔英杰没有营业执照，遇到城管阻止，崔确实手中有刀，且后来确实用那把小刀杀死了受害人李志强。当然，有了前面的铺垫，我们知道，这里是因为故事如此，证据才有了如此的面目。因为这是一个凶恶的违法经营者暴力抗法、故意杀人的故事，于是"崔英杰手中握有小刀／崔英杰与前来查处的城管纠缠"被解释成了"持刀威胁执法者"；因为这是一个歹徒暴力抗法、故意杀人的故事，于是才有了"崔英杰跑回现场"被解释为"怀恨在心，意图报复"和"持刀猛刺李志强"。

在覆盖性方面，这个故事却很成问题，案情核心事件共有八项，在此只出现了五项，缺少了第（1）（4）（6）项（严格说来公诉方的故事连第七项崔英杰再次返回现场也没出现）。缺少的事件显示的信息包括崔英杰的经济状况和生活条件，前来查处的城管队员在执法程序上有严重瑕疵，崔英杰曾放弃与城管的纠缠离开现场。或许以 Nancy Pennington 和 Reid Hastie 的理论来评价，缺少了近一半的案件信息，这样的故事的合理性值得怀疑，在证据的解释力上更是大打折扣，然而，司

---

① 北京市人民检察院第一分院起诉书，京检一分刑诉字［2006］第 243 号。

法实践的现实情况却没有这么简单。

在法庭上，人们要讨论的不仅是对证据、事件以及它们相互之间的理解判断，还要讨论事件是否与案件事实有关。比如在崔英杰案的开庭审理阶段，崔英杰的辩护律师要求向法庭提交文件，证明崔英杰参军时曾获得优秀士兵的荣誉奖励，崔英杰同事关于崔是个品行良好的人的证言，以及崔没有违法违纪前科的证明，全都被法官驳回，理由是这些事件与正在审理的案件没有关系。那么，公诉方实际上使用同样的理由将这几个事件排除了，在他们看来，这些内容与故意杀人罪的案件事实没有关系。故事模型，不光决定了人们如何认识和解释证据，也决定了人们如何识别和筛选信息与案件的关联度。

美国学者 Lynda Olsen-Fulero 和 Solomon M. Fulero 在对故事模型理论的推进研究中，特别指出了这个问题。在二人设计的一个关于强奸案审理的心理实验中，48 名参与者观看了一份法庭审理录像，大致案情是一名女性声称她独自去参加某个联谊聚会，与几个人在地下室喝酒，然后遭到其中一名男性的强奸。看完录像后，要求实验参与者根据庭审时提供的各种信息，来描述他们认为当时究竟发生了什么事，并以陪审员身份作出裁决，是被告人有罪，还是受害人应承担责任。①

实验过程中发现一个很普遍的现象：在建构故事的时候，某些因素或情节的选取和忽略，与判决结果的有罪或无罪密切相关。比如，控辩双方在法庭上的证言中都提到，事发之前被告人（男）要求受害人（女）跟他一起到地下室去拿些酒上来供聚会饮用；但是，只有认定被告人有罪的那些实验参与者，在他们描述的案情故事中包含了这一情节，那些认为被告无罪、是受害人应当对事件负责的参与者，则没有将这个情节写进他们的案情故事中。心理学家认为这说明"如果一个陪审员相信被告人的确实施了强奸，那么这项证据非常重要，因为它暗示

---

① Lynda Olsen-Fulero and Solomon M. Fulero, "Commonsense Rape Judgments: An Empathy-Complexity Theory of Rape Juror Story Making", *Psychology*, *Public Policy*, *and Law*, 1997, Vol. 3, No. 2/3.

了是他主动操纵（manipulate）了她进入地下室的行为。"① 同样，庭审录像中控辩双方都作证说，当时已有几名男女在地下室饮酒，然而只有在那些认定被告无罪的实验参与者的故事文本中出现了这个细节，"因为在他们看来，是被害人（喝酒狂欢之后）诱惑和煽动了被告（与她发生性行为）"②。

在崔英杰一案里，情况也相当典型。辩护方完全不能赞同公诉方的意见。辩护方从一开始便希望澄清崔英杰并非起诉书中所描述的那种邪恶的暴力抗法者和杀人凶手，同时，他们认为案件事实根本就不是公诉方提出的那个样子。因此，由辩护方建构的故事，基本上是一个贫穷老实的农民工，遭遇制度的不公正对待，唯一的谋生手段再被剥夺，于是才情绪失控错手伤人的故事，如同第一章第一节案件事实叙事文本的版本三。这样的故事毫无疑问必须涵盖事件（1）和事件（6），依照 Lynda Olsen-Fulero 和 Solomon M. Fulero 的实验结论，这两个事件是这个故事版本的关键性情节，是决定它与公诉方意见互相区别的分水岭。

在公诉方眼里与故意杀人案无关的事件（1），到了辩护方那里则显得很有必要，因为它交代了崔英杰的背景以及摆摊叫卖的原因，也引出了下面他与城管发生冲突的原因——被贫困所迫，走投无路——这大大削弱了公诉方极力强调的残忍恶劣以及意图报复，而将被告人的动机解释为不过是希望要回自己的财物。事件（6）对于辩护方来说尤为关键，他们认为这里显示了崔英杰实际上已经放弃了争夺三轮车，也放弃了与城管之间的纠缠，并且离开案发现场，这从一定程度上可以说明，被告没有报复杀人的念头，甚至连伤人的故意可能也没有。更加微妙的是事件（4），法庭上崔英杰的辩护律师就这一点详细询问了崔英杰和证人赵某，两人的回答是一致的，前来执法的城管没有穿制服，没有出示任何证件和必要的文件，甚至也没有口头的说明交代。公诉方在法庭

---

① Lynda Olsen-Fulero and Solomon M. Fulero, "Commonsense Rape Judgments: An Empathy-Complexity Theory of Rape Juror Story Making", *Psychology*, *Public Policy*, *and Law*, 1997, Vol. 3, No. 2/3.

② 同上。

上没有对此提出任何异议，当然在他们提出的案件事实里面对这一点也是只字未提。辩护方试图强调这个事件，来提醒法官以及大众，城管当时的行为是有瑕疵的，这种瑕疵很有可能影响了被告人当时的判断和行为，换句话说，接下来发生的种种纠纷乃至悲剧，受害人和现场的城管队员不是没有责任的。（下一章分析修辞策略时读者还会看到，庭外一名法律专业人士是如何运用这个事件，建构出一个崔英杰完全无罪的事实文本的。）

当我们透过辩护方所建构的故事去考察同一批证据的时候，它们呈现出了不一样的意义。赵某说的"我们护着车，他们拉着"，不再是暴力抗法的行为，而是一种合情合理的保护自己的财产的举动，没有什么不妥；其后她和崔英杰都提到的"哀求他们把车给我们留下"，[①] 不但巩固了穷苦人的悲惨处境的故事背景，更加证明他们在城管面前是那样的卑微可怜，公诉方描述的凶恶歹徒持刀威胁城管的场面，是无法想象的。同时，崔英杰手中的小水果刀（被公安机关描述为"匕首"），也可以顺理成章地解释成刚刚在切香肠，忘了放下而已。

至于录像显示的崔英杰手握小刀跑进人群的情景，前面已讲到，在控辩双方那里，要么被解释为由于违法行为受到城管的惩处，被告人丧心病狂要报复执法者，于是跑向城管队员；要么就是这一举动与后来的伤人行为毫无关系，被告人只是想寻找同伴并要回三轮车。双方均没有替自己的判断给出严谨的推理过程，甚至可以说，从法庭审理的具体记录看来，他们几乎没有尝试这样做。其实，该如何理解和诠释这项证据表现的内容，基本上由双方选定的故事性质来决定。公诉方的是一个简单直接的故意杀人的故事，因而在解读证据的时候，看起来被告人的每个举动都向意图杀人的解释上倾斜。

辩护方既然选择了另一个截然不同的故事，而且在这个故事里，被告人崔英杰从一开始就不是一个穷凶极恶的歹徒，尽管这种人物形象是

---

① 北京市第一中级人民法院 2006 年 12 月 12 日崔英杰案一审庭审实录，http://tieba.baidu.com/p/226845523（访问时间：2016 年 8 月 3 日）。

人们对于故意杀人案的范本情节进行想象时的一个典型形象，崔英杰在这个故事结构里是个贫穷可怜、处于社会弱势地位的小贩，根本无力与城管这样的群体对抗，若非最后的生存手段被剥夺、被逼至走投无路，就不会发生情绪失控乃至致人死亡的事件。在这样的先行认知的指导下，对证据的认识和理解也都发生了不同于公诉方的导向性变化，基本上都向有利于这个事实文本成立的方向倾斜。那么，录像拍摄到崔英杰跑回人群的情景，此处便为辩护方解释作他回头寻人时看见三轮车，想再努力一下把它要回来的证明，同时也被当做崔的行为动机（寻人、要三轮车）与杀人无关的证明，亦即崔在主观方面没有杀人的故意的证明。

　　证据的认知和解释，很大程度上依赖于人们对于案情经过的故事性想象和建构，这导致了很多证据初始的、直接的信息一旦嵌入故事性的事实文本之后，出现了很大的变化，而且人们经常无法为这种变化找到严谨的逻辑说理。想象的机制多数是一种对过去的事经过加工处理后的再现，选择什么类型的历史事件作为眼前的故事建构的模板——比如为什么接触到崔英杰案的时候，有的人会像公诉方那样选择一个典型的故意杀人的故事，有的人却更倾向于辩护方的故事思路——是一个非常复杂的心理过程，不可能三言两语讲清楚（Lynda Olsen-Fulero 和 Solomon M. Fulero 试图用心理学的移情理论去解释这个现象，笔者认为确实具有比较强的解释力），但是，我们明显看到经验和立场发挥了重要影响。

　　问题在于，如果证据的认知只满足了经验上的合理性，那么怎样保证它的唯一性呢？Nancy Pennington 和 Reid Hastie 的认知理论在强调了故事的内在一致性之后，提到了唯一性的关键作用：故事首先必须具备内在的统一性，不能有重大漏洞或者自相矛盾之处，然而，如果不止一个故事同时具有相同程度的一致性，便会给证据认知带来很大的不确定因素。① Pennington 和 Hastie 并没有详细分析这种不确定性具体是指什么样的情况，是否指他们在实验论文中所说到的陪审团对于自身的证据认知和最后裁决的确信程度？因为证据认知的故事模型理论的一个关键点就是，那个能够将法庭上的案件信息组织起来并赋予这些信息以意义的故事，实际上"决定了陪审员的裁决"。②

但是，崔英杰案的控辩双方没有人对自己所建构的故事以及证据的解释，表现出任何的不自信。哪怕像公诉方那样"遗漏"掉几乎一半的案件信息，仍然能在审理过程中表现得理直气壮——甚至可以说，正是有大量的信息被漏掉了，故事才显得特别的"确信"和毫无疑问。因为众所周知，材料越庞杂、信息量越大，组织成没有漏洞的故事的难度也越大。公诉方漏掉的那些案件信息，当然都是可能对故意杀人的罪名构成疑问的因素。现在辩护方和公诉方各自都确信自己提出的故事，并且都确信在自己的故事框架下对证据的理解和诠释。除去覆盖性不论，这两个故事在一致性方面基本上程度相当，从经验的角度说，二者都可以是合情合理的：一名凶恶的歹徒，他的违法行为受到执法者阻止和查处时，为了逃避和抗拒惩罚，不惜暴力对抗、威胁，违法经营的工具被没收后则恼羞成怒，产生报复执法者的念头，于是杀人泄愤——这里行动和情节之间的因果联系很清楚，没有什么破绽或不能完善的漏洞，考虑到对读者的说服力，从整体上看也符合了现实生活中确实发生过的类似事件和经验。另一方面，一个生活无着的穷苦农民，靠路边摆摊赚取仅够糊口的微薄收入，还要遭城管驱赶，为了保住生计同城管队员或哀求或纠缠，乃至于情绪失控，终于在恐惧和慌乱中错手伤人致死——同样，行为之间的因果关系十分明确，人物对其所处环境的反应也很符合社会理性，故事在整体上并无漏洞，其合情理性同样能够满足读者对这类事件和场景的一般常识。

① Nancy Pennington and Reid Hastie, "Explaining the Evidence: Test of the Story Model for Juror Decision Making", *Personality and Social Psychology*, 1992, Vol. 62, No. 2.

② Nancy Pennington and Reid Hastie, "Explaining the Evidence: Test of the Story Model for Juror Decision Making", *Personality and Social Psychology*, 1992, Vol. 62, No. 2.

　　笔者认为，此处已没有一个高级的标准可供区分哪一方的故事组织方式更接近事实，哪一方对证据的理解更正确。实际上，案件事实不是一个仅靠证据便可以获得的东西，在证据和事实文本之间并不是一条没有缝隙的链条，二者时常会表现出一种脱节、缺乏连续性的关系，因此本章的标题将证据到事实的转变描述为一种不连贯的跳跃式的状态。

　　笔者的看法是，司法审理的过程，要完成一个关于案件事实的最终文本，在证据和证据认知之外还有另一套机制在发挥非常重要的作用，这套机制主要是语言的，是一种人们有目的地使用语言时发生的策略问题，而且在研究上，这方面的问题长久地受到现代法学的忽视和压制，即使有涉及，也往往只把它当做很次要的、不占决定性因素的小分支，简略地一笔带过。通过上一章的叙事演化分析我们已经初步看到，从纵向来说，语言的使用可以使同一言说对象的文本发生巨大的变化；下一步要分析的是，同一个案件的事实叙事文本之间的横向差异，造成文本间横向差异的修辞机制，以及这一章没有解决的问题——为何会形成多个事实文本并行却无法取舍的局面。

第三章　事实叙事的横向分化

第一节　法庭上的叙事对抗

一、崔英杰案可能成立的事实文本

在第一章，我们已经看到了关于一个案件的事实的文本，从年代记格式到编年史体裁再到叙事史文本的纵向演化过程，这一节我们将分析一下已经完成了的叙事文本互相之间的差别。有关崔英杰一案的事实，就笔者所观察，其审理过程可以辨认出四个显著的不同版本，分别如下：

版本一：2006 年 8 月 11 日下午，崔英杰在北京市海淀区中关村科贸大厦西北角路边摆摊售卖烤香肠，崔英杰没有营业执照，属于非法经营。北京市海淀区城市综合行政管理大队巡查员以无照经营为由予以查处，并没收其三轮车、烤炉等摆卖工具。查处过程中崔英杰暴力阻碍、抗拒城管人员的正常执法活动，且持刀威胁。城管将非法经营工具没收，崔英杰因此怀恨在心，意图报复，持刀冲向准备收队离开的城管人员，猛刺海淀区城管队副队长李志强颈部和锁骨之间的要害部位，伤及李志强右侧头臂静脉及右肺上叶，致使李志强死亡。

版本二：2006 年 8 月 11 日下午，崔英杰在北京市海淀区中关村科贸大厦西北角路边摆摊售卖烤香肠，崔英杰没有营业执照，属于非法经营。北京市海淀区城市综合行政管理大队巡查员以无照经营为由予以查处，并没收其三轮车、烤炉等摆卖工具。查处过程中崔英杰与城管争夺三轮车，崔手中一直握有切香肠用的小刀。在三轮车等工具被收走之后，崔英杰跑向城管专用卡车，此时遇到城管人员追赶，崔英杰逃跑时用刀刺伤海淀区城管队副队长李志强，李送往医院之后死亡。

版本三：河北省保定市阜平县平阳镇各老村农民崔英杰，家境贫寒，在北京市中关村科贸大厦某娱乐场所充当临时保安。从 2006 年 4 月起，雇主已拖欠四个月工资，崔英杰生活窘困，遂以摆摊售卖烤香肠的方式谋生。2006 年 8 月 11 日下午海淀区城管巡查队以无照经营为由予以查处，并没收其经营工具。由于三轮车是崔英杰借钱购买的，崔哀求城管把车留下，城管不予理睬，没收了全部工具。崔英杰离开现场后又返回，寻找一同摆卖的女孩赵某，此时看见三轮车已经装上城管的专用卡车，试图在最后关头尝试夺回自己的财产。崔英杰跑向卡车时遇到城管队员的阻拦，混乱之中崔害怕人身受到强制，急于逃脱，顺手将切香肠的小刀向身边一划，刺伤海淀区城管队副队长李志强，李送往医院之后死亡。

版本四：河北省保定市阜平县平阳镇各老村农民崔英杰，家境贫寒，在北京市中关村科贸大厦某娱乐场所充当临时保安。从 2006 年 4 月起，雇主已拖欠四个月工资，崔英杰生活窘困，遂向工友借钱购买三轮车、烤炉等工具，以摆摊售卖烤香肠的方式谋生。2006 年 8 月 11 日下午海淀区城管巡查队以无照经营为由没收崔的工具，当时城管队员没有穿制服，没有出示证件，没有出示包括行政处罚决定书在内的任何文件，也没有作任何口头说明。崔英杰误以为遇到抢夺或勒索，哀求无果之后离开现场，其后返回寻找一同摆卖的女孩赵某，这时看见三轮车被装上卡车，崔英杰试图在最后关头尝试夺回自己的财产，混乱中崔用一直握在手里的切香肠的小刀刺伤海淀区城管队副队长李志强，李送往医院后死亡。

版本一是一个毫无疑问的故意杀人罪的标准文本，因果关系严谨，上下文环环相扣，调理十分清晰：因为被告人首先做出了违法行为，所以受到执法机关的阻止和处罚；因为受到查处而被告人竭力想避免处罚，所以暴力抗法并不惜持刀威胁；因为终于没逃过执法人员的查处，违法经营的工具被没收，所以仇视执法者，并产生了报复情绪；因为仇视和报复的意图，所以做出杀人的举动。面对这样的案情事实，定罪量刑不会有任何疑问。

版本二虽然基本情况与版本一相差无几，然而相比之下，事实却显得有些模糊。极端而典型的故意杀人情节被弱化了，而且强烈的因果关系也被弱化了。被告人与城管争夺三轮车、同时手中握着小刀——这两个同时并行的举动究竟意味着什么？三轮车被收走后，被告人跑向城管的卡车，又意味着什么，他在试图做什么？与后来的刺伤受害人以及导致其死亡有什么关系？当然，这些问题都是旁观者的不满，文本本身并不需要承担责任。

版本三则完全是另外一回事。版本一当中的那个穷凶极恶的歹徒到这个文本里不见了，取而代之的是一名贫困且老实本分的农民。故事情节及其因果关系也完全变了样——因为进城务工被拖欠工资，权益受到侵害无处求助，使被告人的生活陷入困境，所以才会在路边经营小熟食摊；因为三轮车等工具是借钱购买的，如果再被城管没收会将已经陷入困境的被告人逼至更绝望的境地，所以才与现场的城管队员纠缠争夺，甚至哀求城管，并且在见到局面无法挽回时放弃了与城管的纠缠，离开现场；因为发现跟同伴失散，所以返回寻找；因为看到三轮车正被装上卡车，想到可以再努力一下试着要回来，所以跑了过去；因为被城管包围，场面混乱，害怕自己也被抓起来，十分慌张，所以才失手伤人。这样的因果链条，很有可能将案件的基本判断从故意杀人的罪名上引开，特别是它所暗示的混乱、惊恐以及"失手"，都在尝试把法官和读者引向过失致人死亡的印象。

版本四看上去有点离奇，已经彻底脱离了小贩与城管对峙的主流情节，事情变成了误会和意外：因为前来查处无照经营的城管队员，执法程序上存在严重的瑕疵，没有穿制服、没有出示证件，甚至没有口头表明身份，所以使被告人将他们误会成意图敲诈勒索的恶势力；被告人当然没有故意针对秩序和执法者的恶意，因为这种认识错误的延续，才导致了他同城管之间的冲突，以及后来的伤人致死的悲剧。这样一来，连杀人案都有可能不存在了，只有一场意外事故。

经过前面两章的论述，我们已经知道，这四个版本的案件事实，都来源于同一批证据材料、同一份案情线索列表（年代记）以及同一份核心事件条目（编年史）。然而，叙事版本之间却有如此大的差异，足以使得人们得出截然不同的判决。其实这样的事情在案件审理的过程中几乎不可避免，只不过以往人们都认为这是发生在诉讼各方之间的证据或推理的对抗，而极少有人像英国学者 H. Porter Abbott 那样直接指出这实际上是一种"叙事的对抗"（a contest of narratives）①。

二、法庭上的叙事对抗

（一）经典的案件叙事分析

H. Porter Abbott 在他所撰写的《剑桥叙事学导论》中，专门用一章分析了 1892 年发生在美国的莉齐·勃登（Lizzie Borden）涉嫌杀害生父和继母案件审理过程的叙事问题。关于这个著名案件的案情事实，有两个鲜明的故事版本，直到今天还在民间流传。

一个版本的案情叙事是：被告人莉齐·勃登是个温顺谦恭的独身女子，31 岁仍未出嫁，生活的全部都奉献给了教会和慈善事业，以及全心照料年迈的父亲和他另娶的续弦妻子。1892 年夏季某个早晨，父亲

---

① H. Porter Abbott, *The Cambridge Introduction to Narrative*, Cambridge：Cambridge University Press，2002，pp. 138.

和继母 7 点钟已用过早餐，莉齐近 9 点才起床，父亲出门办事，继母上楼回了房间。上午父亲回来，十分疲惫，莉齐安顿他在偏厅的沙发上躺下休息之后，便去打点家务，但很快又放下手中的活到谷仓取些东西。大约 20—30 分钟后，她回到屋内，发现父亲倒在血泊中，头颅几乎被劈开。莉齐大呼女仆，让她快去喊医生，一个邻居因为见到莉齐惊恐万分以及女仆飞跑出去，于是过来查看情况。邻居和莉齐一同上楼，发现继母倒在地板上，同样头部受重创至血肉模糊，难以辨认。大家都在同情这位已经吓坏了的女子：好人竟横遭厄运，而她的父亲是个银行家，时常与人结怨，前不久还因不肯借贷给某人而与对方发生激烈争吵，并将那人赶出门去，最近有人又看到陌生男子在勃登家附近徘徊，如今父亲和继母明显是被斧头一类的重型凶器狠力砍杀，警察却怀疑眼前这个手无缚鸡之力、衣衫发丝整洁、无半点血迹的弱女子是杀人凶手……①

　　另一版本则让事情变成了这样：被告人莉齐·勃登是个外表不起眼但内心复杂阴暗的女人，母亲死后，她始终对父亲娶了新妻子耿耿于怀，她曾在背后用恶毒的言词评价继母，并且案发后警察来到现场时，她特意告知警察那不是她的母亲。终于这恨意在内心沉淀积累到了极端的地步。就在案发的两天前，她跟一位朋友说可能会有人对她的父亲不利，这显然是在"预告"犯罪；而案发前一天，她试图购买一种最致命的氰化物毒药，自称是用来清洗皮革的，药剂师拒绝了她。这种毒药除了用于谋杀还能做什么呢？当这条路径被堵上之后，莉齐选择了更残忍的犯罪手段——用斧头砍死了父亲和继母。至于她身上没有凌乱和血迹，那是由于女性特有的灵巧和敏捷，警察始终没有找到凶器，那也是由于女性特有的聪明和狡诈。另外，现场没有被破门而入的痕迹，没有扭打的痕迹，也没有财物丢失，莉齐在案发后表现得异常冷静，这些都可以证明凶手不是外人。②

---

① H. Porter Abbott, *The Cambridge Introduction to Narrative*, Cambridge：Cambridge University Press, 2002, pp. 138.

② 同上书，pp. 139.

　　这两个文本的感情色彩很明显，案件的"事实"似乎完全取决于被告人的品格，或许我们可以说，莉齐·勃登案是个证据明显不足的案件，没有找到凶器，被告身上没有血迹，没有目击证人——事实上，法庭最后确实认定证据不足，宣布莉齐·勃登无罪释放——因此才会有这样的纠缠不清，多个版本互相争辩，而且需要以被告人的内在的品性（而非行为）去解释案情经过的情形。然而，前面两章已经分析过了，崔英杰案并非如此，与莉齐·勃登案比起来，崔英杰案的证据要充分得多，但还是无可避免地卷入了多个事实文本并行的状况，其中版本一与版本三，就像莉齐·勃登案的这两个文本一样，是正式地在法庭上直接交锋的两个对抗叙事。

　　上一章讲到，控辩双方在法庭上互相争论时，总是拿着证据作为言辞的筹码，宣称他们争辩的是证据，或者对证据的认识；但是，证据本身的形态、证据材料所显示的信息，与双方主张的"解释"以及实际争论的内容之间却存在很大的差距，而这种差距又没有一个能令人信服的逻辑链条去弥补，甚至于争辩双方根本拒绝交代他们是如何从证据的原始信息读出他们所主张的所谓事实，应该说，他们也没有能力给出这样的交代。结果，使这个问题成了悬案——人们是怎么从证据中得出他们宣称得出的内容的？

　　如果我们转换一下思维，就会发现其实事情没有那么悬疑，这种现象是可以解释、而且不难理解的——在法庭上争执不下的不是证据，而是故事；法庭各方真正在争论是各自建构的有关案情的叙事，证据一来是一种争论时的话语工具，二来是组织叙事的素材，但不是争论的焦点本身。这样一来，证据与人们所主张的事实，并不是一个逻辑或推理的关系，而是一种想象的关系，证据以及各种信息材料刺激了讲故事者的想象力，去创造他/她的故事，真正的故事是在叙事活动中完成的。

　　同时，我们也要看到，法庭上的叙事对抗，不仅仅是那些简单的、已经完成了的、最终形态的事实文本的对抗，而是一个相当复杂的过程。

　　比如在莉齐·勃登案中，警察从被害人尸体上的创伤形态推知，杀人凶器很可能是斧子一类的重型锐器（这属于一个以自然科学为主导的经验推断）。他们在勃登家大屋的地下室发现一把斧子，锈蚀严重，布满灰尘，全无血迹；然后又呈给法庭一把没有柄的斧头，据说上面沾了血和毛发，检验后证实那不是人类的血液或毛发。就这一点，辩护律师和检察官的描述分别是：

　　辩护律师：……于是当他们（警察）被告知那上面什么也没有，他们不得不再去找别的。然后就寻来了这把连柄子都没有的斧头……迟疑犹豫地上了庭，支支吾吾地说"我们带了把没柄的斧头来，但我们无法说它是否就是那把杀了人的斧子。"

　　检察官：这斧头被带到警察局，一直留在那儿，因为他们（警察）知道……另一把已经在波士顿（接受检验）……但那把斧子被证实与案件无关。于是 Hilliard，作为一名诚实和负责任的侦探，他说"那再看看这把斧头吧，把它拿去"。所以 Wood 教授将它拿去，检验了，并把结果在此报告给你们。①

　　显而易见，围绕这把作为证据的无柄斧头，双方都在以讲故事的方式辩论着，而且故事既不是关于斧头的，也不是关于被告人莉齐·勃登或者杀人案件的事实的，而是关于侦查取证的警察。辩护律师的故事，讲的是一群愚蠢而倒霉的警察，他们对于案件一点头绪都没有，完全找不到方向，拿着一把莫名其妙的斧头，只能靠东拼西凑勉强凑个案子出来。到了检察官那里，故事则变成了一帮负责任的警察，小心翼翼、有程序有方法地办事，一个物证一个物证地检验、排除。这两段肯定只能称其为"故事"（或"叙事"），除了它们明显的、狭义的修辞色彩之外，更重要的是它们都不是证据本身，而是对证据的讲述。

　　这里的叙事当然是旁支，但又间接指涉了受审的案子。如果读者选

---

① H. Porter Abbott, *The Cambridge Introduction to Narrative*, Cambridge：Cambridge University Press，2002，pp. 142.

择性地关注辩护律师所叙述的故事，得到的印象必然是，这些警察根本拿不出什么可靠的根据来指控莉齐杀了人，他们一定是冤枉了她。而检察官的故事，是防御性的，针对辩护律师的故事进行的一种解构，他所强调的是警察取证时严格依照程序办事，既然两把斧子其中一把排除了作案工具的可能，那么剩下来的这一把再做一次鉴定是理所当然的。体现侦查的严谨，一方面为了消除辩护方故事对警察的可靠性造成的威胁，另一方面也希望借此使陪审团就警察认定莉齐是嫌疑人的这一做法不要发生怀疑和动摇。

（二）崔英杰案在法庭上的叙事对抗

崔英杰案的审理过程我们大概看不到这样的对话。中国的法庭在审理刑事案件时，辩护人与公诉人之间的论辩通常不会有这样针尖对麦芒的口气，更不可能像莉齐的辩护律师那样，当着法官、陪审团和众人的面将办案的警察描绘成一帮傻瓜小丑，他们一般采取的都是缓和的语调，以及尽量非感情色彩化的说理，这更容易使人们误会，以为法庭上没有修辞的存在，但实际情况恰恰相反。崔英杰案中我们也能找到类似的情形：

公诉人：8 月 11 日当天，你进行无照经营的时候，有什么人干扰你的经营活动？

崔英杰：不知道是什么人，就是过来一帮人。

公诉人：有什么人跟你说什么了？

崔英杰：过来一句话都没有说，直接拉我的车。

公诉人：你当时有什么反应？

崔英杰：我感觉可能是碰上社会上的人了，我问他们，他们没有说话，我就哀求他们，他们说不行，比较坚决，意思是必须把车带走。①

公诉人当时问的是崔英杰看到有人（城管）过来了有什么反应，

---

① 北京市第一中级人民法院 2006 年 12 月 12 日崔英杰案一审庭审实录，http：//tieba. baidu. com/p/226845523（访问时间：2016 年 8 月 3 日）。

本是想引出下面他持刀暴力抗法的情节，但是却被崔英杰引至另一个方向——被告人在这里试图安插进来一个节外生枝的故事：他不知道对方是城管。这就使前后争论的被告与城管的纠缠，是否属于暴力抗法，是否有持刀威胁执法者的行为，抑或属于一般性质的拉扯哀求以及辩护人极力强调的崔英杰的可怜处境，全部落空。这个暗示的故事，意在告知大家，被告人可能误以为自己在与敲诈勒索之类的不法行为作斗争。被告人在这里使用了一个很小的故事，看起来有点答非所问（公诉人问"有什么反应"是指行动，而崔英杰有意回答他的"感觉"），岔开了人们的注意力，去对抗或削弱公诉人意图建构的那个持刀暴力抗法的故事。

还有一段是同案的另一名被告人张雷回答公诉人和辩护人的提问：

公诉人：你说你们在小吃店商量的时候，说崔英杰出事了，他出什么事了？

张雷：跟别人打架了。

公诉人：他怎么跟你说的？

张雷：在小吃店，他向我借钱，我说我没有，我问他到底出什么事了，他跟我说跟别人打架，把别人扎伤了。

公诉人：伤者是什么人？

张雷：城管。

公诉人：伤到什么程度？

张雷：我不知道。①

本身张雷在这里是作为同案的共犯嫌疑人受审，他被指控的行为是窝藏罪犯。然而，此处公诉人的讯问很大程度上针对的是主犯崔英杰。问伤的是什么人，伤到什么程度，都是把矛头指向崔英杰，张雷不在现场，若能答出伤的是城管，伤得极重或致命，可见都是崔英杰告诉他

---

① 北京市第一中级人民法院 2006 年 12 月 12 日崔英杰案一审庭审实录，http：// tieba. baidu. com/p/226845523（访问时间：2016 年 8 月 3 日）。

的，既然崔能告诉他，可见崔知道对方是城管，而且知道自己的行为可能致人死亡——这里公诉方在主观方面就能够成立故意杀人了。张雷在这个地方实际上是作为侧面的辅助，去建构那个关于崔英杰的叙事。辩护律师很敏锐的分辨出这一修辞策略：

> 辩护人：崔英杰当天见到你的时候，你从外表的着装能看出他打架了吗？
>
> 张雷：不能。
>
> 辩护人：他说的打架、伤人都是听他的口述？
>
> 张雷：是。
>
> 辩护人：他说伤到什么程度了吗？
>
> 张雷：没有。
>
> 辩护人：有可能伤到什么程度，他跟你说过吗？
>
> 张雷：没有。①

这一小段问答显然是针对刚才公诉人的提问构建的防御性对抗，而且巧妙的是同时保护了崔英杰和张雷两个人。问张雷是否能从外貌上看出崔英杰与人发生过冲突或伤/杀了人，是意图降低张窝藏罪犯的叙事效果，既然他并不能自行判断崔英杰是否犯事，仅仅是听他含糊不清的一面之词，那么人们有理由怀疑他其实并不清楚自己是在帮助罪犯藏匿和逃跑。紧接着问的，不是"你知道"受害人伤到什么程度了吗，而是"他（崔英杰）跟你说"伤到什么程度了吗，不但削弱了公诉方试图指控张雷的窝藏罪名，同时也削弱了公诉方营造的故事文本中崔英杰清楚地认识到了他的行为会致人死亡的情形，其后紧接着的"有可能伤到什么程度，他跟你说过吗"更增强了这种叙事解构的效果——若连崔英杰自己都不知道"可能"伤到什么程度，那么公诉人企图建构的直接故意的主观状态就难以成立，同时张雷的协助窝藏、逃窜也不容

---

① 北京市第一中级人民法院 2006 年 12 月 12 日崔英杰案一审庭审实录，http：//tieba. baidu. com/p/226845523（访问时间：2016 年 8 月 3 日）。

易成立。

案件的审理过程，参与者基本上都会用讲故事的方式去参与诉讼的过程。除了上面这种被对话切割得有些支离破碎的叙事对抗之外，还有较为完整的关于案件经过中的一个或几个片段的叙事，一般出现在证人的供述里。例如证人赵某回答提问：

辩护人：城管队员做了什么？

赵：我们护着车，他们拉着，我哀求他们把车给我们留下，双方都在争那辆车，当我转身的时候发现那辆车已经被他们装上，我在那边大概呆了三四分钟，当我转过身的时候不知道发生了什么。①

赵某当天同崔英杰一起去摆摊，这是关于她自己的小故事，显得轻描淡写，而且着力强调她的"哀求"。从这个故事看起来，似乎并没有一般人们想象的所谓的激烈冲突，只是"他们拉着，我们护着"而已，一转身，三轮车就被装上卡车了，她也就走开了。故事到此，似乎事情也结束了。她当然没有看到崔英杰扎伤人的场面，只能描述在那之前的情况，也就是公诉方的叙事中"暴力抗法、持刀威胁"的那一段——赵某的故事在此处便成为一种淡化处理，对抗的是公诉方叙述的那种极端的、暴力而血腥的场面。

但城管一方的证人却不是这样看的，在现场的城管队员之一狄玉美，对她眼中的赵某的行为是这样描述的："……后几名队员将商贩的三轮车抬上她所驾车的车斗内，那名女商贩又哭又闹抓住三轮车的前轮不松手，几名执法队员把女商贩拽离执法车……"② 在第一章的注释里笔者已经讲到，与判决书上列出的其他证人的证言相比较，狄玉美的证词是最具有文学感染力的，视听资料上没有拍摄到的最关键的扎伤人的那一幕，被她讲述得细节毕露，绘声绘色。她在此处说赵某，也显然不是前面那种温和文静的、可怜兮兮哀求着的女主角了，"哭、闹、抓"

---

① 北京市第一中级人民法院 2006 年 12 月 12 日崔英杰案一审庭审实录，http：//tieba. baidu. com/p/226845523（访问时间：2016 年 8 月 3 日）。

② 北京市第一中级人民法院刑事判决书，（2006）一中刑初字第 3500 号。

几个字已将其拒不服从管理、当众撒泼的形象展露无疑，最后竟要劳动几名队员把她拽离（录像上并未看到赵某哭、闹、抓，显示的是她正站在卡车边，一名男城管队员从后面把她拦腰抱起，扔到一边）。但真正重要的是，结合狄玉美前面那句"那名男商贩右手始终握着一把匕首，抗拒执法，与队员推搡，不让队员没收摊位"，[1] 这个故事片段，显示的现场冲突情况比赵某说的版本尖锐很多，又巩固了公诉方试图建立的暴力抗法和故意杀人的场景。

　　而辩护人紧接着问的：

> 辩护人：他们要查抄车的时候有没有出示证件？
>
> 赵：没有。
>
> 辩护人：是否填写了行政处罚决定书？
>
> 赵：没有。
>
> 辩护人：是否出示扣押物品通知书？
>
> 赵：没有。[2]

　　这也是一个节外生枝的叙事，与前面崔英杰说的不知道对方是什么人，以为遇到"社会上的人"了遥相呼应。辩护人恐怕不是要直接主张崔英杰希望建构的那个误以为遇到敲诈勒索的故事，但从他后面的辩护意见和陈词来看，至少是意图要讲述一个城管在执法时发生严重瑕疵的故事，这瑕疵使他们并不能清白地主张自己的完全受害的地位，同时使被告人在公诉方的叙事里的邪恶形象有了很大缓和。

　　像以上这样的片段叙事、辅助叙事，以及它们互相之间的帮衬、交缠、对立、抗衡，在司法过程里几乎无处不在，贯穿始终：

　　就这样，一场审判可以被描述成一个巨大的、未经修饰的叙事纲要，反映出两个对立派别的作者，各自通过一个个片段叙事所造成的修

---

① 北京市第一中级人民法院刑事判决书，（2006）一中刑初字第 3500 号。

② 北京市第一中级人民法院 2006 年 12 月 12 日崔英杰案一审庭审实录，http://tieba.baidu.com/p/226845523（访问时间：2016 年 8 月 3 日）。

辞效果，来试图让自己的中心叙事胜过另一方。在他们的激烈竞赛中，两大对立叙事的许多小片段被不断地有选择性地建构和解构着，并朝着他们最终的结论前进。就这样，一场审判就是一个庞大而复杂的叙事结构。①

第二节　导致叙事分化的修辞策略

一、情节发挥：事件间的断裂弥补

（一）事件间的断裂

回顾一下构成案件经过的事件：

（1）崔英杰是进城务工的农民，被雇主拖欠四个月的工资，生活陷入困境。

（2）崔英杰借钱购买了三轮车等工具，在中关村路边售卖烤香肠，没有营业执照。

（3）2006 年 8 月 11 日下午 17 时左右，海淀区城管大队队员到崔英杰摆卖地点查处无照小商贩。

（4）第一批到达现场的城管没有穿制服，没有出示任何书面证件和文件，没有任何口头说明。

（5）崔英杰为了三轮车与城管纠缠，当时崔手里握有小刀。

（6）三轮车被没收，崔英杰离开现场，与一同摆卖的赵某失散。

（7）崔英杰返回现场，手握小刀跑进人群。

（8）城管大队副队长李志强被崔英杰刺伤颈部，送往医院后死亡。

尽管这八项事件已经是我们在现有的材料基础上，可以确知的全部

---

① H. Porter Abbott, *The Cambridge Introduction to Narrative*, Cambridge: Cambridge University Press, 2002, pp. 142.

案情经过，然而，阅读起来我们却十分明显地感觉到一种断裂感。特别是事件（6）（7）（8）。事件（6）中的崔英杰离开了案发现场，事件（7）的崔英杰又返回了现场——这二者之间是什么样的关系？假如我们相信人的行为总是有原因、有目的的话，必然要问，是什么促使已经离开现场的被告人又返回现场，他当时想要做什么？他是否有一个特定的目标？事件（7）讲到崔英杰跑回来是手中握有小刀——这是偶然的，还是有所指向？他是无意中这样做的，还是有意要拿着刀？若是有意的，那又是为了什么目的？事件（7）与事件（8）的内容有什么关联，或者该怎样关联。崔英杰握着小刀返回城管执法的现场，到城管副队长李志强被他刺伤致死，该怎样关联？他是在怎样的环境下、以怎样的方式和行动，以及怎样的心理活动或主观状态，刺伤了被害人？

注意，当提出这些问题的时候，实际上我们已经被一个先在的经验中的故事结构影响了。也就说，在我们心目中，要讲述清楚一件事情，比如一个历史大事、一个案件，必须具备某些必要的格式和内容，才能构成一个完整的故事，才能满足我们对于认识和理解的渴求。原先的编年史事件，并非它真的有什么裂隙或空白，是我们的经验以及对理解的要求，使我们感到了裂隙和空白地带，并且急于寻求各种方式去填补。关于这个问题，本书的第一章已经详细论述过，在司法的语境中，什么样的故事才算一个完整的、完成了的故事，比如，刑事案件的事实至少需要反映出被告人的主观状态，但编年史事件明显缺失了这些。

在法庭上，控辩双方对这些已经经过证据确认的事件，其实是没有异议的，真正的争论都是发生在如何弥补这些编年史的断裂和空隙之上。

人们在法庭上具体是用怎样的方式来弥补断裂的，笔者认为，这是一个修辞策略的问题，故事化的情节发挥是非常常见的一种策略。

来看事件（5）。我们可以确知的是，当城管队员来制止崔英杰摆卖，并没收他的三轮车等经营工具的时候，崔英杰与城管队员发生过纠缠。所谓纠缠，当然是指崔英杰不愿意东西被收走，试图抗拒和阻止，但具体是以什么样的方式抗拒，将被他人怎样定性，这里没有交代。检察机关的起诉书上写道，崔英杰当时的行为乃"持刀威胁"①，同时公诉人在庭审时多次着力强调他的暴力抗法："被告人崔英杰无视国法，以暴力手段妨害城管执法人员依法执行公务"；②"崔英杰的行为非常不冷静，手持尖刀向执法人员挥舞，大喊大叫，使执法人员无法靠近他的三轮车"；③ 并且提出应该就这一点给他以严惩："崔英杰实施了故意杀人行为，有以下两点情节，应该成为对其从严惩处的理由：一、故意杀人的行为具有暴力妨害公务的性质……"④

公诉方的这些说法，无疑让前面含糊不清的"纠缠"开始有了具体化的内容，这对于读者来说非常重要。先前的编年史事件里的"崔英杰与城管纠缠"，人们很难想象当时是一种什么样的情形，而现在，人们得以在脑海中出现一个具体的画面了——"持刀威胁，暴力抗法"，这几个字足以让一般人"看到"被告人拿着刀或挥舞或直指向城管队员、扬言欲对其不利，诸如此类的画面。

另一方面，辩护方也提供了另一种具体化的想象。例如证人赵某的描述："我们护着车，他们拉着，我哀求他们把车给我们留下，双方都在争那辆车……"⑤ 赵某的说法同样也将一个具体的剧情场面灌输到了受众的脑海中，只不过，这次是跟公诉方截然不同的画面——没有了凶神恶煞的歹徒挥舞匕首扬言要伤害执法人员，只有一位贫穷的小贩和一位可怜的女孩，在混乱的环境中，被多名城管包围，一边死死拉住三轮车，一边哀求着那些冷酷无情的人。

这里我们不难看出，面对编年史含糊不清的地方，叙事者在使用语

---

① 北京市人民检察院第一分院起诉书，京检一分刑诉字［2006］第243号。
② 北京市第一中级人民法院2006年12月12日崔英杰案一审庭审实录，http://tieba.baidu.com/p/226845523（访问时间：2016年8月3日）。
③ 同上。
④ 同上。
⑤ 同上。

言去建构一种想象，一种戏剧式的具体场景的想象，他们在试图对原本不存在或模糊抽象的内容进行发挥，而发挥的结果，是形成较为清晰的故事化的情节。如果放到事件与事件间的空白地带，这种情节发挥表现得更为明显。

（二）断裂的弥补

第二章笔者已经分析了证据与事实之间的跳跃变化，但留下了问题——既然事实文本的完成依赖的不是证据，那么它究竟依赖的是什么？现在不妨回头再看事件（6）和（7）之间的断裂处。

事件（6）的有效证据是一段现场拍摄的录像，录像的直观显示是崔英杰从镜头右方跑向镜头左方，当时城管的卡车、面包车以及受害人李志强就在镜头左侧，此处仅仅是一个简单的身体运动。但是在叙事化的事实文本中，事情变成另一番模样。

北京市公安局的起诉意见书写道：

犯罪嫌疑人崔英杰于 2006 年 8 月 11 日 17 时许，在本市海淀区中关村科贸大厦西北角路边，无照摆摊卖货时，因被本市海淀区城管大队查处，即怀恨在心，持刀将执法的海淀城管队副队长李志强（男，36岁）颈部扎伤……①

上一章在分析的时候已经提到，这里"因被……查处，即怀恨在心，持刀将……"的措辞，一方面是对李被刺伤之前的崔的情况的描述，另一方面证据中显示的单纯身体举动转换成了心理活动，并添加了因果关系。

公诉人在法庭辩论中的陈述："崔英杰与李志强没有个人恩怨，只是因为他的个人无照经营被查处就产生了报复念头，其报复念头并不是单单指向李志强一个人，而是指向在场的城管队员。"② 作为对立方的辩护人则这样回应：

---

① 北京市公安局起诉意见书，京公预诉字［2006］516 号。
② 北京市第一中级人民法院 2006 年 12 月 12 日崔英杰案一审庭审实录，http://tieba.baidu.com/p/226845523（访问时间：2016 年 8 月 3 日）。

　　崔英杰第二次跑出来是为了找跟他在一起干活的小女孩，而并不是为了实施报复……他第二次返回，根本不是为了杀死李志强，就是为了讨回自己的谋生工具……从被告人崔英杰第二次跑出来，向货车的方向冲过去，到他去事发现场仅仅9秒钟，那么，从受害人以及其他城管工作人员向第二次跑出来的崔英杰围上去，到崔英杰把水果刀推向受害人的时间仅仅3秒钟，这3秒钟能说崔英杰是要报复而实施杀人吗？①

　　从证据中我们只能看到单纯身体举动，但公安局、公诉人和辩护人言说的都是崔英杰的心理活动以及导致这样的心理活动、身体举动的原因。或者因为被查处所以怀恨在心，企图报复；或者只想寻找失散同伴、夺回三轮车。它们都属于叙事者的想象发挥（这样的想象发挥带有推测性质，但推测所依据的不是确凿证据，而是日常生活的经验，且"报复"和"寻人"两种截然不同的推测显然在经验常识上都能自圆其说）。

　　首先，从身体举动到心理活动的想象，这看起来像是叙事者对观察到的现象的"解释"：在公安局和公诉人的文本中，崔英杰因为工具被没收而怀恨在心，返回现场的目的就是报复杀人，他的目标是城管队员。辩护方则竭力提供另一种回答：崔英杰在庭上说返回现场是为了寻找一起摆摊的女孩赵某，辩护人在陈述辩护意见的时候也采用这一说法，崔英杰并没有报复的意图，而他跑向货车则是想追回被没收的三轮车。李劲松律师的辩护词说道，崔英杰跑回现场的初始目的是寻找失散的赵某，回现场后看见他的三轮车正被装上卡车，因为曾经听说其他小商贩在最后关头抢回被没收的工具，所以崔英杰也打算作这样的尝试，"他第二次跑出来，根本不是为了杀死被害人李志强或其他任何一个城管……就是为了保住自己的谋生工具，想为自己借钱新买的一个三轮

---

① 北京市第一中级人民法院 2006 年 12 月 12 日崔英杰案一审庭审实录，http: //tieba. baidu. com/p/226845523（访问时间：2016 年 8 月 3 日）。

车，作最后一次努力"①。

其次，解释在这里却不是一般情况下人们所认为的那种科学性的或逻辑性的分析阐述的活动，实际上，它的作用是弥补编年史事件之间的断裂感，其方式是在事件的基础上进行情节化的发挥，以语言引起场景、画面等情节细节的想象，来满足人们渴望了解然而事件间又没有交代的模糊、空白、裂隙之处。"解释"这个词汇容易使人联想起科学论证，笔者并不否认司法审理中存在论证式的解释，但本书分析的是隐喻性的情节发挥。实际上，论证和情节发挥在叙事化过程中时常交融进行，二者的界线相当模糊，甚至后者可以利用前者伪装自己，比如辩护人在法庭上解释"为什么崔英杰要返回现场"的时候，便做出一幅以论据来反驳公诉方的论辩姿态，但辩护人提出的理由并没有扎实的根据，而是向听众描绘某种场景和剧情。

例如事件（6）崔英杰的离开与事件（7）崔英杰的返回由于"报复"或"寻人"获得关联，而在事件（7）与事件（8）之间的空白处，叙事者制造了情节想象：虽然我们看不到崔英杰用刀刺向李志强的那一刻，但公诉方的发挥显然在诱导读者和法庭上的听众去想象一个歹徒直奔城管队员、毫不犹豫地取其性命的场面，辩护方的言辞则企图让读者或听众想象一个置身残酷环境的小贩偶然丧失理智的景象。经过情节的发挥之后，原本单调枯燥的事件（7）出现了人物的思想活动、情感演变、行动发展乃至命运突转；同时，内部的情节推进也具有延伸效果，通过关联上下两个事件，使其在整体故事中得以定位。

再次，情节发挥作为案件事实的修辞策略，在最终完成的叙事文本中是隐形的，而在辩论和对抗时，又以逻辑推理或阐述解释的姿态来掩盖它的修辞性，所以它的发现会变得十分曲折和隐讳。起诉意见书中的描绘、公诉人在法庭上的陈述均找不到可辨认的刻意发挥情节的痕迹，

---

① 李劲松：《崔英杰案一审辩护词》，http：//www. 360doc. com/content/09/0718/19/159613_4331139. shtml（访问时间：2016 年 8 月 3 日）。

二者以理所当然的口气，将无法从证据中读出的想象内容如同临摹亲眼所见之景一般编织进叙事结构。从证据到叙事的跳跃过程里，情节化发挥以不自觉的、隐形的方式出现，暗中或明里指向叙事者的目的——控方必须成立故意杀人，辩方希望推翻故意杀人。正因为情节发挥的策略是隐形的、难以辨认的，它掩盖了证据与事实之间的距离，使读者或听众感觉到案件事实似乎属于规则中的证据的产物。

二、事件挑选：整体的戏剧化效果

重新回到本书前述的四个故事版本，尽管它们都在案件线索的序列之内，但证据得出的各项事件在各版本的叙事中所占篇幅有所不同，有些事件被这个版本弱化甚至忽略，却受到另一个版本的关注和强调：版本一、版本二忽略了事件（1）交代的崔英杰的个人背景和经济状况，叙事直接从崔英杰的无照经营开始，也没有涉及事件（6）（7）有关崔英杰中途离开现场又返回的情形，版本三、四则点明了崔英杰的经济状况是他摆摊谋生的原因；版本一、二、三完全没有提到事件（4）中城管的行为瑕疵，版本四却重点渲染这一事件。对事件的篇幅分配不是随意的，笔者将以事件（4）为例分析事件挑选作为另一种重要的修辞策略在案件叙事中的作用。

（一）事件挑选在崔英杰案的体现

庭审阶段有关事件（4）的三段记录如下：

[公诉人讯问被告]

公诉人：8月11日当天，你进行无照经营的时候，有什么人干扰你的经营活动？

崔英杰：不知道是什么人，就是过来一帮人。

公诉人：有什么人跟你说什么了？

崔英杰：过来一句话都没有说，直接拉我的车。

[崔英杰辩护人询问被告]

辩护人：当时在城管队员在现场处罚你的时候，他们有没有出示证件？

崔英杰：没有。

辩护人：他们在处罚的时候是否出具了行政处罚决定书？

崔英杰：没有。

辩护人：是否出示了扣押物品通知书？

崔英杰：没有。

[崔英杰辩护人询问证人赵某]

辩护人：他们要查抄车的时候有没有出示证件？

赵：没有。

辩护人：是否填写了行政处罚决定书？

赵：没有。

辩护人：是否出示扣押物品通知书？

赵：没有。①

这里的证据包括被告人供述和证人证言，加上视听材料中显示第一批到达并与崔英杰直接发生冲突的城管没有穿制服，所能证明的内容是当时城管未向崔英杰表明身份，未依程序执法，也没有对自己的举措作出任何说明。法庭上控辩双方对证据没有异议，对城管的行为瑕疵也没有异议，事件（4）的存在及内容是没有疑问的。然而，不同的叙事文本对此项无争议事件的态度迥然相异。

公诉机关的起诉书这样陈述案件事实：

被告人崔英杰于 2006 年 8 月 11 日 17 时许，在本市海淀区中关村科贸大厦西北角路边，因无照经营被海淀区城管大队查处时，即持刀威

---

① 北京市第一中级人民法院 2006 年 12 月 12 日崔英杰案一审庭审实录，http://tieba.baidu.com/p/226845523（访问时间：2016 年 8 月 3 日）。

胁，阻碍城管人员的正常执法活动，并持刀猛刺海淀城管队副队长李志强（男，36岁）颈部，伤及李右侧头臂静脉及右肺上叶，致李急性失血性休克死亡……本院认为，被告人崔英杰无视国法，以暴力手段妨害城管执法人员依法执行公务，并持刀行凶，致人死亡。①

公诉人在法庭上的意见：

我认为崔英杰在对被害人身份的辨别方面并不存在错误……通过法庭调查说明，本案基本事实清楚，公安机关依法取得的证据充分、有效，本案诉讼活动合法。被告人崔英杰以暴力手段阻碍城管人员的执法活动，非法剥夺城管人员的生命……公诉人认为，崔英杰实施了故意杀人行为，有以下两点情节，应该成为对其从严惩处的理由：一、故意杀人的行为具有暴力妨害公务的性质……②

公诉方认为崔英杰有暴力妨害公务的行为，起诉书对城管不符合程序的执法行为只字未提，公诉人在法庭审理的最后阶段陈述公诉意见的时候坚持崔英杰妨害公务的主张，也回避谈论城管的行为。控方的案情叙事不包含事件（4），但控方并没有宣称其不存在或内容虚假，而以一种"不值一提"的姿态把它忽略掉。

第二，崔英杰的辩护人之一夏霖律师提交的辩护词针对妨害公务一说提出了详细的辩护意见，其中说道：

北京市城市管理综合行政执法局执法人员缺乏执法依据并且严重违反执法程序……在执法现场，执法人员也并没有询问被告是否进行过工商登记，是否有营业执照……执法人员没有遵守相关法律程序，当日的行政处罚决定不成立。③

加上辩护人积极询问崔英杰以及证人赵某，城管来没收经营工具的

---

① 北京市人民检察院第一分院起诉书，京检一分刑诉字［2006］第243号。
② 北京市第一中级人民法院2006年12月12日崔英杰案一审庭审实录，http：//tieba. baidu. com/p/226845523（访问时间：2016年8月3日）。
③ 夏霖：《崔英杰案一审辩护词》，http：//xialinblog. blog. sohu. com/128965007. html（访问时间：2016年8月3日）。

时候有没有出示证件和法律文书，可以看出辩护方积极选则事件（4），其在辩护人试图叙述的案件事实之中是个重要情节。

第三，法庭外专业人士罗锦祥律师，在网络上公开了一系列崔英杰案的个人辩护意见和评论文章，其中一篇探讨了成立假想防卫的可能性（即案件事实叙事的版本四）：首先承认城管在执法的时候有严重的违反程序情况，而且没有表明身份；其次，崔英杰在法庭上供述当时怀疑遇到"社会上的人"，① 虽然城管的上述行为不一定能得出崔英杰在庭上的供述属实，但根据现场的混乱程度、城管一上来就抢东西的举动，能够认定这种执法瑕疵足以让一般人产生错觉，误以为遭到不法侵害；再次，有了这种错误认识的前提，崔英杰就不是暴力抗法，而是假想防卫；最后，崔英杰用刀刺伤李志强的行为，有可能是前面假想防卫的延续，至少受到之前假想防卫阶段的影响。②

罗锦祥律师不但积极挑选了事件（4），而且利用它作为一个扭转局势的关键点，建构了一整套假想防卫、过失（或间接故意）致人死亡的故事。尽管这个故事被法庭认可的可能性不大，但至少可以成立一个合理疑点，对控方那种以理所当然的口气构成一定的威胁。

（二）挑选策略在叙事中的作用

前面已经讲到，情节发挥在叙事中通过将单个事件情节化，使得原本断裂的编年史事件互相关联，形成一个连续的故事。挑选事件这一修辞策略比起情节发挥具有更强的全局性，它试图回答的问题是：事件综合之后的全景式的故事会有怎样的效果？故事的意义是什么？"这些问题与被视为一个完整故事的整组事件的结构有关，并且需要对某个特定故事与编年史中可能'发现''鉴别'或'揭示'出的其他故事之间

---

① 北京市第一中级人民法院 2006 年 12 月 12 日崔英杰案一审庭审实录，http：//tieba. baidu. com/p/226845523（访问时间：2016 年 8 月 3 日）。
② 罗锦祥：《故意之前的错误——崔英杰的假想防卫辩护》，http：//www. lawyerluo. com/list. asp？id＝264（访问时间：2016 年 8 月 3 日）。

的关系做出大致判断。"①

本案在审理过程中诉讼各方从同一个编年史框架内揭示出截然不同的故事,叙事者对事实的挑选构成了这些故事的鉴别和横向分化,比如忽略事件(4)的版本一与积极强调事件(4)的版本四。除了分化故事版本之外,挑选策略更重要的作用是在完整的故事中营造一种特定的戏剧化效果。

检察机关未必不清楚事件(1)中有关崔英杰的个人背景及经济状况,但起诉书省略掉这些内容,故事直接从崔在中关村摆摊开始。崔英杰没有营业执照,因而他摆摊零售属违法行为,并且他做违法的事情似乎是毫无缘由的,于是,这个人物出场的时候所有复杂的特征都被剔除,唯独剩下他的违法举动,同时这一特征被一种提喻②式的修辞手法造成了标签和脸谱的效果,违法举动被等同于崔英杰本人——崔英杰就是个违法乱纪分子。叙事者以这种方式左右了读者对人物的情感印象,读者一上来便看到一个违法分子、一个坏人明目张胆地出现在光天化日之下。接下来事件(4)被完全删掉,事件(6)(7)关于崔英杰离开又返回的内容也略去,使得这些内容有可能引起的疑问全部消失。起诉书将"持刀威胁""阻碍执法""猛刺"等一系列动词流畅地排列在一起,仿佛这些动作是短时间内连贯完成的,配合先前已经脸谱化的人物形象,创作出一名穷凶极恶的歹徒竟于大庭广众公然行凶的剧情。故事的意义在于迎合认定故意杀人罪的一切要求,诱使读者(包括一般民众、法官和陪审人员)得出这一判决。

在辩护人的叙事中,事件(1)是向法庭求情的重要材料,夏霖律师的辩护词说道:

> 贩夫走卒,引车卖浆,是古已有之的正当职业。我的当事人来到城

---

① [美]海登·怀特:《元史学:十九世纪欧洲的历史想像》,陈新译,译林出版社 2004 年版,第 8 页。

② 提喻是修辞学中暗喻的四种类型之一,另外三种分别是隐喻、转喻和反讽,喻体原属本体的其中一种特征,却被提升为普遍的、本质的性质,掩盖乃至否认本体的其他特征。

市，被生活所迫，从事这样一份卑微贫贱的工作，生活窘困，收入微薄。但他始终善良纯朴，无论这个社会怎样伤害他，他没有偷盗没有抢劫，没有以伤害他人的方式生存。①

崔英杰的另一位代理人李劲松律师则在法庭上这样说道：

大家刚才也都见到了崔英杰，知道他是一个本性并不坏，知道做人要自食其力，对家里人很有良心，而且也具有靠自己的吃苦耐劳，来勤劳致富，这样一种很朴素的理想，而且，他在部队保卫国家这个期间，不仅表现良好，就在退伍的当年，还被评为优秀士兵。这样一个退伍军人……省吃俭用，刚刚借钱买来的，二百多块钱的新三轮车，被强行粗暴的没收……②

显然，崔英杰在这里以截然不同的人物形象登场——受到社会伤害的善良人。那么，他的违法经营便具有值得同情的原因，进而他接下来的举动也有值得同情的原因："当一个人赖以谋生的饭碗被打碎，被逼上走投无路的绝境，将心比心，你们会不会比我的当事人更加冷静和忍耐？"③

由于，见到十多个城管工作人员，正向自己围拢，担心自己被带走，或许可能还会被罚款，在高度紧张、情绪亢奋、情急之下，也是在当时的混乱之中，在极短暂的——我可以肯定，是三秒到五秒钟之内——做出了，一失足成千古恨的、确实结果是害人害己的、偶然、激情的，犯罪行为。④

选取事件（1）的效果是通过改变读者对角色的看法，来改变其对

---

① 夏霖：《崔英杰案一审辩护词》，http：//xialinblog. blog. sohu. com/128965007. html（访问时间：2016 年 8 月 3 日）。
② 李劲松：《崔英杰案一审辩护词》，http：//www. 360doc. com/content/09/0718/19/159613_4331139. shtml（访问时间：2016 年 8 月 3 日）。
③ 夏霖：《崔英杰案一审辩护词》，http：//xialinblog. blog. sohu. com/128965007. html（访问时间：2016 年 8 月 3 日）。
④ 李劲松：《崔英杰案一审辩护词》，http：//www. 360doc. com/content/09/0718/19/159613_4331139. shtml（访问时间：2016 年 8 月 3 日）。

具体情节的期待。既然崔英杰是个好人，那么在他举刀刺向城管之前，必然发生了一系列将他逼上绝路的事情。于是事件（4）城管的过错以及事件（7）崔英杰为何返回现场等等被公诉人略去的内容，也能顺理成章地回到故事当中。结果，展现在读者眼前的是一个受生存环境所迫的善良人，在遭遇不公正对待的情况下，为了保护自己的合法财产及谋生工具，一时激动失手伤人。其法律上的意义便是试图更换罪名、减轻刑罚。

罗锦祥律师的辩护意见更明显地体现出事件挑选所能达到的叙事差异。这个叙事文本通过积极强调事件（4）、配合情节想象，几乎否定了曾经存在过犯罪，读者看到的故事是由城管的过错和小贩的惊恐引发的一场误会，继而酿成了惨剧。

叙事者对已经得到认可的事件进行有目的的、戏剧式的情节化发挥，以及有选择地取用或忽略、强调或弱化的修辞策略，使年代记或编年史式的事件罗列得以转变成全景式的、戏剧化的案件事实，并获得法律上的意义。同时，情节发挥和事件挑选的策略可以让故事发生分化，"一个叙事性陈述可能将一组事件再现为具有史诗或悲剧的形式和意义，而另一个陈述则可能将同一组事件——以相同的合理性，也不违反任何事实记载地——再现为闹剧"①。

第三节 人物建构：案件叙事的特殊策略

笔者已经在前面的章节里论述过：在证据已经完成它们的证明任务之后，用什么样的叙事策略去叙述案件经过，叙事策略对最后呈现给受众的那个事实文本所能造成的影响，远比传统法学观念所想象的大得多。即使在证据相同的情况下，叙事和修辞的技术仍可以引起文本的巨

---

① ［美］海登·怀特：《后现代历史叙事学》，陈永国、张万娟译，中国社会科学出版社2003年版，第325页。

大分歧，这分歧足以导致截然不同的判决结果，叙事活动的最终目的正是诱导判决结果，因而讲故事的策略重点在于尽可能迎合法律话语对某类情形的典型规定——如果事实呈现出如此这般的模样，按照法律便会得出如此这般的司法结果。本书第一章已经说过，作为一种历史事实的案件事实，最终需要通过叙事呈现出来，这是用语言的形式为人们记录、提供一个可理解的世界和一段可理解的历史的必须方式。仅仅展示文献、遗迹、追忆等证据，不过是向人们罗列了一堆事件碎片，它们之间究竟是什么关系，它们传达了怎样的主题，全都没有交代，对于司法实践这样目的性极强的人类实践活动来说没有多大意义。

但是，这样尚未完成案件事实的叙事建构的全部任务。事实作为直接决定司法结论的要素，除了必须符合法律的规定，还不得不考虑民众的接受与认可。如本书开头所说，已被证据确认了的事件，经过有目的的情节发挥和事件挑选等修辞技术形成了情节化、戏剧化的事实文本，如何使故事及其希望表达的意思得到受众的认同，笔者认为其中一个重要的策略是通过人物的塑造去建构正义感：按照通行的价值教条，塑造故事中的人物形象，再给予这人物与其形象符码相称的结局。

不过需要提醒读者注意，专门分出一节来讨论这个策略，是因为它的特殊性，但它并不一定像情节发挥和事件挑选那样无所不在，人物塑造在刑事案件（由于刑事案件的本身特质）里是非常普遍的，也可能发生在民事案件中，比如下文举出的两个曾引起热门讨论的民事官司，然而不排除有的案件人物形象相当模糊，并不能直接套用好人/坏人这样的分类。

一、案件事实的人物塑造

（一）叙事策略与人物形象

先来看以下两段叙事：

[1] 被告人崔英杰于 2006 年 8 月 11 日 17 时许，在北京市海淀区

中关村一号桥东南侧路边无照摆摊经营烤肠食品时，被北京市海淀区城市管理监察大队的执法人员查处，崔英杰对此不满，以持刀威胁的手段抗拒执法，当执法人员将崔英杰经营烤肠用的三轮车扣押并装上执法车时，崔英杰进行阻拦，后持刀猛刺该城市管理监察大队海淀分队的现场指挥人员李志强（男，殁年36岁）颈部一刀，致刀柄折断，后逃离现场。李志强因被伤及右侧头臂静脉及右肺上叶，致急性失血性休克死亡。①

[2] 我家比较穷，来北京打工，我没有文化干了保安，干保安的同时不开工资，我没有多少钱减轻家庭负担，我又兼了一份外卖，同时我感觉还是改变不了我的生活，所以我就当上了小贩。就在2006年8月11日，我和我父亲带的小女孩一起来到科贸西北角的胡同口，在那里摆摊的时候，来了城管人。我跟他们说，把三轮车给我留下，这是我新买的，我只听见一句话：不行，车必须带走。我拿了划肠的小刀吓唬他们，我看人越来越多，我感觉不可能打过他们，这时候我准备离开，决定不要了。

我直接走出了人群，走出去以后我发现小女孩没有跟过来，我又返回来去看，找那个女孩，结果没找到女孩看见他们一大帮人把我的车往他们的车上装，我非常心痛，跑过去想把车要回来，当我跑到车跟前的时候，车已经起动了。我就一转身迎上一大帮人，我急于脱身，当时非常紧张，就直接向左侧跑去，是栏杆，直接挨着的人就是李志强，我感觉他在抓我，我就用手上的刀扎了被害人，扎完了我就跑了。②

叙事 [1] 的开头写到被告人在北京市中关村无照经营，遇城管执法队查处，这里出现了故事的主角人物，案件的被告人崔英杰。关于这个人物，叙事者只向读者展示了唯一的信息——不具备营业执照却在闹市的路边摆摊叫卖——这当然属于违法行为。接下来他在故事里的举动

---

① 北京市第一中级人民法院刑事判决书，（2006）一中刑初字第3500号。
② 北京市第一中级人民法院2006年12月12日崔英杰案一审庭审实录，http://tieba.baidu.com/p/226845523（访问时间：2016年8月3日）。

则很简单，城管来制止他的违法行为，崔"以持刀威胁的手段抗拒执法"，[①] 城管没收他的非法经营工具，他不但阻拦执法，甚至"持刀猛刺……现场指挥人员李志强"[②] 致其死亡。这一系列行为被紧凑的排列在一起，从持刀威胁到阻拦到猛刺，没有松懈回旋的余地，叙事者如此编排情节，显然考虑到了故事整体的戏剧性。

可以说，这表面看起来是在利用情节的紧张推进（从违法行为受阻到持刀威胁）以及陡然突变（从对峙状态到用刀猛刺、致人死亡）唤起读者的某种情感，如 Yxta Maya Murray 在分析佩恩诉田纳西州[③]一案联邦最高法院法官兰开斯特书写的案件经过时所说，这种戏剧化文本在读者心中造成的怜悯与恐惧被引导宣泄的"卡塔西斯"（catharsis）[④] 效果，能够压倒法庭上那些专业术语的争论，获得无法抵抗的支持和认同。[⑤]

同时，Yxta Maya Murray 的观点在以文学视角观察法律现象的学说当中很有代表性，从卡多佐开始，文学修辞一直被视为法律文本和话语中的煽动技巧。在这类观点看来，故事获得人们的喜爱或认同，主要是因为它们的情节足够引人入胜。

然而，笔者不同意这样笼统的理解，细究之下会发现，它不足以解释叙事得到大多数受众认同的原因。引人入胜的情节、精彩的戏剧化发展，其主要功效是抓住受众的注意力，使他们有兴致地读完或听

---

① 北京市第一中级人民法院刑事判决书，（2006）一中刑初字第 3500 号。

② 同上。

③ Payne v. Tennessee，501 U. S. 808（1991）.

④ "卡塔西斯"是西方戏剧学理论的重要概念，这个词最早由亚里士多德用来形容音乐、戏剧对受众的心志引起的特殊效果，参见［古希腊］亚里士多德《政治学》，吴寿彭译，商务印书馆 1965 年版，第 430 页。该词汉语有被除、净化、宣泄等译法，但因其含义复杂且争议较大，此处按习惯音译"卡塔西斯"。Y. M. Murray 的文章在完全不作解释的情况下使用了这个词汇，几乎只模糊而狭义的视为"情节引起的情绪宣泄"，导致文章关于悲剧对受众的作用这一关键问题的理解和论述较为薄弱。有关文学和戏剧理论史上围绕卡塔西斯的含义与争议的综述和分析，参见 Jonathan Lear，"Katharsis"，in Amélie Oksenberg Rorty（ed.），*Essays on Aristotle's Poetics*，Princeton：Princeton University Press，1992，pp. 315 – 340.

⑤ Yxta Maya Murray，"Tragicomedy"，*Howard Law Journal*，2004，vol. 48.

完整个故事，不至于沉闷厌烦而半途离开，它本身并不必然导致受众对故事的结局以及叙事者试图传达的价值取向表示赞同。例如叙事 [1] 与叙事 [2] 相比起来，基本上不可能评判谁的情节更精彩、更吸引人，但它们的确给人们的认识和情感造成了不同的影响。如果说是故事讲述的细节上的不同造成了这差异，那么又是什么样的细节在起作用？

若将观察聚焦至故事里的人物，问题则清晰得多。

再回头看叙事 [1]：没有任何铺垫地开场即写崔英杰在闹市区无照经营，这已经是对人物做了形象定位，崔英杰是一个违法者，这个故事的主角就是一个违法分子，一个"坏人"。他的一系列紧凑、简单、残暴的举动在故事创作中的作用便是支持这个坏人形象，将他塑造成穷凶极恶的歹徒。同样，故事还需要一个对立的"好人"角色，也就是城管队员，他们作为执法者出场，不但是好人，而且是好人的保护者，这样的身份让他们立即在叙事 [1] 里占据了道德优势。这些城管的举动也非常简单：制止崔英杰的违法行为。具体是如何制止的只字未提，这更有利于读者联想那些经常出现在宣传话语中的保卫人民群众的英雄形象。

于是，叙事 [1] 建构了好人、坏人两个对立角色，这穷凶极恶的歹徒残忍地杀害了捍卫善良秩序的执法者，庭审时公诉人的话更是有意渲染他的凶险残暴的本性："崔英杰与李志强没有个人恩怨，只是因为他的个人无照经营被查处就产生了报复念头，其报复念头并不是单单指向李志强一个人，而是指向在场的城管队员。"①

面对这么一个邪恶的坏人，读者对正义结局的预期，只能是将他制伏，将他绳之以法。有了叙事的铺垫，判决结果要做的就是迎合并实现这个预期，确认叙事 [1] 的坏人崔英杰的故意杀人罪，判处其相应的刑罚。

---

① 北京市第一中级人民法院 2006 年 12 月 12 日崔英杰案一审庭审实录，http://tieba. baidu. com/p/226845523（访问时间：2016 年 8 月 3 日）。

　　叙事［2］也采用一样的策略，被告人面对法庭和大众陈述案件的时候，第一句话就是交代自己的身份和来历。叙事者选择这样的开场，不是没有目的的，他在试图告诉他的听众：他不是坏人，即便不敢公开说自己是好人，他至少是个普通人，与听众一样的普通人，并非什么穷凶极恶的歹徒；家在农村，很穷，有父母亲人等着他养活，进城工作又被拖欠工资，此处暗示他不但是好人，而且是一个值得同情的可怜人。所谓的违法乱纪，既没偷也没抢，不过是生活所迫，不得已才在路边摆小摊谋生。崔英杰的辩护律师在法庭上要求提交其同事的证词以及崔英杰曾经获得优秀士兵荣誉的证据，[①] 则是用更为积极的姿态向法庭、诉讼参与者和大众宣传一个善良人的形象。

　　叙事［2］中的人物形象与叙事［1］的截然不同，如此一来，给听众造成的直接影响是引发了他们的疑问：一个和我们没什么区别的普通人（甚至是一个可怜的好人）为何会伤人致死，为何会以故意杀人罪被诉至法庭？

　　随后的情节都是从"被告其实是好人"的出发点去回答这个问题。首先，崔英杰并没有恶意抗拒执法，仅仅想保留自己新买的三轮车而已。按照《南方周末》对当事人的调查报道，崔英杰之前已有不止一辆三轮车被没收，且当时他已被雇主拖欠四个月工资，生活非常拮据，连吃饭都成问题，最后这辆车是借钱买的，[②] 因此不难理解，在遇到城管要夺走他最后的谋生工具时，这个可怜的穷苦人会奋力抵抗。其次，叙事［2］的主人公既然是个善良人，他当然从未想过伤害别人，他甚至放弃努力离开现场，直到发现同伴不见了，才回头寻找；其后发生的流血事件，则是由于现场的混乱、城管队员引起的误会、以及善良可怜的主角的无奈和惊慌失措——与其说这是一起罪案，不如说是一场悲剧。

---

① 北京市第一中级人民法院 2006 年 12 月 12 日崔英杰案一审庭审实录，http：//tieba. baidu. com/p/226845523（访问时间：2016 年 8 月 3 日）。

② 参见赵凌、郑焰：《城管副队长之死》，载《南方周末》，2006 年 9 月 14 日第 A8 版。

可以想象，读者面对叙事［2］里的崔英杰形象，不会产生先前面对叙事［1］所塑造的人物的那种憎恨和恐惧之情，并且还有可能投之以怜悯。他们对结局的预期因而也受到人物形象的左右，这么一个善良、可怜的人陷入进退维谷的境地，法律对待他的态度应当与对待残暴的歹徒有所不同，正义的结果应当是帮助他，给他一个弥补错误、重新走上正道的机会。

涉及案情的一系列事件，经过挑选、裁剪、发挥，编织到一个由语言来呈现的戏剧化故事当中，情节塑造出人物，再使用人物在叙事中的形象引发受众对他/她的评价，诱导受众期待判决会给予这个人物他/她应得的结局，这结局当然正是叙事者希望给予该人物的，也是叙事者希望受众认同的。这样便基本完成了案件事实和判决的叙事建构的过程。紧跟而来的重要问题是，效果如何？崔英杰案的叙事策略是否如愿以偿地不仅满足了法律对案件审判的实体法与程序法要求，也同时获得了公众对判决的正义性的认同？

（二）扁型人物与圆型人物

判决书对崔英杰案的描述可谓证据确凿、事实清楚，根据这样的案件事实，认定其故意杀人罪名成立、判处死刑（缓期执行）是无可挑剔的；然而公众却对这判决表现出相当大的不满，这种声音几乎占了压倒性多数，既有法庭外的法律专业人士也有非法学专业的其他民众，且这些同情被告的人们在事实的问题上都倾向于认同叙事［2］，而非叙事［1］。① 造成这一现象的原因，依然与两个叙事文本的人物形象塑造有关。

扁型人物与圆型人物（或称平面人物与立体人物）是小说理论家福斯特提出的概念，这是两类常见的人物描写方式。前者指的是特征集中而且单一的人物形象，有的几乎用一句话就能完全概括他/她的为人，

---

① 有代表性的庭外议论可参见《南方周末》2007 年 2 月 1 日第 A6 版，以"崔英杰"为关键词在网络上可检索到大量条项目，除了大部分理性讨论和表示同情的意见之外，甚至也有把崔英杰当成英雄，为其叫好的激烈言论。

"除了这句话里描述的内容以外，他这个人等于并不存在"，① 这样的人物在叙事中的一切言行一切情节，都是以单一特征为导向的，并且都在体现乃至强化这个特征，因此他/她能够被读者牢牢记住并一眼认出。圆型人物则相反，具有几个（或者更多）不同的特征，有些特征甚至是互相矛盾的，比如某个一贯冷酷无情的人物可以在一个特定的情节中突然表现出怜悯之心；人物的不同特征随叙事逐渐展开，与扁型人物相比形象较为复杂，从一定意义上说，也更接近我们在现实生活中看到的人。当然，这样的分类针对的是比较传统的叙事方式，许多现当代小说在不断尝试着瓦解所谓的人物形象，而情节、人物这些概念以及它们的相互关系也逐渐模糊不清。② 由于司法活动所寻找的案件事实，最终成型的文本遵循的是古老的说故事的方式，因此，根据论述需要这里借助的是比较传统的文学理论。

　　现实中的人，进入故事时被处理成扁型人物的情形十分常见。例如清代李玉的《一捧雪传奇》，第二折写到明朝嘉靖权臣陆炳审理莫怀古冤案，将陆炳描绘成"但凭方寸心田正，上报君亲下为民"③ 的正直形象，完全不提陆炳其他事例；而史书所记载的陆炳除去确实有保护士大夫免受刑狱牵连的行为之外，也有"任豪恶吏为爪牙……（贪污）积赀数百万，营别宅十余所，庄园遍四方"④ 的恶迹。作者刻画一部分事件，避而不提另一部分事件，目的是利用选取的素材制造出一个人物，限定受众对该人物的评价和感情，认同他给这个人物在戏剧中安排的角色，陆炳的剧中身份是为民申冤的"青天"，便要杜绝那些会破坏人们对他的好感的内容。

　　崔英杰在公安机关的起诉意见书、检察机关的起诉书以及法院的判

---

① ［英］E. M. 福斯特：《小说面面观》，朱乃长译，中国对外翻译出版公司 2002 年版，第177 页。
② 关于人物与情节的争议，参见申丹《叙述学与小说文体学研究》，北京大学出版社 2004年版。
③ 周翕园整理、倪秋平记谱：《京剧曲谱·审头刺汤》，上海文艺出版社 1962 年版，第7 页。
④ 《明史》卷三〇七。

决书的事实陈述部分，均为扁型人物。这些叙事文本中的崔英杰形象，"凶恶歹徒"四个字便概括了他的一切，除了违法犯罪他什么也不做，除了是一名杀人罪犯，他什么身份也没有，为了让受众认同故意杀人罪和死刑的判决，那些有可能动摇这个形象的事件和细节都被尽可能地排除在文本所建构的事实图景之外。

相比之下，叙事［2］的主角则呈现圆型化的趋势，被告与城管发生冲突而且刺死一名队员是无可否认的，但事情并非如此单纯，除了表面看到的杀人事件，这个故事还包含了许多问题，而除了杀人凶手，崔英杰还有别的特征、别的身份。使用人物形象多面化、复杂化的方式来消解人们对犯罪行为、犯罪者的脸谱式认知，以及针对他们的恐惧和仇恨，这也是文学上比较多见的手段。

小说史上著名的例子如笛福的《摩尔·弗兰德斯》。假若按照叙事［1］的风格描述女主角摩尔·弗兰德斯，那么她是个无恶不作的坏人，她在小说里的事迹基本都是卖淫、盗窃、抢劫、诈骗，诸如此类，甚至只为一条金项链便动了邪念想杀死一个天真无辜的小孩，她最后被关进监狱绝对是正义和法治的胜利，应该人人拍手称快。然而笛福的叙事却使两百多年来读过该书的人几乎都对弗兰德斯投以理解和同情，原因是作者向读者展示了这个人物细致的经历、多面的性格以及复杂的心理活动：少女时代曾怀抱勤恳做人的理想，却被有钱人家的少爷诱奸并抛弃，为了不饿死，她不得昧着良心干非法的勾当，随着生活愈加窘迫，环境愈加不给她出路，她也愈加陷入偷抢行骗的营生无法自拔。当弗兰德斯连哄带骗拿走小女孩的金项链之后，她确实想到杀死那小孩以免她啼哭，但是"单单这个念头就把我吓住，我几乎站不住脚了"，① 她最终没有伤害小女孩，不过也知道自己早已别无选择，"贫困硬化了我的心肠，我自己的苦困使我不顾一切了"。② 后面这句话实际上道破了作者将许多细碎又矛盾的内容注入这个人物形象的意图——犯罪者与遵纪

---

① ［英］笛福：《摩尔·弗兰德斯》，梁遇春译，人民文学出版社1958年版，第177页。
② 同上。

守法的好人没有本质的区别，他们都是普通人，有同样的情感，同样在面对人人都要面对的生存问题，前者违背法律或道德的行为是对残酷环境的一种扭曲反应；而且大量生动的细节展示给读者，更易使读者想象自己处在主人公的境地，此时便会切身感觉到那种身不由己又得不到丝毫援助的绝望，或者发现自己也很难作出不同于她的选择，这就是使得读者对人物产生理解和怜悯之心的机制。

同样被困苦驱使得不顾一切的还有叙事［2］中的崔英杰。该文本采取的策略与《摩尔·弗兰德斯》十分相似，叙述案情经过的时候展开许多被叙事［1］删除的细节，试图告诉受众，被告是这个案子的杀人者，他同时也是贫穷的农民、优秀士兵、孝顺父母的好孩子、勤恳工作的打工者，比弗兰德斯更值得同情的是，他没有因穷困去欺骗或伤害他人，依然想尽办法靠自己的劳动谋取生计；崔英杰在案件中是失去理智的冲动的人，同时也是一个因生存手段被剥夺而逼上绝路的人。种种错综复杂的因素集中在这个角色身上，有针对性地否定叙事［1］塑造的人物形象。这不仅仅是叙事者和受众的情感取向的问题，叙事这种语言活动创造了人眼中的世界面貌以及人的存在方式，不同的崔英杰（一名残暴的歹徒或一位可怜的小贩）分别处在不同的历史图景中，也将遭遇不同的评价和对待，以至被规定了不同的未来。

二、人物形象在司法实践中的修辞效果

（一）还原语境的叙事与受众的判断

受众面对案件审理过程出现的众多的叙事文本，并非全然被动。崔英杰一案判决所确认的事实，在证据上和程序上都几乎找不到瑕疵，其法律真实性是不容置疑的，但却没能制止住公众越演越烈的不信任声音。

案件发生之后尚未作出判决的时候，媒体已经开始报道，通过媒体传播给公众的比较详尽的案情，是刊登于《南方周末》的文章《城管

副队长之死》,① 该文对公众了解案件事实的相关信息起了很大作用，其内容类似于叙事［2］，由于仍在审理阶段，文章没有描写被告杀死城管的具体情形，而是将重点放在他的个人身份、经济状况以及案发前的一系列背景事件上，这个做法发挥的作用如同叙事［2］的圆型人物塑造（该文也以同样手法描写了受害人李志强）。这类报道在大多数公众心目中率先引起对崔英杰的巨大同情，使得这个案子在判决之前已有大量的声音为被告求情，法律专业人士和学术界也加入求情呼吁以及针对城管制度的反思。② 然而不能直接得出结论说公众是受到媒体的先入为主的假象灌输才有如此表现，实际上媒体报道的内容与法庭内的各个叙事文本一样，具有同等程度的真实性，却有着不同的倾向性，即使同时呈现给读者，也要面临读者的选择，而读者并非白纸一张，他们的判断时刻受到自身经验和所处语境的明显或潜在影响。

首先，大多数人选择了叙事［2］以及与其相近的文本，而且相信那就是案件的事实，其中原因绝不是因为这类文本所塑造的崔英杰形象比叙事［1］具备更高的文学技艺或审美快感，而是此处的圆型人物特征在一定程度上还原了人物和故事的语境。所谓还原语境，第一层含义是指圆型人物的形象在试图回答这样的问题：人物为什么会出现在叙事文本所呈现的故事当中，为什么会用叙事所呈现的行为和方式推动了情节的发展，乃至整个故事为什么会发生，也就是还原叙事的语境；第二层含义是，这些问题的解答必须符合读者的常识才能得到他们的认可，而读者的常识则来自他们自身的经历和观察，也就是说它还原了读者的生活语境。相反，叙事［1］完全没有涉及这些问题，结果，它所讲述的案件是个凭空出现的故事，主人公的违法犯罪行为似乎都是无缘无故的。割断语境的叙事策略造就了一个看上去仿佛远离正常人和正常生活

---

① 参见赵凌、郑焰《城管副队长之死》，载《南方周末》2006 年 9 月 14 日第 A8 版。

② 参见赵凌《崔英杰案判决在即，学界呼吁慎用死刑》，载《南方周末》2007 年 2 月 1 日第 A6 版。

的可怕的异类，尽管这有助于激起读者的憎恨从而认可将其治罪的行动，也迎合了人们给那些会伤害他人的人贴上罪犯标签，将他们隔离、驱逐到日常生活之外的原始心态，然而，它只有把读者的其他一切信息渠道都断绝，才能实现这样的目的，在这个案子中，显然做不到这一点。

其次，还原语境的作用是迎合读者的先在经验和价值判断，以此获取他们对叙事以及人物的认可。当媒体的报道、被告人法庭上的陈述等等叙事文本向公众展现一个如此这般的崔英杰形象，人们立刻就能联想起自己在平常的所见所闻中确实碰到过很多这样的人，由于农村经济条件差，也无法享受各种社会保障，于是到城市打零工，部分人因其劣势地位只能任雇主宰割，导致生活更加困难，不得不用违法甚至犯罪的手段谋生，这类人的违法犯罪行为都含有迫不得已的成分；另外，公众此前已经看到过大量的有关城市综合管理执法人员的野蛮行径的新闻报道和民间传播，特别是城管在驱赶违章或违法经营的小商贩时、面对围观群众的指责和质疑时，使用严重暴力的恶性事件。这些经验一定程度上给公众造成了较强烈的先在价值判断：城管才是坏人，小贩是受害者。

于是遇到崔英杰案如此典型的小贩对抗城管的故事，尽管案中的城管队员执法有瑕疵，但并没有暴力对待崔英杰，也没有其他恶劣行为，可是上述先在判断所起的作用是不容忽视的。故事文本的读者已有哪一方是好人、哪一方是坏人的前见，叙事［1］把崔英杰塑造成坏人的做法难以得到他们的认同，而叙事［2］即使不讳言崔英杰杀了人，读者依然为他求情并且反问制度所应当承担的责任。

（二）受众对叙事的社会功能的期待

叙事和圆型人物指向读者或听众的经验语境的同时，会形成进一步的影响——由于受众被唤起的经验的真实感和贴切感，容易让他们将自己与叙事人物进行类比，假如自己也遭遇类似的境况，是否也会得到法律的类似评价和对待？若受众感到自己要是受到如此的对待将是不公平的、不可容忍的，他们反对这一判决的声音便会更加强烈。

例如2006年11月20日发生在南京的彭宇案，案情大致是男青年彭宇在公交车站主动扶助摔倒的老妇徐寿兰，把她送至医院，后徐寿兰起诉彭宇将她撞倒，致其受伤，要求彭宇赔偿。① 这个民事案件与崔英杰案的证据状况相反，双方都拿不出像样的证据来证明当时究竟是怎样的情形，只能各执一词。一审南京市鼓楼区法院认为彭宇撞倒徐寿兰的可能性是存在的，判决其补偿徐40%的经济损失。② 虽然法院认定彭宇承担的不是过错责任，虽然民法通则第132条规定：当事人对造成损害都没有过错的，可以根据实际情况，由当事人分担民事责任，但是公众得知法庭要求彭宇白给原告四万五千多元钱之后，绝大多数人都表现得极不服气。最关键的不服气的原因是，好心帮助跌倒的老人家却被对方告上法庭，法庭竟在没有证据能证明人是被告撞倒的情况下仍判他赔钱，那么以后自己在帮助他人的时候，岂不是也大有可能落得吃官司赔钱的下场？或者自己将来需要帮助的时候，他人想到彭宇案的前车之鉴，岂不是都要被吓住不敢帮忙了？

显然，面对这个案件，公众因为彭宇的救助行为将他想象成好人，而将徐寿兰看作恩将仇报的坏人（在一审判决公布后，网络上甚至出现大量咒骂徐的为人的过激言论），不仅如此，使民众一面倒支持被告的主要原因是，人们对于自身可能遭遇同类叙事场景的担忧。从这里可以看出，人们对叙事保有某种期待，这种期待与叙事的可能承载的社会功能有关——也就说，公众非常敏锐地发现，故事在告诉他们某些人的某些境遇的时候，也同时向他们传达经验教训，告诉他们在类似的情景中他们应当如何行为。

叙事在人类社会中的确一直发挥着这样的功能：编撰历史，传授经验和道德评价，通过讲述他人的行为及其后果，来让读者或听众反思和

---

① 案件详情以及一审、二审情况参见《南方周末》2008年4月10日第A1版和第A2版。
② 南京市鼓楼区人民法院民事判决书，（2007）鼓民一初字第212号。

调整自己的行为。法庭向大众公布的叙事文本，更是以官方的、权威的、制度化的高调姿态进行着宣传和训诫，人们当然会以特别严肃的态度仔细观察和掂量。

公众希望看到的是故事人物沿着人们熟知的价值体系走向"各得其所"的故事结局：人们若坚持按照以往耳濡目染的叙事文本中的好人形象去塑造自己的品性，遵循故事的训诫约束自己的德行，便能得到应有的尊重和安定的生活；如果有人像故事中的坏人那样行为，将毫无疑问与故事中的坏人一样受到惩罚。然而，人们却在司法的个案中发现错位的情景。崔英杰案的判决容易使人误会，以为它在传递这样一个教训：穷苦人不偷不抢摆个小摊却要被赶尽杀绝；彭宇案的一审结果则暗示好心助人者没有好下场，恩将仇报者却能得到法律的撑腰。这难免使人们感到与过去接受的循规蹈矩、恪守本分以立足于社会的教育互相矛盾，官方训示的反复无常、自相矛盾也令他们无所适从，并且开始担心在现有的体制内部生存的危险。

这必然导致民众强烈的反抗。民众通过选择另一种叙事文本、另一个版本的人物形象及其命运来表达这样的反抗，这就是崔英杰、彭宇等案件的审判在程序上、法律上没有破绽，却不断遭遇强烈抗议的原因。民众的动机和期望，归根结底是试图把司法活动（以及其他官方行为）重新拉回他们已经习惯的道德体系之内，重建日常生活的安全感。

对于司法机关来说，如果一味强调案件事实的证据确凿和逻辑严密，一味拒绝民间的反对声音，这样做无异于逃避问题；假如不做深层的反思，一旦面临具备精致的证据和逻辑条理的叙事文本的巧妙反击，则容易遭遇既无力解释症结在哪里，也无法回应民众质问的尴尬。

有关判决书如何才能得到大部分公众认可的问题，笔者在第四章还会继续讨论。

第四节 缺少人物形象的案件事实：两个不同的邓玉娇

一、人物建构的普遍性

（一）对案件事实中的人物进行形象塑造，是否是判决书的普遍策略

在这一章的前面三节，笔者论述了这样的观点：第一，在案件事实的形成问题上，证据只完成了第一个阶段的任务，包括提供零散的叙事片段以及非语言形式的信息，在人们的认识上还不能被认可为事实文本；事实建构的第二个阶段是通过叙事和修辞这些有目的的语言活动来完成的，面对相同的证据，叙事过程有可能建构出不同的事实文本。第二，人物形象塑造是司法的叙事活动中一个非常重要的修辞策略，根据社会的一般价值标准将人物定位成好人或坏人，从证据得来的信息，该怎样筛选、编织到案件事实的叙事文本中去，是由这种人物定位来决定的；其机制是运用好人或坏人的角色形象，诱导公众对人物进行情感评价，以使他们认同判决结果——坏人的行为理当受到法律的谴责或惩罚，而好人则理当得到法律的支持和援助。

上一节，笔者将人物形象建构说成是：案件事实建构活动当中的"一种特殊的修辞策略"，其特殊性在于目的性非常显著，其戏剧效果和说服效果都非常强烈，这种修辞策略往往在司法活动中（包括法庭内和法庭外两个场合）都扮演着至关重要的作用，最终形成的叙事本文和评价结果是得到受众的同情、支持，还是遭遇他们的反对、抗拒，可能依赖的就是这个策略的使用。

然而，人物形象建构的修辞策略，是不是存在于大多数案件当中呢？

我们可以看一段判决书中的案件事实：

被告罗××与其妻何××（2001 年 7 月 28 日病故）生育了一子一女，即原告罗春×、罗春×。1995 年 8 月至 11 月间由何××和被告共同主持……拆旧翻新建了一幢三直二层砖混结构房屋及盖瓦厨房一间。建房时两原告均已基本独立生活，并在建房时出了一定的人力、财力。2003 年 7、8 月间，被告在未征得两原告同意的情况下，与第三人商谈了该房屋买卖一事……被在外务工的两原告得知。随即两原告赶回玉山找到第三人，表示坚决反对被告与第三人之间的房屋买卖一事……第三人与被告到玉山县房地产管理局就该房屋办理了相关交易手续。为此，两原告向本院提起诉讼，请求确认被告与第三人之间的房屋买卖行为无效。①

阅读上面这段案件事实，读者大概看不出其中四位当事人哪个是好人，哪个是坏人。或者说，像这种简单的财产纠纷，恐怕也没有必要区分出所谓的好人或坏人，在这里人物显得很次要，判决书并没有积极地去塑造人物的形象，也不打算引导读者对人物进行价值评价。

显然，人物的形象建构是一个非常重要的叙事策略，但并不是每份判决书、每个司法过程都用积极塑造好人/坏人的方式去建构事实。那么，该怎么看待这种看不出人物形象的案件事实，在司法过程中它是否也可能成为一种修辞策略？它是最贴近真实的叙事文本吗？在本小节以及下一章的内容当中，笔者将尝试分析这样的问题。②

（二）人物建构的修辞策略是否只局限于刑事案件

到目前为止，本书的论述都一直围绕着崔英杰案这个刑事案件作为材料，进行个案剖析研究，这大概容易使读者感觉结论显得有些极端。在一般人的印象中，刑事案件涉及的都是社会危害性很大的行为，因此

---

① 上饶市玉山县人民法院判决书，（2003）玉民一初字第 673 号。
② 这部分有关消解人物形象的案件叙事，笔者已有相关论文成果发表，参见刘燕《缺少人物形象的案件事实——邓玉娇案事实认定的修辞研究》，载《甘肃社会科学》2011 年第 5 期。

被告人比较容易被人们用"好人""坏人"的眼光去衡量。刚才举例的那个民事案件则有所不同，由于事情很小，人们不至于为这种琐事去给当事人贴上"善恶"的标签。但是，必须注意，这并不代表人物建构的修辞策略适用于一切刑事案件，或者一切民事案件都不存在这种修辞手段。实际上，在上一节论证人物建构的时候，笔者提到的彭宇案就是个典型的被公众用善恶标准去建构人物形象的民事案件。① 所以，叙事策略的运用与案件归类于哪个部门法关系不大，关键在于策略本身在司法过程中起到什么样的效果，达到了什么样的目的。

在本小节，笔者依然会选取一个热点刑事案件——邓玉娇案，作为个案分析的蓝本。除了上面说到的叙事策略并不取决于案件的部门法类别，另一个原因是，在同一个类别中若能找出反例，对先前理论模型的补充和完善会更有说服力。邓玉娇案在人物形象的修辞上与崔英杰案正好相反，判决书的叙事不但没有积极建构被告人的形象，反而在解构她以及涉案的其他人物的面目。

然而，必须注意，邓玉娇案存在许多争议，与案发经过十分清楚简单的崔英杰案不同，邓玉娇案的案情调查过程比较曲折，有些涉案情况可能不太清楚，或存在证据缺失的情形。这些涉及法律规范和法律概念的争论，固然是案件定罪量刑的决定性因素，但笔者分析邓玉娇案的目的不是给她下一个有罪或无罪的结论，（况且这方面的问题许多人已经在媒体、网络、学术期刊上进行了正式和非正式的精彩辩论，无需笔者再来重复劳动。）但涉及案件的不少法理争议与本案的修辞和叙事问题密切相关，本小节将会专门分析叙事策略与呈现、消解案件争议之间的关系。

---

① 挑选像（2003）玉民—初字第 673 号这样看不出涉案当事人道德形象的判决，并不容易；笔者翻查各地判决文书时发现，大量民事案件的判决都有针对当事人进行价值评判的倾向，因为司法本身就有"断是非、辩善恶"的价值功能。

二、没有人物形象的案件事实：“烈女”还是罪犯

（一）判决书里的邓玉娇

2009 年 5 月 10 日，湖北省巴东县野三关镇的一间娱乐场所发生了一起致使顾客一死一伤的刑事案件，经过法院审理之后，最终判决书确定的事实如下：

2009 年 5 月 10 日晚上 8 时许，时任巴东县野三关镇招商办主任的邓贵大和副主任黄德智等人酗酒后到巴东县野三关镇“雄风宾馆梦幻城”玩乐。黄德智进入“梦幻城”5 号包房，要求正在该房内洗衣的宾馆服务员邓玉娇为其提供异性洗浴服务。邓向黄解释自己不是从事异性洗浴服务的服务员，拒绝了黄的要求。并摆脱黄的拉扯，走出该包房。与服务员唐芹一同进入服务员休息室。黄德智对此极为不满，紧随邓玉娇进入休息室，辱骂邓玉娇。闻声赶到休息室的邓贵大，与黄德智一起纠缠、辱骂邓玉娇，拿出一叠人民币向邓玉娇炫耀并搧击其面部和肩部。在“梦幻城”服务员罗文建、阮玉凡等人的先后劝解下，邓玉娇两次欲离开休息室，均被邓贵大拦住并被推倒在身后的单人沙发上。倒在沙发上的邓玉娇朝邓贵大乱蹬，将邓贵大蹬开。当邓贵大再次逼近邓玉娇时，邓玉娇起身用随身携带的水果刀朝邓贵大刺击，致邓贵大左颈、左小臂、右胸、右肩受伤。一直在现场的黄德智见状上前阻拦，被刺伤右肘关节内侧。邓贵大因伤势严重，在送往医院抢救途中死亡……黄德智的损伤程度为轻伤。①

以上摘自判决书的原文。如果继续套用上一节分析崔英杰案时所确立的人物形象建构理论模型去考察这段事实叙事，恐怕行不通了。大部分情况下，刑事案件假如确定被告人有罪，通常判决书中书写的那个被告人的形象，在一般民众看起来就像个恶劣的坏人，只能用正义的法律

---

① 湖北省巴东县人民法院刑事判决书，（2009）巴刑初字第 82 号。

去制裁他/她，免得他/她继续害人。此处的情形有些不同，这个案子的被告邓玉娇，虽然也被认定有罪（故意伤害罪，因属于防卫过当且有自首情节，被告又是限制刑事责任能力人，故免除刑事处罚），我们单纯以这段文字为根据，恐怕很难在脑海中对她形成一个清晰的印象，她的面目相当模糊，说她是坏人似乎不对，说她是好人似乎也不对。

用一个普通人的角度去阅读，可能会感到这段叙事多处文字都不清不楚、令人困惑：

"异性洗浴服务"是什么意思？是让女服务员协助男顾客洗澡吗？为何"洗浴"一说会惹起被告人如此强烈的情绪反应，并与邓贵大、黄德智之间发生那样严重的冲突？邓贵大拿出一沓人民币炫耀还"搧击"被告人的脸和肩，这是要向邓玉娇表达什么？邓玉娇两次想离开，都被拦住，邓贵大两次把邓玉娇推倒在沙发上，邓贵大这个举动又有什么意图？被告人被推倒后为何突然情绪爆发，不仅用脚乱蹬，而且拿出小刀来刺向对方？

这些困惑不是笔者一个人的，网易新闻在判决之前对该案进行的综合报道，已经就"异性洗浴服务"的用词是否有意淡化性服务、邓贵大是否意图强奸、邓玉娇是否正当防卫等事项提出了疑问。[①] 一般的读者不需要具备法律专业知识，根据日常经验就能提出这些质疑。判决书也不是只写给法律职业人或学者看的，其作为法律制度的适用环节，面对的对象恰恰是社会公众，但是这些公众可能提出的问题都没有得到解决。

判决书令人感到困惑，是因为判决书文本当中的行动、事件、人物都没有得到明确的定性——邓贵大、黄德智等人案发当时针对邓玉娇的各种纠缠，主观上到底是想做什么？甚至连被告人邓玉娇的行为也没有明确定性，尽管认定了她故意伤害的罪名，然而就事实描述来看，哪一点反映出她主观上有犯罪的故意？至于防卫过当的说法，邓贵大和黄德

---

① 网易新闻：《邓玉娇案关键：强奸是否成立》，http：//news.163.com/special/00012Q9L/dengyujiao090521.html（访问时间：2016年8月3日）。

智的行为属于什么性质，有什么值得她防卫的？

　　甚至可以说，这个文本仍处于笔者在第一章分析的未完成的、失败的叙事文本阶段。案情信息只是像编年史事件那样松散地排列在一起，事件与事件之间存在许多关系不明的地方，各项事件也没有在整体上获得一个清楚的意义。

　　笔者认为，邓玉娇案的判决书有关事实的部分写成这样，不是因为法官的专业素质不过关，没能力向公众解释清楚。无人物形象的事实叙事，也可能有它的修辞目的，在考察这类修辞之前，我们需要先看看它的对立叙事。

　　（二）另一个版本的邓玉娇

　　与崔英杰案相似的是，邓玉娇案在案发之后、审判之前已受到大量关注。最早的消息来自湖北省巴东县公安局通过"长江巴东网"（由中共巴东县委、巴东县政府主管，县委宣传部主办的地方新闻网站）发布的案情通报，[①] 继而是各家媒体进行的追踪报道，邓玉娇的辩护律师通过媒体透露的情况，以及公众对案件的评论。同样，在社会关注的过程中，形成了与法庭叙事不同的另一个事实文本。这个文本可以概括如下：

　　2009 年 5 月 10 日晚上 8 时许，时任巴东县野三关镇招商办主任的邓贵大和副主任黄德智等人酗酒后到巴东县野三关镇"雄风宾馆梦幻城"玩乐，黄德智进入"梦幻城"5 号包房，要求正在该房内洗衣的宾馆服务员邓玉娇为其提供性服务，邓玉娇称自己是二楼 KTV 服务员，不是卖淫女，拒绝了黄德智的要求。黄德智恼羞成怒，辱骂邓玉娇

---

① 巴东县公安局关于邓玉娇案前后共发出三次通报，目前保留的是 2009 年 5 月 18 日的第三次通报：《巴东县公安局通报"5·10"案件情况》，http：//www.cjbd.com.cn/2009-05/18/cms186530article.shtml（访问时间：2012 年 9 月 1 日）。前两次通报参见以下网址对其内容的备份：http：//hi.baidu.com/maibook/item/fb93759417a4524ef042155d（访问时间：2012 年 9 月 1 日）。如果无法查看网页，请联系作者索取备份：totengraberin@aliyun.com。

"不是服务的在这里做什么",① 并动手拉扯邓玉娇强行要求其提供性服务,邓玉娇挣脱逃入服务员休息室。黄德智叫来邓贵大一同追至服务员休息室,不顾在场的"梦幻城"服务员罗文建、阮玉凡等人劝阻,继续纠缠邓玉娇。邓贵大拿出一沓人民币搧击邓玉娇,并辱骂"怕我没有钱吗?"随后,邓贵大将邓玉娇推倒在休息室沙发上,邓玉娇挣脱起身欲逃离时被邓贵大再次推倒。第二次被推倒时邓玉娇拿起随身携带的水果刀刺向邓贵大,致邓贵大左颈、左小臂、右胸、右肩受伤,黄德智则被刺伤右肘关节内侧。邓贵大因伤势严重,在送往医院抢救途中死亡,黄德智的损伤程度为轻伤。②

这一段公众叙事将案件的模糊不清之处都澄清了:"梦幻城"洗浴中心是个卖淫场所,"异性洗浴服务"就是指卖淫嫖娼活动;黄德智、邓贵大等人前来嫖娼,邓玉娇称自己不是卖淫女故而拒绝了对方的要求;那么黄德智、邓贵大等人接下来的纠缠、辱骂、阻止邓玉娇离开、将邓玉娇推倒在沙发上等一系列行为自然就是意图强奸,邓玉娇的举动顺理成章也应认定为正当防卫。并且刑法规定面对杀人、抢劫、强奸等严重暴力犯罪,受侵害者拥有无限防卫的权利,即便导致对方死亡也无

---

① 黄德智在 5 号包房对邓玉娇究竟做了什么,邓玉娇曾经委托的辩护律师夏霖在向湖北省恩施土家族苗族自治州巴东县公安局提交的《控告书》中,有详细的描述。按照《控告书》的说法,黄德智不仅仅是推操拉扯邓玉娇,更将她按倒在床上,脱邓玉娇的衣服,扯掉她的外裤,手伸进内裤摸她的下体。如果情况属实,有关黄德智、邓贵大意图强奸的事实将毫无争议。然而控告书中大量的细节都没有得到法庭的确认,也找不到任何证据来佐证,因此笔者在这里没有直接引用控告书的事实文本。控告书全文参见夏霖《对 5·10 案中涉嫌强奸犯罪的嫌疑人黄德智提出控告》,http://xialinblog.blog.sohu.com/117156484. html(访问时间:2016 年 8 月 3 日)。

② 这一段案件事实是笔者概括的,主要参考巴东县公安局在长江巴东网的通告,夏霖律师的控告书,以及新闻媒体的跟踪报道,为了论证严谨,未经法庭确认的事件(比如黄德智强脱邓玉娇的衣服、传闻公安人员暗示邓玉娇的母亲清洗邓玉娇的内裤)都没有包括进来。其中引号内黄德智和邓贵大的言辞均来自巴东县公安局 2009 年 5 月 18 日的案情通告:《巴东县公安局通报"5·10"案件情况》,http://www.cjbd.com.cn/2009-05/18/cms186530article. shtml(访问时间:2012 年 9 月 1 日)。有关邓玉娇案全过程的新闻报道,参见黄秀丽《与邓玉娇案相关:巴东 37 天》,载《南方周末》,2009 年 6 月 18 日 A1 版;CCTV 央视网邓玉娇新闻专题:http://news.cctv.com/special/badong/shouye/index. shtml(访问时间:2016 年 8 月 3 日)。

须承担法律责任，邓玉娇理应无罪释放。

流传于公共媒体的事实文本，是对判决书的编年史式的"未完成"文本进行的叙事化演变。与判决书的事实文本相对比，媒体文本并没有增加新证据，或删除判决书中认定的证据信息，只是在修辞上进行了处理。而且这种处理非常细微，有的地方只是改动一下措辞而已，尽管读者很容易感觉到两个文本描述的案件性质差异很大，但要说清楚其中的道理，还需费一番心思。

在媒体文本中，行为得到定性的同时，几个人物都有了鲜明的道德形象。黄德智、邓贵大一行，出场就是酗酒的嫖客，嫖宿不成竟欺凌良家女子、意图强奸，其坏人形象令人愤慨；相对应的，邓玉娇便成了好人，而且其身为贫穷的弱女子，不为金钱所动、不畏强暴、坚决反抗歹徒的事迹，更易引起读者的感叹敬佩。

可是法庭没有选择用这种措辞方式来解读和组织有关这个案件的各种信息。需要指出的是，尽管案发一个多月之后法庭就有了判决，但法庭外流传的公众叙事在时间上比法庭叙事要早，并且有不少法学专业人士在审判结果出来之前，对事实认定、法律适用等问题发表了不少意见，在某种程度上也对法庭形成了舆论压力——笔者以为，负责审理邓玉娇案的巴东县人民法院刑事审判庭作出的判决，或多或少含有应对舆论、解答公众疑惑的因素，这也是事实叙事承载的其中一个修辞目的。那么，这个目的具体是怎样实现的？

三、消解人物的叙事策略

（一）邓玉娇案的法律争议

邓玉娇案的一个特点是：有许多情况本身就证据不足，尤其是邓玉娇动刀之前发生的一切。到案件的司法程序终结为止，一直找不到任何有力的证据说明邓玉娇突然拿刀刺向邓贵大等人的动机，虽然我国的刑事审判不必查明被告人的行为动机，但在司法实践中，弄清楚动机往往是查明犯罪构成要件当中的"被告人主观方面"的关键因素。因此，邓玉娇案在法律和法学理论层面上有可能发生争议。

例如，可能有些人会主张邓贵大、黄德智等人意图强奸邓玉娇，邓玉娇的举动是正当防卫（持有这种观点的媒体和公众不在少数）。然而，强奸的结果并未发生，这个"意图"该如何证明？什么样的情形和程度能够认定强奸未遂？这些都属于法律规范和概念辨析的问题。

或许我们可以站在被告人的角度看：一位弱女子突然遭遇三名醉醺醺的男人，他们一上来就提出性服务的要求，继而纠缠拉扯、堵截出口不让她离开，甚至将她两次推倒在沙发上。我们完全可以推断，一名具有常规理性的普通公民（尤其是女性公民）若身处邓玉娇的境地，她据此判断自己面临即将被强奸的危险，是合情合理的，正当防卫也大有可能成立。[①] 这样推理当然是在对被告人进行无罪推定。

可是无罪推定的法治伦理在此处也显得有些两难，对邓玉娇的无罪推定可能变成对邓贵大等人的有罪推定。没有其他人看见5号包房内的情况，邓玉娇跑出来的时候衣物完好，身上也未受伤，服务员休息室中除了当事双方，还有前来劝阻的人，在这种程度的证据基础上认定邓贵大、黄德智的强奸罪名，是有疑问的。假如仅仅在审判邓玉娇是否构成正当防卫时推定邓贵大、黄德智有强奸行为，事后又以证据不足为由不追究他们的刑事责任，必然将在社会上引发新一轮、甚至更大的不满声浪。

诸如此类的问题可以不断争论下去，笔者不多赘述。

司法过程一旦卷入法理上的争议，审判活动就会变得非常棘手，因为问题大多出在立法或理论学说的层面上，不是法律适用者能左右的；但法律适用者又站在法律实践的第一线直接面对社会公众，肩负了给公

---

① 也可能有人会提出，邓玉娇的行为或许属于假想防卫，即，对方并没有实施侵害的意图，而被告人自以为正在受到侵害，做出过激举动构成故意伤害等刑事罪行。但是，"假想"和"侵害的意图"都属于主观思维的问题，至今没有科学方法能证明某个人在某个特定的时间地点心里想些什么。法律上从来只能根据行为去推断人的主观思维，而推断的方式也只能是"根据一名具有常规理性的（成年）人，在一般情况下会如何判断"。

众一个公平正义的"交代"的责任，同时也是争议所导致的各种情绪的首要承受者。这个情况对于我国的司法者来说尤为突出，我国的法官一方面不具有英美法系法官确立法律的权力，另一方面又要面对一个矛盾相当复杂的转型社会，因而司法过程处理争议需要非常小心。

邓玉娇案案件事实的法庭文本，实际上消解了这些争议。所谓"消解"，这里的意思是，判决书并没有积极地参与到法理争论当中去，没有用辩论、答问、正面回应质疑的方式去解决、回答问题。通读整份判决，其中没有解释法庭基于什么理由排除了邓贵大、黄德智等人的强奸意图，又基于什么理由驳回了辩护方提出的正当防卫的辩护意见——因为这些问题和争议，在判决书所呈现的事实图景中并不存在，"消解"就是使问题看起来不存在，也使不知情的读者根本不往那个方向去想。

（二）叙事过程如何消解争议

前面提到的判决书中那些乍看起来含糊不清的地方，可以说都有其修辞作用。

1. 陌生用语避开了人物的第一印象定位。

判决书写到黄德智进入 5 号包房后对邓玉娇提出的要求，使用的措辞是"异性洗浴服务"，这个词对于日常经验来说很陌生，相信一般人读到这里都很难立刻说清楚它具体指的是什么。然而公众叙事当中的某些文本，一开始就把这个场景设置成了普通人都比较清楚的社会现象——娱乐场所寻欢嫖妓。这种熟悉感很可能让读者马上按照文化背景和生活经验，将场景中的人物进行第一印象的定位：这三名男子是嫖客。而嫖客这一角色在社会文化背景里一直被视为品行不怎么光彩的人，如果还有暴力滋事、侮辱良家女子之类的恶劣情节，那就更加是不折不扣的坏人。

"异性洗浴服务"的措辞模糊了行为的定性，陌生词汇也减弱了读者与经验中那些熟悉场景和角色的关联，从效果上避免了这种第一印象定位，继而避开法庭外所流传的叙事文本中，人们给邓贵大、黄德智一行人建构出来的"活该遭报应的坏人"形象。假如邓贵大、黄德智等人不是活该遭报应的坏人，那么也意味着邓玉娇未必能毫无阻碍地被读者标签为抗击歹徒的好人，她若被定罪，也不至于惹出强烈的质疑和抗议。

2. 情节之间的断裂消解了人物形象，并消解了可能出现的争议和质疑。

上面讲到的是叙事开场时，两种文本如何处理人物的第一印象，但是整体的人物建构还需依赖后续的情节与开场定位之间的关联。比如，在支持邓玉娇的举动属于正当防卫的叙事文本中，邓贵大、黄德智等人的坏人形象是在他们接下来的行为中一步一步建构起来的，这些行为在叙事中的修辞方式都取决于他们出场时的第一印象：

（1）雄风宾馆是一个提供性服务的卖淫嫖娼窝点，邓贵大等人一出场的角色就是酗酒嫖客，他们对邓玉娇提出了性要求。

（2）既然他们是嫖客，那么邓贵大拿出钞票的情节，大有可能让读者联想到他在炫耀嫖资并自以为用钱可以强买性服务。

（3）既然他们已经提出了性要求，那么邓贵大、黄德智等人在遭到邓玉娇的拒绝之后，对她进行拉扯推搡、身体限制，很容易便将读者导入一幅歹徒企图用暴力逼邓玉娇就范、以强迫手段与她发生性关系的图景。

后续行为在与第一印象的关联中不断获得鲜明的意义，事件、行动围绕人物角色相互支持、相互印证，使邓贵大一行的坏人形象跃然而出——作风腐化的官员到娱乐场所寻欢买春，公然调戏良家女子，遭拒后竟意图强奸，邓玉娇的举动属于正当防卫。而公众当中为数不少的人的确是这样看待案件的，根据央视网的投票调查，"'邓玉娇属正当防卫，应无罪释放'的票数高达92%以上。"①

而判决书的叙事，在淡化第一印象之后，后续情节也是相互断裂的，无法建立起与某个特定角色、特定主题之间的关联：

---

① 黄秀丽：《与邓玉娇案相关：巴东37天》，载《南方周末》2009年6月18日第A01版。

（1）"异性洗浴服务"并未交代清楚是什么样的服务，便不能直接说黄德智在5号包房里向邓玉娇提出的是性要求，也就不能认定后来的纠缠、辱骂、推搡与性服务要求有关。

（2）邓玉娇拒绝黄德智之后，"摆脱黄的拉扯，走出该包房，与服务员唐芹一同进入服务员休息室"，① 此处使读者看来邓玉娇已经摆脱了黄德智，并且和别人一起去了另一个房间，修辞上造成的感觉是"异性洗浴服务"的事件已告一段落，切开了接下去发生的辱骂和暴力事件与"服务"问题在情节想象上的直接关联。

（3）判决书写道黄德智"对此极为不满"，但没有清楚指示是对未能得到服务极为不满，还是对邓玉娇躲到另一个房间极为不满。如果在相信邓玉娇面对强奸犯罪、进行正当防卫的叙事文本中，恐怕会解释为对没有得到性服务极为不满（于是黄德智为达到目的采取了进一步行动）。判决书此处没有说明黄德智到底对什么极其不满，则从效果上淡化了"不满"和后来的情节与性服务之间的联想。

（4）故而，服务员休息室里发生的邓贵大等人对邓玉娇的言辞侮辱和肢体冲撞，成为孤立事件，看起来仿佛只是一般的口角和冲突而已。

（5）再接下去，邓玉娇突然用刀刺死邓贵大、刺伤黄德智的事件，就显得更加孤立，像是没有来由的突然发狂。失去了暴力强迫性服务等情节的支撑，意味着她的举动可能会失去获得同情的理由。

（三）避开可能激化的社会矛盾

公众叙事当中的一些文本有个显著的特点，即着重强调邓贵大、黄德智等人的公务员身份。有些媒体在报道案件的时候直接把"官员"一词写在大标题里，比如《南方周末》2009年5月19日的网络新闻《官员求"异性洗浴服务"被刺，女服务员被刑拘》，② 以及21CN网新

---

① 湖北省巴东县人民法院刑事判决书［2009］巴刑初字第82号。

② 南方周末网：《官员求"异性洗浴服务"被刺，女服务员被刑拘》，http：//www.infzm.com/content/28615（访问时间：2016年8月3日）。

闻中心制作的邓玉娇案汇总报道，也用了"邓玉娇刺死寻欢官员"的字句作为总标题。① 民间议论更是特别渲染这一点：邓贵大一行人不是一般的嫖客或地痞流氓，官员身份使他们的坏人形象变得相当极端；同时邓玉娇也被不少人称为"烈女"。②

　　这里的人物建构除了简单区分好人与坏人，更具体化了"官员"与"民女"，乃至"恶吏"与"烈女"的角色对立。官员与民女的戏剧冲突，是中国传统文学作品和民间故事中一个常见的主题，其典型情节之一，比如腐败的官老爷利用权势调戏或奸淫平民百姓家的姑娘、媳妇。例如河北耿村民间故事《三个半人》讲到，明代奸臣严嵩父子欲霸占民女，民女走投无路遂向国太告状，国太不愿与严嵩正面冲突，将民女收为自己的侍女，使她摆脱严嵩父子的纠缠。③ 这是传统社会的布衣百姓受到官僚欺压时，借助更大的权势为自己主持公道，而民女若直接用一己之力反抗恶吏，就成为烈女。

　　"烈女"本身是个政治性非常强的标签。在性与性别方面，它的含义是自相矛盾的，既带有反抗男权社会针对女性的性暴力文化的意义，又带有维护男权社会女性贞操观的意义。在社会政治方面，它是弱者反抗强权的极端美学表现，用传统眼光之下弱者中的弱者——美好又纤弱的青年女性——来完成激烈的悲剧情节，让这个反抗行动显得更凄美、悲壮，更容易获得同情和道德优势。

　　也就是说，公众叙事的人物建构有一个纵深的过程：

1. 首先从事件信息中塑造出好人与坏人。

2. 随后突出他们的身份当中"民女"与"官员"这两个特殊点。

3. 最后冠以"烈女"与"恶吏"之称，使具体的人物又被抽象为

---

① 21CN 网新闻：《媒体热评邓玉娇刺死寻欢官员》，http：//news. 21cn. com/today/pk/a/2009/0526/09/631233. shtml（访问时间：2016 年 8 月 3 日）。

② 截至 2012 年 8 月 27 日，以"烈女邓玉娇"为关键词在谷歌上搜索获得约 28.9 万条结果，报刊等纸质媒体也在引用这个称呼，如黄秀丽《邓玉娇："我过得很幸福"》，载《南方周末》2009 年 12 月 31 日第 10 版。

③ 参见周福岩：《民间故事的伦理思想研究》，中国社会科学出版社 2006 年版，第 49 页。

发生社会矛盾的两个对立阶层、两个对立的政治符号。

这个策略把读者放到了一个官民对抗的社会矛盾的布景之中，一旦矛盾激化，它有可能从个人犯罪的刑事案件上升为公权力与公民对立的政治问题。我们当然不会期望法庭去支持这种连锁反应，中国目前的司法系统也不大可能对这种状况表态。判决书在叙述案件事实的时候，没有在证据信息的基础上积极地建构人物的叙事形象，等于已经把这个问题消解了，至少没有在法庭上承认这种矛盾的存在。

判决书虽然提到邓贵大、黄德智分别是野三关镇招商办的主任和副主任，但接下去再没有组织起任何戏剧化的角色，包括邓玉娇在内的三个人，在叙事文本中始终停留在碎片化的阶段。召妓寻欢的腐败官员、酗酒滋事的嫖客、意图强奸的歹徒，这三个形象一个也没有成立，更没有让三者结合起来，化身成一个标签式的腐败权力。粉碎了恶吏的形象，也就同时粉碎了烈女的形象，被告邓玉娇只剩下一个难以理解的杀人举动——她不是好人，不能免去罪名；她也不是坏人，可以免于刑罚。

邓玉娇一案，法庭外广为公众接受的叙事文本，与崔英杰案、彭宇案等案件类似，对涉案人物进行了积极的道德评价——将受害人邓贵大和黄德智标签为坏人、恶官员，把被告人邓玉娇塑造成抵抗歹徒不法侵害的好人；而判决书的叙事文本则与崔英杰案的表现大为不同，尽管不同意法庭外叙事对案情的定性、坚持判决邓玉娇有罪，但是并没有使用相同的修辞策略，把刑事被告人建构成传统想象中的"坏人、邪恶的犯罪分子"形象，只是直接拼凑证据信息，以模糊的修辞效果淡化矛盾，消解争议。

崔英杰案从起诉意见书到起诉书再到判决书，其中描述的案件事实，激起公众很大的不满，如上一节分析的，其重要原因就是在谁是好人、谁是坏人的问题上与公众意见刚好相反——你眼中的好人，是我眼中的坏人；你眼中的坏人，是我眼中的好人。① 使得价值观的对立，处于毫无掩饰、针锋相对的局面。邓玉娇案的法官没有把自己放在这样的境地，是否有效压制了反对声浪，让判决结果获得大多数社会公众的支持呢？以及有关案件事实的叙事文本，除了不违反证据之外，还需要什么样的因素，才能获得受众的普遍认同？笔者将在下一章分析。

---

① 案发之后没多久，北京市政府便追认死者李志强为革命烈士，设立网上纪念馆：http://www.bjcg.gov.cn/cgxw/ztxx/lzqzt/（访问时间：2016年8月3日）。主页上即可看到北京市城管执法局的挽联："三十七载淡泊名利，勤勤恳恳平凡一生；八年风雨执法为民，兢兢业业光辉千秋。"显然，官方认定李志强不仅是一般意义上的好人，更是形象光辉的执法者楷模。另一边，民间也有人自发设立崔英杰网上纪念馆，供同情者拜祭，例如：http://www.jibai.com/64483（访问时间：2016年8月3日）。

第四章　事实的修辞建构及其与人的关系

第一节　崔英杰案的判决结果

经过前面三章的讨论分析，我们已经看到了案件事实的文本的纵向演化：原始的作为认知材料来源的证据信息；证据信息中整体读出的基本案情线索（年代记）；将证据材料分类整理、仔细梳理之后，把信息直接翻译转换成以语言形式表达的事件列表（编年史）；最终成型的具有情节推进的戏剧化、故事化的案件事实的叙事文本。并且讨论了证据与最终的事实文本的关系，前者并不能直接导致出后者，证据的工作是寻找和确认那些与案件相关的、可以构成没有争议的认识的信息事件，但从证据到事实的转变，这中间还存在着鸿沟，需要通过别的手段去填补和衔接，这种手段就是叙事和修辞，最后成型的案件事实就是通过叙事和修辞最终得以完成的。

我们也看到了在由编年史事件列表向叙事史的案情文本转化的过程中，文本发生了横向的分化——基于相同的证据材料和信息，以及相同的编年史事件，却可以产生截然不同的事实叙事；导致文本分化的重要修辞策略是，编年史事件在细节上的情节发挥，作为故事素材的事件的挑选，以及带有明显的价值取向的人物塑造。

到这一步，笔者接下去还需要讨论的是，修辞或者叙事活动，在司法过程中究竟扮演的是一种怎样的角色，究竟起到的是什么样的作用。实际上，这个问题在上文的漫长的分析中，已经呼之欲出，这里所作的将是一个总结性的工作。

一、判决书里的案件事实

在经历了艰难而又纷繁复杂的叙事纠缠、整合、裂变、对抗之后，司法活动必然要得出一个结论，一个判决结果，而这个判决结果必然也是对案件事实的最终确认——究竟案发经过是什么样子的，事实情况如何，该怎样评价——也就是对案件事实的叙事文本进行最终确认、选择乃至再书写。崔英杰一案的一审（被告人放弃上诉，因而也是终审）判决结果，认定被告人崔英杰故意杀人罪成立，判处死刑，缓期两年执行。

判决书所写的案件事实，在第三章分析叙事的人物建构时已经出现过了：

被告人崔英杰于 2006 年 8 月 11 日 17 时许，在北京市海淀区中关村一号桥东南侧路边无照摆摊经营烤肠食品时，被北京市海淀区城市管理监察大队的执法人员查处，崔英杰对此不满，以持刀威胁的手段抗拒执法，当执法人员将崔英杰经营烤肠用的三轮车扣押并装上执法车时，崔英杰进行阻拦，后持刀猛刺该城市管理监察大队海淀分队的现场指挥人员李志强（男，殁年 36 岁）颈部一刀，致刀柄折断，后逃离现场。李志强因被伤及右侧头臂静脉及右肺上叶，致急性失血性休克死亡。[①]

很明显，法庭最后选择的事实文本，是对崔英杰最为不利的那个版本。这个文本的叙事效果与公安机关的起诉意见书中和检察机关的起诉书中的案件事实差不多，也就是本书第一章一开头所列出的关于案情经

---

① 北京市第一中级人民法院刑事判决书，（2006）一中刑初字第 3500 号。

过的四个故事版本当中的版本一。但是，同起诉意见书和起诉书相比，判决书的叙事更加详细，也更加严谨。

前面提到，起诉意见书里相当有修辞导向性的言论，如"崔英杰……因被本市海淀区城管大队查处，即怀恨在心，持刀将……"① 这样的措辞，在判决书里已经找不到了；但是起诉书的"因无照经营被海淀区城管大队查处时，即持刀威胁，阻碍城管人员的正常执法活动……"② 判决书中则变成了"崔英杰对此不满，以持刀威胁的手段抗拒执法"③。

显然，判决书事实文本的书写者也意识到"怀恨在心"这种用语的有失恰当，它们过于暴露地描摹刻画叙事中的人物的内心活动，反而容易引起读者的疑问：叙事者如何能够在自己不在场、也不认识的情况下，得知一个真实的他人这样具体、细致的内心思绪？在典型的小说类的文学作品中，这样的内容经常出现，作者和读者都习惯于默认它们的虚构性，这里是否也暗示了一种带有浓重的虚构色彩的推测？一旦出现这种疑问，读者的情绪也会不由自主地指向整体的叙事：既然这里有一处疑似虚构，那么文本中的其他内容会不会也存在虚构的地方？这样的疑虑对于一份法律文书来说，伤害是巨大的，它等同于拒绝相信公安机关提供的文件和陈述的真实性，以及拒绝信任公安机关作为国家公权力的一部分的权威性。判决书能够敏锐地捕捉到这种微妙的语言效果，并尽量避免了这样显著的授人以柄的地方，将被告人的主观意识方面的认知，分散到了对更容易观察和确知的身体行为的陈述当中。

然而，由"即持刀威胁，阻碍城管人员的正常执法活动"转变为"以持刀威胁的手段抗拒执法"，情况又有所不同，尽管二者描述的行为和场景差不多，但后者实际上措辞比前者更进了一步——对崔英杰的行为下了一个明确而且严厉的评价，同时，这个评价是毫不含糊的法律

① 北京市公安局起诉意见书，京公预诉字［2006］516号。
② 北京市人民检察院第一分院起诉书，京检一分刑诉字［2006］第243号。
③ 北京市第一中级人民法院刑事判决书，（2006）一中刑初字第3500号。

评价。在起诉书中，被告人有两个动作，持刀威胁和阻碍城管的活动；在判决书中则只有一个动作：抗拒执法，注意，"抗拒执法"不仅仅是个行为陈述，它是一个对行为的法律定性；持刀威胁则是抗拒执法的方式，而且这显然是一种非常恶劣残暴的方式。用词的转换，就把原先略嫌含糊的行为陈述直接转换成为定性评价。崔英杰在这个文本里，暴力抗法、手段恶劣的形象是无可置疑的了。

另有一处比起诉意见书和起诉书更为详细的是，判决书的事实文本在被告人的暴力抗法与用刀将人扎伤致死的两个情节之间，多出了一些内容。北京市公安局的起诉意见书在描述案件经过的时候，写到崔英杰的摆摊叫卖被城管查处，之后紧跟着就是他持刀将其中一名前来阻止他的违法经营活动的城管队员刺伤，中间没有任何过渡；北京市检察院第一分院在这个问题上和北京市公安局一样，崔英杰的摆卖行为受到查处，于是他持刀威胁前来没收经营工具的城管，紧接着又用刀扎伤其中一名城管队员。但是判决书的事实文本在中间插入了一个细节——"当执法人员将崔英杰经营烤肠用的三轮车扣押并装上执法车时，崔英杰进行阻拦，后持刀猛刺……李志强"，这是前面两份法律文件都没有交代的内容，也是现场发生过的事件，交代了崔英杰在什么时候刺伤受害人，此前崔做了些什么（阻拦正在将他的工具装车的城管）。从考察事实的严谨程度上来说，判决书这样做当然要比起诉意见书和起诉书更为周到。

那么，这种更为详细和更为严谨的态度，是否使判决书所写的案件事实更为真实呢？

按照传统的法学观念，我们一定会从对照证据入手，去考察判决书书写的案件事实是否真实。但是通过前面几章的讨论，笔者认为，证据材料本身是零碎的，作为非语言类的材料，能提供给人们的信息非常直观，同时也非常粗糙，必须经过语言翻译这一环节，才有可能编织进案件事实的文本中去；那些已经表现为语言类型的证据材料，比如证人证言，情况较为复杂，它们实际上是一种已经过语言转化的产物——证人口中描述的，是他们对案件的认知、记忆和理解，这种认知大多数都来源于他们第一手的现场感知，然而这种感知原始的表现都不可能是语言形式的，它们要么是视觉（证人在案发现场看到了什么），要么是听觉（证人在案发现场听见了什么），或者其他感官感觉，其后，当事人本人必须对这些感官感觉进行认知和处理（大部分很有可能是在不自觉的情况下完成的），等到他们将破碎而粗糙的感觉形成记忆，再用故事化的语言去讲述给警察、检察官以及法官时，早已经过了多道心理的处理程序。证人证言实际上都是修辞和叙事活动的产物，但是在司法过程的整体流程中来看，它们是一个个等待整合的碎片故事。

因为证据的这种原始性和碎片性，笔者认为它很难正向地验证判决书的案件事实与证据的符合程度，但是，在现实中，人们其实是倒过来看的——这是一条很容易就不自觉地选择的认识路径——因为读故事很简单易懂，所以人们的注意力首先被故事抓住，然后再倒回头检查这故事有没有违反证据的地方。

我们可以逐句检验判决书所写的案件事实，可以说，基本上找不到显著违背证据的内容。崔英杰在中关村某处无证摆卖熟食，遇到城管监察大队的人员阻止和查处，这一点毋庸置疑；此后崔英杰针对前来查处城管的暴力抗法，证据方面确实显示崔英杰手中拿着小刀，他也确实与城管发生过争夺，这不但有物证和指纹的提取，还有证人证言的证实，同时也是被告人当庭承认的；再其后，判决书说被告人是在他的三轮车被城管扣押装车之后，试图阻拦，这部分内容从现场拍摄的录像上确实可以看到崔英杰跑向了城管的卡车，而崔英杰自己在法庭上供述时也承认，他当时是想尝试再要回他的三轮车；最后才是受害人李志强被刺伤死亡，这一点也如同前面崔英杰无照摆卖一样，毋庸置疑，物证和现场勘验的结论、证人证言以及被告人供述，都证实崔英杰的的确确是直接杀死李志强的行为人，再没有其他可以怀疑的人。

但是，经过前面几章的论证之后，笔者希望读者能有所警惕：不违反证据，确实可以保证这个案件事实的叙事文本的合法性以及合程序性，可是不一定能保证它的唯一性和确定性，因而它在主张自己的真实性的时候，仍会面临巨大挑战。而且前面笔者也分析过了，第一章开头所给出的案件事实的四个故事版本，没有一个出现过违反证据的情况，那么，为何判决书要这样选择和书写案件事实呢？为何其他的可能的版本都被排除掉了呢？排除的理由又是什么呢？

二、判决书案件事实的叙事分析

实际上，笔者认为，如果承认事实文本不仅是证据的产物，更是一种在修辞中完成的语言产物，那么上面提出的问题几乎没有办法从传统法学的思维角度去回答，因为传统的法学理念根本不承认还会发生这样的问题。

在明确了不违反证据这一情况之后，延续前面的叙事分析思路，我们来看看判决书所确认的案件事实。

首先，它当然也同这个案子的审理过程中出现过的其他事实文本一样，完全在案件线索的年代记序列之内，并且叙述的顺序也完全依照了年代记的时间顺序。其次，叙事文本的基础事件，没有超过案件经过的编年史事件，所有的内容都来自于编年史文本中罗列的八项核心事件，当然，并不是每一项都用上了。再次，这个叙事文本娴熟地运用了论文第三章列举的三大修辞策略：简单事件的情节化发挥，编年史事件的挑选剪裁，人物形象的类型化塑造。

在事件的挑选删减方面，判决书的事实文本从事件（2）的后半部分开始，完全删去了事件（1）：崔英杰是进城务工的农民，被雇主拖欠四个月的工资，生活陷入困境；事件（4）：第一批到达现场的城管没有穿制服，没有出示任何书面证件和文件，没有任何口头说明；以及事件（6）：三轮车被没收，崔英杰离开现场，与一同摆卖的赵某失散。事件（2）的前半部分内容——崔英杰借钱购买了三轮车等经营工具，也没有出现；事件（7）则换了一种形式表现，由于缺失了事件（6），这里也就不存在所谓的"再次返回",而是用了被告人自己在法庭上的说法——看见城管正在把他的三轮车装上卡车,于是想再试一下抢回来。

经过这样的挑选之后,几乎一半的信息都没有了,叙事需要整合和组织的内容大大减少。如果按照第二章提到的 Nancy Pennington 和 Reid Hastie 的证据认知理论中的标准,引导对案件经过的认识的故事模型,其对法庭上出现的证据信息的覆盖面越大,可信度也就越高,① 可是这个故事文本却删除了将近一半的案件经过的核心事件,更不论其他在审理过程里出现过的各种零碎信息了。根据这个标准,是否可以说,判决书所写的案件事实可信度大有疑问?

然而,人们也可以另外找到其他的标准,来反驳 Nancy Pennington 和 Reid Hastie 的故事模型理论所提出的认知标准。在有关司法的学说中,特别是在讨论到判决依据的时候,会强调:并非所有的信息都要成为裁决依据,而且也不可能将审理过程中出现的全部信息都纳入判决的考虑范围,有的信息甚至是有害的,比如通过非法渠道获得的证据,即使它们显示的内容属实,也必须排除掉,以免助长有侦查取证权的行政机关滥用职权、对公民造成不法侵害的行为。还有一种情况,就是信息的关联性问题:在审理过程中,可能有很多人从很多角度,向法庭提供大量的、纷繁复杂的内容,有许多也会表现为叙事形式,即使不论这些信息的真假,就它们本身的混乱程度来说,也不可能形成照单全收的局面,法官(或陪审员)的一个重要也是必要的工作,就是对各种信息进行筛选,并确定哪些是与等待裁决的案子密切相关的、要用来构成人们对这个案子的基本认识的材料。

如波斯纳在评价法律与叙事的问题时特别指出的:

对抗性故事的一个相关问题是建立因果关系的问题。当一个被告为了请求宽恕讲述了一个关于童年受到虐待和忽视的令人伤心的故事时,

---

① Nancy Pennington and Reid Hastie, "Explaining the Evidence: Test of the Story Model for Juror Decision Making", *Personality and Social Psychology*, 1992, Vol. 62, No. 2.

他是在暗含地主张，他叙述的事件同他之所以被判刑的犯罪行为之间有因果联系；否则这个故事没有任何干系。但是，主张并不是证明。证据是关键的，但故事并没有给出证据，① 尽管这个故事对于有关堕落和救赎的轻信的和感情的直觉来说可能很具吸引力。②

类似的情况在现实的案件审理程序中比比皆是，崔英杰案在庭审进行到快要结束时，辩护律师要求向法庭提供他们收集来的证据：

审判长：你们是否还有证据向法庭提供？

辩护人：有，主要证明崔英杰是一个没有违法违纪前科的公民。

审判长：这些证据是关于崔英杰的表现，这些证据与本案的事实无关，辩护人可以在庭后提交法庭，在当庭就没必要出示了。

辩护人：可以。崔英杰同事的证言，证明崔英杰的良好品质。我们认为本案涉及到起诉我的当事人是否具有杀人的故意，我要求在庭上宣读。

审判长：请问辩护人，人的性格能决定犯罪吗？

辩护人：我们只是一个请求。

审判长：对于辩护人的请求，审判长不予以支持，辩护人可以庭后提交法庭。

辩护人：下面提供证据，证明崔英杰曾是优秀士兵。

审判长：公诉人有意见吗？

公诉人：这只能说明崔英杰的过去，并不能说明现在，我承认他曾经是一名优秀的士兵，但是今天他走到审判台上。他以前的情况并不能决定现在的情况。③

辩护人希望通过证明崔英杰是一名优秀士兵、一个具有良好品质的

---

① 波斯纳此处说的证据不是指证明故事本身的真实性的证据，而是如何证明故事与犯罪行为具有因果联系的证据——笔者注。

② ［美］波斯纳：《法律与文学》，李国庆译，中国政法大学出版社 2002 年版，第 466 页。

③ 北京市第一中级人民法院 2006 年 12 月 12 日崔英杰案一审庭审实录，http://tieba. baidu. com/p/226845523（访问时间：2016 年 8 月 3 日）。

公民，来减弱对他的故意杀人的指控，而法官和公诉人的回答非常有典型性，反驳的理由不外乎：这些情况与本案的审理无关，被告的性格与犯罪行为关系不大，过去是优秀士兵与现在的犯罪没有关联，诸如此类。驳回和排除的理由，都是"与本案无关"。那么，前面说到的，判决书的事实文本，有将近一半的编年史事件项目，都没有包括进去，叙事者显然也在暗示一模一样的理由：那些事情与案件事实没有关系，所以全都予以排除。

然而，问题又来了，以什么样的标准去判断有关系还是没有关系？或许如波斯纳所举的例子那样，被告人如果在法庭上讲述的是发生在遥远的过去的事情，比如童年的受虐，再比如曾经获得优秀士兵的荣誉称号，那么人们可能可以在时间上主张它们与此时正在审理的案件关系不大，因为那时的崔英杰没有想过也不可能预见他将在北京市违法摆卖，以及接下来引发的刑事案件，而且优秀士兵的荣誉称号并不是他后来去北京谋生的原因，更没有导致他违法摆卖与城管发生冲突，所以我们可以主张与这个案件没有多大关联。

当然，辩护方提出这些情况，肯定是在主张它们与本案有关联，比如证明了崔英杰是一个品性善良的好人，那么好人怎么会像公诉方指控的那样残忍行凶呢？这里暗示的是，恐怕有别的原因导致了这起恶性案件的发生，再接下去可能就要指向他人责任了——城管的行为失当或许也要为案件的发生承担一定的责任。

但是波斯纳举的例子和崔英杰的辩护人最后提出的求情要求，属于比较极端的例子，被排除的信息时间上或理解上都与案件本身有比较大的距离。编年史被排除的那些事件，则是案件本身的基本经过，除了事件（1）勉强可以说是发生在案件主干之前，其他的事件根本就是在案件行进过程中发生的，若要排除它们，又是根据什么样的理由呢？判决书（以及遵循事实版本一思路的起诉意见书和起诉书）的叙事者，完全没有交代这个问题，看上去像是毫无理由地认定了这些事件"与本案无关"。

以笔者的观点来看，事件是否与案件有关，严格来说根本没有一个所谓的判断标准。然而事件的筛选却是有标准的，这个标准就是叙事者希望建构一个什么样的故事。故事的主题决定了叙事者以什么样的方式去看待编年史事件，也决定了事件以什么样的方式获得解释，并且被组织起来。由于所有的事件在进入叙事框架之后，都要按照支持故事主题的模式去解释，这样就造成一个困难，有的事件虽然确实发生了，但叙事者会发现，它很难被整合进需要建构的故事的意义当中去。

比如事件（6），崔英杰离开现场，假如叙事者要成立的叙事是一个典型的故意杀人的故事，在这个故事里，主角是一名凶恶的歹徒，毫不犹豫地杀害了前来阻止他的违法行为的执法人员，那么，他中途离开现场的情节，难以跟他杀人的意图和行为进行一种情节上的关联，会显得多余、与主题无关。更危险的是，如果读者就这个事件仔细推敲的话，可能会对整体的故事产生疑问：崔英杰中途离开过现场，这是为什么？是否表示他放弃了与城管的纠缠？这种放弃，是否又意味着他原本没有伤害他人的意图？那么最后是什么使他导致其中一名城管队员死亡？假如判决书的事实文本的叙事者无法提供妥善的回答，这种追问对叙事文本的可信度的伤害是很大的，而实际上，他们确实无法提供一个满意的答案，因为一旦试图回答这个事件引发的问题，就不得不推翻先前建构的故事——正因为如此，辩护方是积极地强调这个事件，并积极地提供有利于被告的解答。

所以，删除它成了叙事者最好的选择。同样的道理，事件（1）和事件（4）这些明显不利于判决书叙事文本的主题成立的内容，统统被删掉，这样一来，读者便丧失了就这两项事件思考或提问的能力，事实也得以呈现出一种毫无疑问的状态。

另一方面，情节化的发挥实际上已经在与筛选策略同时进行着：删去这些"无关"事件之后，接下来从崔英杰持刀威胁直接跳到阻拦三轮车被装上卡车以及刺伤李志强。通过裁剪情节，崔英杰的"威胁""阻拦""猛刺"三个动作被衔接在一起，其表面效果：连续、递进地出现三个攻击性的动作给读者造成压迫感，仿佛行为者对自己的暴力举动态度坚决而且凶狠；其深层效果：在读者看来，这三个动作如此紧密的连续出现，也暗示了三者之间的关联，崔英杰用刀猛刺城管队员的举动是他暴力抗法的一部分，也是他先前持刀威胁、阻挠执法行为的推进发展。读者不大可能再去想象，崔英杰是在无望夺回合法财产之后的逃跑途中，因为过度惊恐或者认错人才失手刺伤李志强的，也没有机会提出崔英杰主观上是否属于过失（而非直接故意）的疑问。

　　法院最终认定这样的案件事实，理由当然是证据充分、确凿，然而前面已经论述了证据所能提供的是零散的事件，将其简单组合得到的仅仅是编年史式的事件罗列，作为符合司法要求的、能够导致裁判结果的事实，还需在修辞中产生。那么，就事实与修辞的关系，可以提出更深一层的问题：修辞本身在司法过程中意味着什么？

第二节　案件事实的修辞建构

一、如何理解修辞

（一）修辞的含义

　　通常，当我们提到修辞这个概念的时候，首先会想到：它是一种语言的技巧。所谓"技巧"，就意味着它既不是语言本身，更不是被言说的内容，就像商品和外包装的关系一样，包装可以很华丽，用来吸引或取悦购买者，但用什么方式进行包装，与里面装的商品没有关系，而外包装的光鲜与否、技术好坏也不影响到商品本身。例如我国著名修辞学家陈望道先生在《修辞学发凡》一书中对修辞的定义，是一种很有代表性的通行观点：修辞分为消极的和积极的两类，前者以基本直观、明白无误的方式表达客观事物本身，而后者与艺术手法相似，用以加强表达效果。① 无论是消极还是积极，修辞和语言总是外在于言说内容和对象，作为自在的内容和对象，其存在状态不会受到影响。

语言的技巧或艺术，是与语言不同的两种事物；语言作为一种表达形式，与被表达、被言说的内容或对象，又是不同的两个体系。这种划分界限的思维方式，在西方哲学思想史上可以追溯到柏拉图那里。他曾经强烈批评当时在希腊地区盛行一时的智者派修辞术教学。柏拉图很明确的区分了两种与当时的哲学教育有关的语言活动，一种是辩证术，另一种是修辞术。辩证术在他看来，是一种认知、辨析、辩论并最终获得真理的语言行为，但修辞术并不关心真理知识，仅仅是钻研如何利用情感和煽情的技术，去打动和讨好听众，以向他们兜售演说家的意见，使他们接受演说家试图推广的舆论。②

而表达技术与表达内容分离的理念成型于亚里士多德时期，在亚里士多德的哲学理论中有意将古希腊语"logos"一词的"语言"含义弱化，强调它的"道理"含义，前者是个技术问题，后者才属于科学范畴。③ 但是，亚里士多德对修辞的态度，却跟柏拉图大为不同，他并没有如柏拉图那样在伦理上贬低修辞术、抬高辩证术，而是指出二者实际上具有相似之处，"二者都论证那种在一定程度上是人人都能认识的事理，而且都不属于任何一种科学。人人都使用这两种艺术，因为人人都企图批评一个论点或者支持一个论点，为自己辩护或者控告别人"。④

需要非常小心的是，亚里士多德对修辞术的定义："一种能在任何一个问题上找出可能的说服方式的功能。"⑤ 而且"修辞术的功能不在于说服，而在于在每一种事情上找出其中的说服方式。造成'诡辩者'的不是他的能力，而是他的意图"⑥。后世一些人对古典修辞学和亚里

---

① 陈望道：《修辞学发凡》，上海教育出版社 1997 年版，第 45 页。
② 参见温科学《20 世纪西方修辞学概况》，中国社会科学出版社 2006 年版，第 6 页。
③ 参见盛晓明《话语规则与知识基础——语用学维度》，学林出版社 2000 年版，第 26 页。
④ ［古希腊］亚里士多德：《修辞学》，罗念生译，上海人民出版社 2006 年版，第 19 页。
⑤ 同上书，第 23 页。
⑥ ［古希腊］亚里士多德：《修辞学》，罗念生译，上海人民出版社 2006 年版，第 20 页。

士多德修辞理论的理解常在这一点上发生混淆——把修辞看做一种说服功能，是古代希腊智者派的修辞术的重要观点，但是亚里士多德的定义透露出，他坚持区分事实或真相本身与言说方式的差异，修辞不是单纯的说服活动，而应当是基于事情（也就是被言说的对象）的真实状态，找到一种最能使真实情况被大众接受的说明和表达方式。换句话说，亚里士多德在肯定修辞术对真理的反映和说服作用的同时，也强调语言形式与内容的互相分离。

这种稍微有些模糊的修辞学关于言说方式与言说对象或内容之间的若即若离的关系，在中世纪一直没有很大的变化。尽管天主教曾有一段时间相当排斥古希腊的哲学和思想，同时也相当排斥修辞术，认为这些都是异教学说，基督的真理和神性都蕴涵在上帝的理性当中，人的理性在于能够通过上帝的启示去获得这种真理，修辞这样的"花言巧语"不但是非理性的、肤浅的，而且可能是有害的；然而著名的天主教神学哲学家奥古斯丁十分不赞成这样褊狭的态度，他认为传播教义、教育民众同样是神职人员非常重要的工作，布道演说当然需要考究语言的表达效果，如果要真实有效地传播基督的真理，学习修辞术是相当有必要的，"修辞学因此得以流传下来，成为中古时期与文法、逻辑并称为人文教育的基本三学科（triviumia of learning）"①。当然，在奥古斯丁的眼中，修辞仅仅是为了更好地传播基督真理而必备的一种技艺，它是外在的、技巧性的，显然不可能影响到真理本身。

到了现代，人们对修辞的看法开始发生激烈的分化。表达形式与事件内容在这个时代的西方世界则走到了彻底决裂的地步。从 1700 年前后开始，是现代自然科学在西方世界兴盛的起步时期，"一个属于牛顿、哈维（William Harvey）、笛卡儿与帕斯卡（Pascal）的世纪，同时且也是大科学学会创立的世纪，如英国皇家学会（British Royal Society，

---

① 温科学：《20 世纪西方修辞学概况》，中国社会科学出版社 2006 年版，第 12 页。

1660 年）与法国科学院（Académie des Sciences，1666 年）等皆是"①。这些科学家、科学哲学家连同自然科学、科学哲学一起，风头逐渐胜过了早期的人文主义者奠定的一种文学的、艺术的或诗性的思维，同时也使他们所推崇的修辞学越来越边缘化。

笔者认为，其中一个非常重要的原因是，当时突然爆发的自然科学的真理认识，与古典时期和中世纪人们心目中的"知识"有一个巨大的差异。自然科学的知识很多是来自实验和观测，它们在初始阶段，基本上跟语言没有多大关系，比如通过观测数据和数学计算推测得到的行星运行规律，通过解剖观察得来的对生物生理结构的认识。由于这个时期是自然科学的初始阶段，这些初级的自然知识都太直观了，根本不需要经过对话辩证去获得，而它们的直观性又使得语言说服看上去没有必要了，一切只需眼见为实，在"眼见为实"面前，雄辩不但多余而且显得很可疑。很快，连同逻辑以及跟逻辑密切相关的辩证推理，由于它们有助于自然科学的研究过程和结论引导，也被从传统的修辞学体系剔除出去，倒戈至自然科学一派。

"于是，修辞被贬低为研究文体和表达的方法，学者所要研究的东西是逻辑和辩证法而不是修辞学。"② 16 世纪的法国学者拉米斯可以说是以理性主义观念针对修辞学的普遍批评的起始者，他的修辞学革命实际上将过去的修辞学当中所有与逻辑有关的部分，都分离出去了，修辞学本身只保留了文体风格和演讲技艺，"对于拉米斯来说，修辞学只不过是一种词语的修饰而已"③。这种"只不过是一种修饰"的看待修辞的方式，在整个现代时期，甚至直到今天，都是深入人心的主流看法。其后西方思想体系一直沿袭了一条内容与形式、本体与方法的二分道路，在有关语言的问题上埋伏了两项预设：第一，思想和经验在语言之外独立形成，等待语言去表达；第二，语言能够准确、中立、无歧义地

---

① ［美］布林顿：《西方近代思想史》，王德昭译，华东师范大学出版社 2005 年版，第94 页。
② 温科学：《20 世纪西方修辞学概况》，中国社会科学出版社 2006 年版，第 13 页。
③ 同上书，第 14 页。

呈现等待表达的对象。①

（二）修辞与法学

现代法学的主流，所秉承的当然也是这种理性主义的理念，尤其在寻找案件事实的工作上，从自然科学领域继承而来的态度至关重要。人们该怎么侦讯、推理、察明一段已经发生过的事情的经过，不但需要越来越多地用到自然科学的手段，同时也需要遵循自然科学的态度，事实应当通过一种"科学的方法"去获得，线索、证据、逻辑、推理等等词汇构成了所谓科学的方法的关键词。从另一个方面看，这种态度其实也在宣称，它与情感、文学和艺术这些东西无关，因为感情的东西是不确定的，没有什么牢靠的根据，用的是煽动的方式去吸引人们的注意力，另外因为它们的不确定性，这种煽动说服就可能造成颠倒是非黑白的情况。如果修辞只不过是语言的装饰，那么，在以理性统治的法庭语境之下，它根本没有存在的必要；如果修辞是煽动的技巧，那么，在以确定的真相作为审判公正的前提依据的法庭语境之中，它将是非常有害的，直接损害了真实和正义。

由于这样的意识，坚决不承认事实审理当中存在修辞，是为了坚持司法宣称的正义基础——在如同自然科学一样的理性和探索方法的保障之下，去认定一个确定的、唯一的真相，得出一个确定的、唯一的判决结果。然而很可惜，这种构想在现实中往往难以实现，至少难以实现理想的结果。从本书漫长的分析论述我们已经看到，即使在人们通过现代科学的手段获得大量的证据之后，根据完全相同的证据，仍然有可能建构出多个截然不同的"事实真相"，并且导致争议和混乱的原因并不一定是证据的缺乏，而是人们对于同一项证据可能出现完全不同的认识和解释。如果问题出在人类思维和心理过程的内部，那么，这个问题便很难像18、19世纪曾流行过的、初级阶段的自然科学理想所想象的那样，通过尽可能多地搜集信息去减少分歧（相反，信息越多，分歧可能越复杂）。

---

① 参见刘大为《言语学、修辞学还是语用学》，载《修辞学习》2003年第3期。

　　实际上，法学在讨论法律实践活动的时候避而不谈修辞，或者竭力从根本上否定法律活动中有修辞的影子，仅仅是近一两百年的事情。如果我们考察一下西方修辞的起源方面的通说，便会发现，修辞学本就是诞生在法庭里的，而修辞学作为一门专门的学科，一开始就是关于诉讼活动的学科。

　　据称修辞学最早由古希腊哲学家科拉克斯创建为一门系统的学科。公元前 5 世纪中叶，科拉克斯所在的城邦锡拉丘兹发生了推翻独裁者、民主派重新掌握政权的革命，独裁者统治时期被流放的居民重新返回城邦，这些人提起大量的诉讼，要求取回独裁统治时期被没收的土地和财产。由于被没收的土地、房屋以及动产已经分赐给其他人，当时又缺少确认所有权的有效文件，即使民主派政权认定独裁者的没收和转授是非法的，也很难从直接的证据上去证明财产的当时占有者是因为独裁政府的授予才获得了这些财物，还是在独裁政府之前早已通过合法渠道拥有了这些财物。在这种情况下，诉讼双方如果要说服法庭支持他们的主张，最主要的手段就落在了利用旁证进行演说和辩论方面，他们需要通过一种可能性和可信性的优势来争取审判者的认同。同时，当时的公民不能聘请代理人，必须亲自在法庭上为自己辩护，因而对于演说技术的教育需求便大增，教授、撰写诉讼和修辞方法的教师和专著相应产生，科拉克斯的《修辞艺术》被公认为代表作。①

　　到了 20 世纪，修辞学的复兴运动改变了中古之后修辞学仅限于修饰词语和文体研究的局面，恢复了一种类似于古典时期的将修辞看作"有效地使用语言技艺"② 的传统。在这个复兴运动中，出现过与法学交叉的流派：佩雷尔曼的新修辞学从一定程度上复兴了亚里士多德的古典修辞学理念，开始重新考虑修辞作为有关论辩和说服的方式的问题——所有的论辩都是修辞的，而非纯逻辑的；论辩是为了获得听众的

---

① 参见温科学《20 世纪西方修辞学理论研究》，中国社会科学出版社 2006 年版，第 1 页。
② Peter Brooks and Paul Gewirtz（eds.），*Law's Stories: Narrative and Rhetoric in the Law*，New Haven and London: Yale University Press，1996，pp. 177.

支持，而不是论证真理；即使那种自称纯粹的逻辑推理的哲学论辩，其实也是在想象一个由一切理性人所构成的普遍听众，然后去说服这个构想的对象；获得听众认同的机制是，把他们可能已经认同的经验前提当做论辩的结论提出；论辩的操作是试图在前提和结论之间给出某种看上去合理的联系，但这种联系不一定就是逻辑的。① 沿着这个思路，可能揭示传统法学自称形式逻辑的理性保证了法律无可置疑的正义性这一主张所隐含的欺骗因素，指出实际上法律（特别是司法判决）是一套修辞活动，意在说服读者或听众认同其提出的命题。②

　　问题在于，无论是古典修辞学中的法庭修辞，还是 20 世纪修辞学复兴后的修辞学法学，尽管都指出了法庭的审判依据不可能单纯依靠理性主义眼中的科学逻辑，修辞必然要贯穿司法活动的始终，但是，这些理论所认为的修辞仍然没有超越"一种语言的技艺"的理念。也就是说，修辞仍然被看做是完全外在于言说对象的形式，它可以有效地影响人们的意见和倾向，但是并不能影响事实本身（也正是因为如此，这些修辞理论主要谈论的是法庭上的辩论和说服行为，甚少考虑事实描述的问题）。然而，现实中的情况却远没有这么简单。

二、案件事实的修辞建构

　　经过前面的论述，笔者对比了第一章给出的案件事实的四个叙事版本，案件审理时用上的各项证据、线索经过、事件列表，以及后来在各章中陆续出现的审理过程中的书面和口头的事实叙事，可以得出这样的印象：在经验上我们能够确信的是，当时当地确实发生过一个小摊贩导致一名城管队员死亡的案件，而案件的具体情形处于未知状态；证据提供了一些离散的事件片段，尽管这些事件都是法律上无争议的，但最后

---

① 参见温科学：《20 世纪西方修辞学理论研究》，中国社会科学出版社 2006 年版，第 177 页。

② Peter Brooks and Paul Gewirtz（eds.），*Law's Stories：Narrative and Rhetoric in the Law*，New Haven and London：Yale University Press，1996，p187.

的那个满足司法的要求、也满足人们对案件的理解认知的要求的案件事实，仍需要通过进一步的语言活动去完成。

这种语言活动从总体上说来是叙事活动。所谓叙事，最直观的解释就是讲故事的行为，也就是以形成故事文本为目的的使用语言的活动。"故事"的意义在这里比较狭窄，它指的是具备了下列要素的描述事情的口头或书面语言形式：（1）作为起始结构的开头，交代事情的发生动因和背景；（2）作为终局结构的结尾，给出事情的结局或评价；（3）交代事情如何能够从开头运行到结尾的一种情节发展和推进；（4）比较明确的中心主题，也就是通常所说的必须能够使读者或听众分辨出"这到底是一个关于什么的故事"。以上是最基本的使文本成其为故事或叙事的要求。当然，附带一点，它的语言必须以摹仿①现实事件的记叙体或（剧本式的）对话体为主，而不能以议论为主，例如一篇论文同样有主题、开头、结论和中间的分析推理过程，但它的目的不是描述事件，而是议论问题。

这是人们最熟悉的、最简单的故事形式，也是在日常生活以及司法活动中最常见的描述一个事件/案件的叙事形式。因而，文学上一些相当特殊的小说形式——例如现代文学中某些有意为之的反主题、反叙事的文本——不在此处讨论。另一方面，这种形式也是法律所要求的，判决书必须将案件经过书写成这个样子，必须通过故事去满足人们对真相的认识要求。

至于叙事与修辞的关系，从宏观的角度说，叙事活动可以是修辞的一种方法，用讲故事的方式去传达某种意思，或去说服受众；从微观的角度来看，叙事内部需要用到许多修辞的技艺和策略，比如本书第三章

---

① 笔者此处使用"摹仿"这个词，来自亚里士多德《诗学》的重要概念"mimēsis"的汉语翻译。《诗学》主要讨论的其实是戏剧理论，戏剧也是一种重要的讲故事活动，只不过相对于单个人的口述/书写故事，它用了更直观的方法分角色、分场景表演故事，试图全方位地将故事呈现给大家。摹仿指的是故事或戏剧对自然发生的人情世故的描摹、仿效和再现，这里将它用作针对现实事情的议论、分析等话语活动的对立概念。关于摹仿（mimēsis）这个概念的专门讨论，参见［古希腊］亚里士多德《诗学》，陈中梅译注，商务印书馆1996年版，第206页。

论述的为了完成一个叙事文本所使用的修辞策略。

真正的问题是，假如像前面说的，人们把修辞或讲故事看做一种煽情的文学技艺，它们发生作用的机制是通过语言的装饰，从情感上打动读者和听众，以争取他们的支持，那么，崔英杰案的审理过程中出现的关于案件事实的叙事文本，哪一个文本的语言装饰更华丽？哪一个文本的措辞在情感上更具有煽动效果？回忆这些事实版本，实际上我们根本无法在这样的标准上给它们一个高低判断，因为这些关于事实的陈述基本上都是采用一样的平淡语调和沉闷文笔，甚至可以说，它们都在有意识地回避那些可能令人感到带有感情色彩的（狭义）文学性的措辞，并以这种看上去没有装饰的语言来标榜一种理性的、未添油加醋的、忠于真相的事实陈述。同时，这些故事也都没有表现出那种雄辩、演讲或说服的姿态，它们看上去仅仅是用了最直白的语言诚恳地向大家讲述一段事实，告知一种真相而已。

这里，修辞根本没有发生在华辞丽藻和情感煽动的领域，如前一章分析的，它发生在如何将已知的材料内容组织成叙事形式的过程里。我们没办法判断哪个事实文本在文学上、措辞上和感情上更吸引人，但一眼就能看出它们讲述的故事截然不同——前面也已经分析过，是修辞导致了这种差异。

进一步说，这样的文本差异既然不是感情色彩上的区别，也不是说服力度的区别，那么它究竟意味着什么？笔者认为，这是一种根本性的差异。当我们阅读第一章开头的四个不同事实版本的时候，我们实实在在地看到了四个不同的案件事实（同样可以说，当我们阅读证据、年代记体裁的案件线索和编年史体裁的核心事件的时候，我们其实没有看到案件事实，至少是尚未看到）。版本一：我们看到一名穷凶极恶的歹徒在光天化日、大庭广众之下，公然对执法者行凶；版本三：我们看到一位贫苦的小商贩被残酷的环境逼上绝路，慌恐之中错手伤人（很可能是过失而非故意）；版本四：我们看到一位贫苦的小商贩与工作态度极不严谨的城管发生误会，导致错误认识、意外伤人的悲剧。

修辞和叙事实际上建构了事实。

对于当事人来讲，这种事实建构的实在性和真实感更加强烈，可以说直接决定了他们的历史、他们的人格定性以及他们的命运。假如法庭选择了版本三，那么历史上曾经存在过一个贫苦的农民工崔英杰，因谋生之道被无情扼杀而在绝望和惊慌之中做出极端举动，但法庭终于选择了近似版本一的叙事，于是历史上只有一名凶恶的歹徒崔英杰，当执法人员阻止他的非法活动时，他持刀威胁并杀害了其中一人。从呈现一个可理解的世界的角度说，修辞在这里已经不是一种外在于内容的技巧，它实际上建构了历史和事实；对于崔英杰本人来说可能这种感受更为强烈，判决书的叙事文本公布之后，崔英杰作为在社会边缘挣扎求存的贫苦农民的过去和前途全部消失，他忽然置身于一幅极端反社会分子公然对执法者行凶的历史图景当中，这样的历史决定了他的身份是罪犯、他的未来是在监狱里度过余生。

早在文艺复兴时期，有人文主义学者在继承和创新古典修辞学的时候已经指出类似的状况：

> 人文主义者认为人类世界是通过语言建构的而不是自然的世界，把人类置于认识的中心地位，从而突出了人类文化和语言的世界，相信词语的力量不仅是因为在实际事务上给予那些掌握词语的人特殊的好处，而是因为词语固有的为人类展示世界的能力……因为正是通过语言，人类才取得通向世界的途径。①

尽管在西方思想史上主流的态度是"认为修辞是对独立于话语的真理加以折叠、缠绕、肢解，不然就是予以操纵的工具"，② 但仍有另一种较为非主流的"认为修辞是无法逃避的，因为真理并非独立于话

---

① 温科学：《20 世纪西方修辞学理论研究》，中国社会科学出版社 2006 年版，第 12 页。
② ［美］詹姆斯·费伦：《作为修辞的叙事》，陈永国译，北京大学出版社 2002 年版，第 17 页。

语，而是有关于真理的话语所构成"，① 也就是说，"我们关于这个世界的话语使这个世界成为我们所见的样子"②。这种修辞观和语言观在20世纪的后结构主义修辞学那里发挥到了极致：

> 语言不再被视为受逻辑与传统修辞学完全支配的交流、表达的工具……语言不再是单纯的载体，反之，语言是意识、思维、心灵、情感、人格的形成者。语言和人的关系与传统的语言观发生了反仆为主的变化，语言不是人的顺服工具，语言是人类认识世界与自己的框架……实际上语言是构筑主体性和存在的基本条件，任何事物都必须经由语言才能实现自身的圆满存在。真理来自语言而不是来自现实，语言不仅反映自身以外的事物，实际上是事物本身的表述。③

如果按照这段话的概括，已经没有所谓有技巧的语言使用和无技巧的语言使用的区分，所有的语言都是技巧的，不存在完全写实的语言状态——这样一来，也无所谓修辞了，或者说，一切语言的使用都是修辞的。当然，这种看似的混淆，其实是传统修辞学观念导致的，因为那种老式观念以为可以存在完全无技巧的、只有描述真实的单纯语言。笔者在本书里的基本观点就是：一切有目地使用日常语言的行为，都无可避免语言的技术，这就是修辞，语言的运用无法保持中立，它总是在追求某种效果，并实现一定的意图。④（不能说完全不存在无目的的语言活动，这种无目的的语言或许可以成为无修辞的，但也就无所表达。）同时，语言的目的非常复杂，除了古典修辞学认为的说服、现代修辞学的文法技艺，还有描述事物。

很显然，在崔英杰案的案件事实的找寻过程中，我们已经看到了事实的形态取决于人们如何使用语言，以及使用语言的目的。本书所分析

---

① ［美］詹姆斯·费伦：《作为修辞的叙事》，陈永国译，北京大学出版社2002年版，第17页。
② 同上。
③ 温科学：《20世纪西方修辞学理论研究》，中国社会科学出版社2006年版，第81页。
④ 参见刘大为《历史事实的修辞建构（上）》，载《福建师范大学学报》2006年第3期。

的修辞策略在最终成型的叙事文本中，从来没有以辩论的形象出现，也不需要积极说服读者或听众去认同该判决是正义的，它直接以事实本身的面貌登场，读者在阅读完展现给他们的叙事化案件事实之后，会自行期待下一步的判决结果，而这种期待已经被呈现给他们的事实所左右。可以说，读者或听众的存在方式也处于修辞所建构的事实图景之内。

第三节　法庭修辞与司法实践

虽然本书的工作是研究和解决一个理论问题：案件事实的叙事建构。本书的目的是推进法学理论上的认识，我们究竟应该怎样理解案件的事实审理，现实情况下案件事实是如何产生的，其中有什么样的机制在起作用，它与传统理论的认识有什么不同。然而，同样不能回避的是，修辞问题与法律实践的关系，以及叙事与生活在法律制度当中的人的存在状况是什么关系？本书试图在最后部分引申探讨这一点。

一、职业内外的话语对抗

（一）判决引发的不满

首先本书在导论部分已经提出了一个相当现实的问题：崔英杰案从一般的刑法学意义上说，应该是一个典型的简单案件，证据相对充分，法律规则上也十分明确，没有出现令人无所适从的矛盾之处，按照通常的想象，这种情况下法庭的判决应当不会出现多少疑问和争议，尤其是只看判决书对案件事实的查明和陈述，一切都清晰明了，判处被告人崔英杰故意杀人罪成立、死刑缓期执行，实属理所当然。这样一个审理判决的司法过程，理论上讲已经满足了程序法上、实体法上有关公平正义的基本条件，其判决结果也理应受到各方面的认同。

实际情况却恰恰相反，法庭的这个判决在公众当中引发了极大的不满。一些法学学者和法律专业人士提出了对审判结果的不同意见：如中国政法大学的阮其林教授便认为不应适用死刑，因为案件除了基本事实，还需要考虑前因后果，崔英杰不是有预谋的冷血杀人，也不是谋财害命，不过是想维持生计，在谋生工具被没收时情绪激动才伤人致死，不属于情节严重、手段残忍等死刑量刑情节；[①] 另一些学者则质疑城管这个行政主体的地位及其执法行为是否合法，华东政法大学的刘松山教授提出，城管禁止小商贩摆卖，实际上是给这种经营活动设置了行政许可，而什么事项可以设置行政许可的权力应当依法授予，城管是否能够行使这样的权力很成问题。[②]

而普通民众方面的态度更加激烈，不但对案件的审理表示不满，甚至对判决结果感到愤怒，从新闻媒体和网络上的各种言论反应来看，大量的评论几乎都一边倒地支持和同情崔英杰，乃至出现了针对城管人员、城管制度以及司法和公共权力的激烈指责，另有一些人干脆公开向崔英杰的行为表示赞赏，认为他是"英雄"（同时也就是将城管看成危害社会和人民的"歹徒"）。

实际上，随着近几年信息传播越来越普及、迅速，人们对于司法、行政等公共权力的运作的关注程度大大提高，这类公众对法院的判决大规模地表现出不满的情况时有发生，包括第三章分析案件叙事的人物建构时提到的南京市的彭宇案，判决呈现在公众面前时也受到了严苛的批评。从法学专业的角度仔细推敲，这些案件的审理和判决本身，其实在法律上并不能说有什么瑕疵，却不断遇到反对和抗议，不断被指责为不公平、不正义的，这是一个值得深入思考的问题。

也许，从一个从事法学或法律专业的人的角度，同时也是根据现代法学理念最容易想到的回应是：既然判决在程序上、法律上、证据和事实上都没有错误，那么公众的反对声音只能表示公众错了，他们不了解

---

① 参见赵凌《崔英杰案判决在即，学界呼吁慎用死刑》，载《南方周末》2007年2月1日第A6版。

② 同上。

情况，他们需要教育；原因很简单，法律是非常专业的，或者说正义本身就是非常专业的问题，许多错综复杂的学说、理念、原则和技术，若非经过长期的专门训练是不能了解的。

（二）职业主义的回答

这是经典的法律职业主义或精英主义论调。任何一个对西方现代法学理念的起源有所了解的大学生都学到过这样一则故事：17 世纪英国王座法院的首席大法官爱德华·柯克在劝说国王不要干预案件审理的时候，这样说道：

> 微臣认为陛下对英王国的法律并不熟悉，而这些涉及臣民的生命、继承权、财产等的案件并不是按天赋理性来决断的，而是按人为理性和法律判决的。法律是一门艺术，它需经长期的学习和实践才能掌握，在未达到这一水平之前，任何人都不能从事案件的审判工作。①

关于法律和正义的知识究竟有多复杂，需要将没有受过专门教育的人，以及智力、阅历、经验不足的人拒之门外？博登海默的描述是：

> 法律是一个带有许多大厅、房间、凹角、拐角的大厦，在同一时间里想用一盏探照灯照亮每一间房间、凹角和拐角是极为困难的，尤其当技术知识和经验受到局限的情况下，照明系统不适当或至少不完备时，情形就更是如此了。②

这些言论单独抽离来看都没错，特别是在现代的知识和教育体系之下，学科的分类越来越细致，各学科的知识越来越复杂，基本上不可能再像古典时期的哲人那样，一人通晓所有领域；现在除了基础教育时期对各门学科蜻蜓点水似的了解，人们往往用其一生都无法在一个专业领域内穷尽该领域的知识。然而，需要注意的是，爱德华·柯克的名言是对国王讲的，也就是说，这种职业主义的本意针对的是独裁者、权贵阶

---

① ［美］庞德：《普通法的精神》，唐前宏、廖湘文、高雪原译，法律出版社 2001 年版，第 42 页。

② ［美］博登海默：《法理学，法律哲学与法律方法》，邓正来译，中国政法大学出版社 1999 年版，第 198 页。

层以及行政官僚，防止这些人插手干预司法，仗着自己有权有势欺压他人，破坏公正，牟取私利。在中国推行现代法治的进程里，强调司法以及司法从业人员的专业化、职业化乃至精英化的声音一直在法律界处于相对主流的位置，其原初的理想也是反抗官僚权贵的腐败、滥用职权和破坏社会正义的行为。

然而，从什么时候开始，这种声音突然掉转方向，针对公民了呢？

应该说，职业主义的态度从一开始就蕴含了这样的矛盾。西方的法律职业主义理念的三大基石——公共性、专业性和自治性①——本身已有自相矛盾之处：所谓公共性在这里也是最切合职业主义反独裁、反权贵干预的一个基本理念，法律人认为自己应当代表一种社会普遍的正义观，正义是普罗大众的，而非为王权或官僚代言的。但是，当法律人以专业作为理由有意将自己对立于王权和行政官僚体系的时候，必然同时要求一种团体式的自治性。一方面，专业的特殊性导致法官团体在思维和行为上的相似，在利益上的同质性又容易使法官成为一个特殊的、独立的利益阶层，在伦理道德上也就相应地形成一种"党派性忠诚"，②即忠诚于自己所在的团体所奉行的理念和行为准则。这样一来，必然与先前的所谓代表普遍正义的公共性基础发生矛盾。

同时，在教育日益专科化的情况下，少数受过法学教育的专业人士与大多数没有受过法学教育的其他行业的公民，在法律理论问题的理解方面以及司法实践的认识方面确实有可能出现意见不一，甚至互相对立的情况。此时法官阶层或者法律人阶层，由于其占有的职业地位和资源，大有可能优先推行自己的理念，而将公众的意见边缘化，于是公共利益和普世正义的代表在这个意义上又蜕变为集团利益和职业阶层利益的代表。

这样的情况，必然引发来自公众的反对声音，尤其是在司法领域，

---

① 关于法律职业主义的三大基石相互关系的近期研究，参见李学尧《法律职业主义》，载《法学研究》2005 年第 6 期。

② 李学尧：《法律职业主义》，载《法学研究》2005 年第 6 期。

"司法民主"的意见一直被当做司法精英主义的对立面。这种意见认为，司法活动不应当全然拒绝非法律专业的外行人士，这是保证公众的正义、普通人的利益真正得以在法庭上受到维护的必要途径。例如陪审制度，这是一种非常典型的、历史悠久的非法律职业人士参与司法审理甚至决定判决的制度，其基本理念是：法律规范、司法活动所涉及的绝大多数都是普通人的具体的权利和义务问题，既然是公众的事务，司法权当然也应该由公众来行使，而不是过分集中在主要由有产阶级构成的法律职业人士手中，"这一思想的实质，就在于打破了精英阶层、有产阶级对司法的垄断，保证普通公民在自身所熟悉、理解的案件当中有表达相关意见的机会"①。

　　然而问题又不是表面说来的这样简单。法律职业主义（或精英主义）固然具有其天生的内在矛盾以及反民主的一面，但在知识分类庞杂、学科隔阂森严的现代社会，人们又无法回避专业知识的问题，就像上面爱德华·柯克和博登海默的名言，想必人们尚没有充分的理由去推翻它们。那么，职业主义的支持者完全可以这样反驳：第一，没有受过法学训练的外行人，究竟如何能够胜任这些相当复杂的内行问题？第二，法学专业的教育不仅仅是知识的教授，更重要的是一种理性的智慧训练，训练人们如何排除情绪的、表面现象的迷惑，找到真实的、长远有利的正义；而通过历史和现实，我们的确可以看到，越是一大群人越是容易受到情感的煽动和互相感染，而被假象左右，这样的情形之下，若向他们放开司法权力，岂不是要破坏了法律和正义所依赖的理性基础吗？

　　主张外行人可以行使司法权力的司法民主派理论，该怎么回答这些提问呢？目前为止，对于第一个问题已有相当力度的回应：比如有许多案件纠纷和法律问题实际上就是源于社会生活的伦理问题，一个普通人经验和理智完全可以判断，甚至普通人的阅历经验更为贴近社会现实，

---

① 胡玉鸿：《"人民的法院"与陪审制度——经典作家眼中的司法民主》，载《政法论坛》2005 年第 4 期。

可以在一定程度上弥补可能出现在职业法官身上的过分学究化的思维；再比如，法官尽管在法律专业上是内行，但案件是涉及各行各业的，非法律专业人士可以在案件所涉的领域是内行，又得以从他们的专业角度弥补了法官的知识局限。

对于第二个问题，极少看到有人直接、正面地回答，它也确实显得很难回答。笔者的意见是，提问本身恐怕有所不当。

二、判决书如何获得的公众的认同

指责公众缺乏理性，容易被煽动而做出不理智的判断和行为，这样的论调在历史上很常见，即使在教育全面普及的现代社会，我们也时常能看到有人发出类似的言论，例如大众心理学研究的开创者之一，法国社会学家古斯塔夫·勒庞，他的著名著作《乌合之众》可以说是第一本系统研究"人群"的非理性心理和行为的作品，再例如埃里希·弗洛姆和汉娜·阿伦特等学者在对法西斯主义的研究中都指出了极权和极端主义的民众的、非理性的基础。但是，笔者不得不说，通过本书对两个典型案例的叙事研究，人们应该意识到，在当今社会，对民众作出这样的指责时，还需相当小心。

就崔英杰案来说，被告人杀了人是毋庸置疑的，而公众当中的许多人看到判决之后竟然出现这样强烈的抗议，竟然对这个杀人凶手表示同情甚至支持，粗看上去这难道不是正好证明了精英主义所指出的问题——人民群众的非理性倾向？而且支持杀人、支持犯罪，已不是一般的非理性，恐怕其严重程度几乎不亚于支持恐怖主义或极权政府，若不是受了别有用心者的蛊惑，善良人怎么会有如此表现。

其实，经过本书的漫长分析，读者大抵不会再为上面这段话所动了。公众为什么会出现如此的反应，是绝对不能简单归罪于他们的愚昧无知、理智不全，而且也不能归责于他们的外行、不了解法律规范和程序。这里并不是说，公众当中不存在非理性声音，也不是说"公众"

这个概念占有统计学上的绝对多数，或可以人格化为某种具有意志和思维的整体；这里笔者思考的是，那些已经存在的反对声音，引起其反对的，究竟是案件的事实文本当中的哪些因素，这些因素是否可以合理避免。（至于"公众""判决书的读者"到底是谁，一个意见的支持者达到多少数量才能构成"公众意见"，这个问题下文另外再分析。）

（一）信息选择、裁剪的可接受性

一个案件发生之后，如果公众没有其他渠道可以获取信息，或者并不关心案件，那么判决结果只要书写得逻辑清楚、符合证据，基本上不会引来质疑和不满。然而，今天中国社会的情况恰恰是，那些受关注的案件必然是因为触动了某根社会敏感神经，而且信息通过传统纸质媒体、电视新闻和网络可以得到大规模的、泛滥化的传播，判决书的读者往往在判决出来之前，已经对案件有了大体判断，判决结果面对的是一双双做好准备、挑剔审查的眼睛。

崔英杰一案发生之后，最早出现在公众面前的案情经过来自媒体，其中《南方周末》刊登的相关报道①几乎成为法庭外民众了解案情的权威来源，其中该报 2006 年 9 月 14 日第 A8 版的文章《城管副队长之死》陈述了案件的经过，这篇文章也成为法庭外的人们对崔英杰案的案件事实的了解渠道之一，其描写的重点放在崔英杰的个人经历上。与出现在起诉书、判决书中那个完全平面化的犯罪分子不同，媒体报道的崔英杰首先是一个普通人，并且是个善良的人，曾被评为优秀士兵，勤劳工作、孝顺父母，继而强调他的农民身份、进城务工的经历以及被拖欠工资的情况。普通人的形象消除了读者与主角之间的对立和不信任，善良人的评价则诱导读者提出"是什么原因迫使一个好人走上绝路"的疑问，而农民工身份、被拖欠工资的情况不但强调了人物的弱势地位，也解释了他无照经营的原因（一个不但合理而且应当同情的原因）。

作为媒体来说，他们当然敏锐地判断，这样的描写最能赢得民众理智上的接受和情感上的支持，但是，同时必须强调，这篇报道虽然与判

---

① 参见《南方周末》2006 年 9 月 14 日第 A8 版，以及 2007 年 2 月 1 日第 A6 版。

决书陈述的事实有很大不同，可它完全没有违反该案的有效证据。实际上这篇媒体报道呈现的案件事实相当于本书第一章的事实叙事版本当中的版本三，有关本案案情来自法庭外的叙事，无论是法学专业方面的专家还是非法律专业的其他民众，基本上都倾向于版本三所显示的案件事实。

前面的章节已经论述过，为何在面对这样一个案件的时候，大多数人要选择这样一个关于事实经过的叙事文本：

其一，在案件的相关信息相同的情况下，版本三的文本相对于起诉书和判决书所依循的版本一，整合的信息量要大得多，基本上涵盖了编年史列表中的所有核心事件。尽管判决书的事实叙事可以主张，为它所裁剪删除的案情信息和编年史事件都是与审理判决无关的内容，但是就这个案件的具体情况来说，任何一个心智健全的人通过两个文本对比都能看出，指控这些信息与案件无关，并没有什么特别坚实的理由。假如有人说由于现在审理的是罪名为故意杀人的刑事案件，因而事件（1）崔英杰选择在路边摆卖的背景，与故意杀人的行为没有多大关联，可以在事实文本中略去，那么笔者同样可以说，既然只需关注故意杀人的行为，事件（2）崔英杰与城管的纠纷也大可以删除，案件事实直接从崔英杰跑向城管卡车、将手中的小刀刺向被害人李志强时开始书写即可。假如有人宣称，将事件（2）编织到叙事文本中，是因为这个事件能表明被告人在杀人之前还有暴力抗法的行为，构成情节恶劣、从重处罚的条件，那么笔者照样也能问：同理，事件（1）不是也能从一定程度上说明被告人的主观恶意并不是很大，或许能构成从轻处罚的条件？

实际上，选择哪些事件，删除哪些事件，是由叙事者希望营造什么样的故事主题、气氛和人物形象来决定的，所谓有无关联，真正所指是对特定主题的建构、人物形象的塑造是否有利。公众积极支持版本三的叙事，可见公众认为这个文本所讲述的故事以及所表现的人物形象更为合理。

其二，为什么公众的意见会认为版本三的叙事主题和人物形象，比判决所认定的事实叙事和人物形象更合理，除了因为版本三在客观上包含的信息量更大更全面之外，最主要的原因是，它比较符合大众对于现实的社会生活中类似事情的经验，这里说的经验并非指客观真实，而是民众对于自身所在的环境和事件的感受和认识，感受本身当然是"真实"的，认识则会决定他们对司法活动、法律规则和政治制度的判断以及认同程度。

如第三章最后一节所分析的，这些看上去是枝节的信息实际上具有语境还原的功能。例如事件（1）交代的是崔英杰无证摆卖的背景和动机，在城乡差距、贫富差距一直很严重的社会现实中，贫困的农民、进城务工的艰辛、受到雇主的欺压，这些关键情节切合了读者有关日常生活的认识，马上就可以引起他们的共鸣和认同；而法庭认定的事实没有了这些信息的时候，使得案件事实看起来像一个没有来由的、凭空出现的故事。同样，版本三的崔英杰作为故事主角来说，形象比较复杂，其品性不能简单地用"凶恶歹徒"这样的标签所概括，这不但符合人们在现实生活中看到的活生生的个人的形象，同时也契合了前面交代的故事背景，相比之下判决书中的崔英杰则是完全标签化的人物，而且他的杀人行为也显得毫无来由（这样当然也方便叙事者将原本可能更为复杂的犯罪原因单纯归因为个人的天性邪恶）。

问题在于，当人们已经通过可靠的渠道得知了案件的许多细节时，法庭若禁止这些信息进入案件事实和最终判决，怎么可能不引起人们的质疑？而且当这些被删除的信息在公众看来更符合他们的感受和认识的时候，怎么可能不引起他们对审理和判决的反感和抗拒？

总而言之，崔英杰案的判决文本在选择哪些信息编入事实叙事，无视、删除哪些信息的问题上，刺痛了（至少一部分的）公众，使他们感到自己的生存状况、生活经验受到轻蔑。这份判决书对信息裁剪得过多，给人留下"简单粗暴"甚至"失真"的感觉，这种经验上的严重错位，必然导致文本受众的强烈不满。

　　（二）修辞策略的可接受性

　　崔英杰案的叙事矛盾发生在经验上，面对相同的一堆案情信息，公安机关、检察机关以及法庭认为应当这样组织一个叙事文本，法庭外的另一批人则认为应当那样组织一个叙事文本才符合真相，双方各自持有各自的修辞目的，针锋相对在所难免。但是，邓玉娇案的情况更复杂一些，除了判决书的叙事文本与公众经验的错位之外，修辞策略被识破、且得不到认同，也构成了双方之间的一种紧张关系。

　　邓玉娇案的判决书并没有像崔英杰案那样，利用证据信息积极地去建构某一种人物形象，事实看起来像是发生在几个面目模糊的人之间的口角争吵，其间被告莫名其妙地丧失理智、动刀杀人，不存在所谓的强奸和反抗，因而也不存在有关意图强奸和正当防卫的法理争议。

　　从审判的角度看，司法者确实避免了直接承认、面对社会冲突，也成功阻止了"民女与官僚""烈女与恶吏"的阶级矛盾蔓延到法庭上。然而，它仍未顺利地使公众感到满意、不再追究争议了。除了前面讲到央视调查中超过九成投票者认为邓玉娇无罪之外，公众舆论中流传着另一个故事版本的情况也说明了这当中对判决的不满情绪。判决书认定的事实未能很好地服众，争议也未能就此停歇，其中一个原因与崔英杰案类似，无论什么样的事实叙事，若要具有说服力，除了证据至少还要符合一般公众的经验认知。

　　如果读者的生活经验中只有单一的认识，即使想通过叙事手段建构出多个文本，也难以达到预期的目标。娱乐场所，几个男客人要求女服务员提供"服务"，引起女服务员强烈的抗拒，这样的事件，具有生活常识的一般人，除了把男客人的行为判断为嫖娼之外，基本没有其他的想象空间。不管是用"异性洗浴服务"还是"特殊服务"等模糊词语去描述，都很难消灭这种经验印象。现实中，确实有许多人一直抓住嫖娼和意图强奸的关键词不放，建构出了另一套烈女抗暴的故事。

　　另一方面，与前面对崔英杰案的分析相比稍进一步，邓玉娇案的社会关注声音当中出现了明显的针对修辞策略的辨别和质疑。也就是说，如果希望判决书能达到服众的效果，除了符合一般人的经验，还要使辨认出事实文本中的修辞机制的读者，能够认同这种修辞策略及其效果。

尽管传统理论都强调案件事实与证据的直接关系，但笔者发现，绝对不能忽视公众对修辞的敏锐觉察。例如，邓玉娇案在法庭外公众之间的争论对抗。

首先2009年6月1日，湖北省法学会传播法研究会会长、中南财经政法大学社会发展研究中心主任乔新生教授在荆楚网（由中共湖北省委宣传部、湖北省人民政府新闻办公室主管、湖北日报传媒集团主办的门户网站）上发表文章：《邓玉娇案中的新闻传播问题》，其中一段这样写道：

首先，从新闻媒体报道角度来看，洗浴场所的女工邓玉娇在工作期间，与当地官员发生肢体冲突，愤而刺死、刺伤官员，在社会上引起了强烈轰动，新闻媒体完全可以制作新闻作品。但是，新闻媒体在报道这一案件的时候，有以下几点值得注意：第一，当地公安机关通报案情之后，部分新闻媒体不是跟踪采访，详细追踪调查有关细节，而是凭空揣测。部分法律工作人员借机炒作，在新闻媒体记者面前尽情表演，从而使这一案件变得扑朔迷离。新闻媒体的首要职责是报道事件的真相，在官方发布有关新闻稿件之后，新闻记者应当根据官方提供的线索，现场勘查，反复求证，以确保新闻报道客观真实。可令人感到遗憾的是，新闻记者对不同对象提供的信息不加鉴别，而是满足于平面化的叙述，制作情绪化的新闻作品，从而使整个案件最重要的犯罪情节，被大量煽情的报道所淹没。第二，新闻媒体在报道有关案件的时候，明显违反了《关于媒体与司法关系的马德里准则》，实行有罪推定。在本案中无论是犯罪嫌疑人还是被害人，都是普通的公民，在法院尚未作出判决之前，都应该被推定为无罪。可是，部分新闻媒体在制作报道的时候，为了发泄自己的情绪，假定被害人构成犯罪，甚至发表一些措辞激烈的评论,试图营造一种被害人死有余辜的社会氛围。①

这段文字批评的正是新闻媒体在报道邓玉娇案时的修辞,乔新生教授认为媒体有关事实的描述本身就是误导性的,并指出其修辞策略是煽情、对信息不加鉴别、平面化叙述、试图导向有罪推定,修辞的目的则是"营造一种被害人死有余辜"的叙事场景。虽然乔新生教授没有明确给出具体的文本,但读者应该不难猜到他指的是媒体突出强调官员嫖娼、欺凌良家女子邓玉娇这一情节。乔新生教授作为法学学者,已经很敏锐地发现修辞对案件事实形态的影响力。

意想不到的是,几天之后南方报业资深媒体人何三畏在报刊上发文,直言不讳地反驳刚才那篇文章:

假如有段案情被描述为:"洗浴场所的女工×××在工作期间,与当地官员发生肢体冲突,愤而刺死、刺伤官员。"你觉得,女工该当何罪?

文盲都看得出,女工是故意杀人,该当死罪。但这里说的不是假如,而是一段真实的引文。相信你一开始就能猜中,引文中的"×××"就是邓玉娇。而这段引文的版权,归湖北省法学会传播法研究会会长,中南财经政法大学社会发展研究中心主任、教授乔新生。

但乔先生的描述跟公安侦结的案情却大相径庭,众所周知,后者是这样的:"邓玉娇在遭受到黄德智、邓贵大强迫要求其洗浴,被拒绝后又拉扯推搡、言辞侮辱等不法侵害的情况下,持刀将邓贵大刺死、黄德智刺伤,其行为属于防卫过当。"

对照同一案情的两种书写方式,让人背脊发凉:公安公布的案情里,邓玉娇没有在"工作期间"也不是"洗浴场所的女工"!而且"当地官员"才是引发案件的主体,邓玉娇则被"强迫要求其洗浴","拉扯推搡、言辞侮辱"!即遭遇性侵犯!而非乔先生的"与当地官员发生

---

① 乔新生:《邓玉娇案中的新闻传播问题》,http://focus.cnhubei.com/local/200906/t693580.shtml(访问时间:2016年8月3日)。

肢体冲突"。"与"可以表明主动，表明冲突双方的对等关系，特别是在乔先生的叙述中，邓玉娇处于这个句式的"上承"关系，逻辑上更易被读作"主动"。但事实不是这样，她与当地官员不是处于对等关系，她在逃避，逃避那个致命的"与"。邓玉娇的"肢体"不会也没有去"冲突"当地官员的肢体。

同时，公安侦结报告也暗示了案发地不是什么"洗浴场所"，而是"异性洗浴"所在，也就是"色情服务场所"。这连巴东当局都不否认。但经乔先生这一改，邓玉娇成了"洗浴场所的女工"，且是在"工作期间，与当地官员发生肢体冲突"，邓玉娇完全成了"没有职业道德"的，任意攻击他人的疯子。

还有一个比较关键的情节是，在公安的报告里，邓玉娇的"防卫过当"行为，是在遭受"不法侵害的情况下"发生的，而在乔先生那里，是在"与当地官员发生肢体冲突"时，"愤而"所为。这样"改编"案情，岂非用笔杀人？①

何三畏先生的这段文字，观点和分析思路与本书基本一致。这位媒体人作为非法律专业人士，十分锐利地发现，描述案件事实的措辞稍有变化，将导致案件性质发生核心变化，乃至足以颠倒受害者与加害者的角色，足以导致截然不同的审判结论。

而且，该篇短文句句有的放矢，对文本文字进行了详细解剖：

"洗浴场所"对应"异性洗浴""色情服务场所"，造成的场景想象差别；"女工在工作期间与人发生冲突"对应"邓玉娇遭遇邓贵大、黄德智等人强迫要求其洗浴"，两个句子显示出邓玉娇在事件中的主被动关系不一致，前者给人印象是邓玉娇主动寻衅滋事，后者则表明冲突原因是被告遭遇强迫卖淫导致的。

何三畏先生显然知道"洗浴场所的女工邓玉娇在工作期间，与当地官员发生肢体冲突，愤而刺死、刺伤官员"这样一句话，并没有违

① 何三畏：《对弱者何苦用笔如刀》，载《南方周末》2009年6月11日第E29版。

反证据、捏造事实，相对公安机关公布的案情，它只是一种"改编"，也就是说，是一种修辞和叙事层面的问题。可是这样的修辞改编，在他看来已经是在"用笔杀人"，在诱导读者认定邓玉娇是该当死罪的杀人犯。

尽管短文里一句也没说，但明显是在证明乔新生教授的措辞方式一如其自己文中所批评的媒体，同样是在修辞上巧妙地进行误导、进行有罪推定。①

这两位关注邓玉娇案的法庭外人士，在讨论案情真相的时候，都把焦点放在了叙事策略上，这说明，即使传统法律理论避而不谈事实与语言建构的关系，人们仍然能够直觉地感知到语言的作用，并且在语言的层面上衡量和评价他人的判断。例如何三畏这类读者，一方面承认邓玉娇杀人，另一方面又对淡化邓贵大一方不法侵害的修辞方式非常不满。现在判决书所认定的案件事实同样在修辞效果上淡化了邓贵大、黄德智等人的恶人形象，面对这类有能力敏锐辨别哪部分内容属于证据、哪部分属于语言修辞的读者，若他们恰好不认同判决书的修辞策略，那么必然导致这部分公众不信任法庭判决的结果。同时，这部分公众所支持的修辞策略与多数人的日常经验相契合的话，将给法庭惹来更普遍的不信任。

这就是为什么，崔英杰案和邓玉娇案在审判结束、判决书已盖棺定论之后，社会公众置若罔闻，继续言说着自己相信的另一套事实，最后落下一个各说各话的局面。这也是法律领域值得重视的情形：判决确定了一个事实，公众并不理会，继续讲述另外一个或几个事实。

公众在选择他们所认同的案件事实的文本时，并不是受到蛊惑煽动

---

① 很快乔新生便回应了何三畏的反驳，承认自己这样描述邓玉娇案，确实会给读者造成何三畏所分析的那种印象，但并不承认是有意为之，解释说只是为了行文简洁。参见乔新生《邓玉娇案讨论我会更谨慎》，http://news.21cn.com/today/topic/2009/06/12/6421660.shtml（访问时间：2016年8月3日）。笔者认为"非有意为之"一说没有多大说服力，因为单纯为了行文简洁，也完全可以这样讲："官员洗浴场所寻欢不遂被女工刺死。"字数更少。因此，重点仍在于书写者希望用文字引导读者往哪方面想。

而误信谎言，也不是被情感蒙蔽选择了花言巧语的说辞，相反，他们表现出了非常清晰的理性和智慧。而且更为聪明的是，从这个案件中表现出来的反抗方式。

虽然在一些民间的或非正式的场合中，公众确实针对这个案件、办案人员、司法人员乃至行政制度、司法制度发出了不少偏激的、不冷静的和措词夸张的言论（比如把崔英杰称为"英雄"），可是，当他们正式向法庭的判决提出抗议的时候，所依赖的核心方式，不是失去理智的喧嚣，不是不肯讲（或讲不出）道理的胡搅蛮缠，而是向法庭提出另一个案件事实的叙事文本，提出另一种不同于判决的、对案件的认识。

同时，公众当中有人使用这样的对抗方式其实是在利用法庭自身所遵循的话语规则，可以说是以其人之道，还治其人之身。公众抬出的事实叙事，与判决书书写的事实叙事，具有同样的证据基础，同样的逻辑性，同样的修辞技术和叙事策略。在这样的情况下，法庭该用什么方法去反驳民众的意见呢？又该用什么样的理由去否定民众所选择的叙事文本呢？

就崔英杰这个案子来说，法庭没有给出任何回应，也没有做出应对的尝试。笔者认为，不回应或无法回应，主要是因为法律专业领域的人极少想到这个问题。偏见可以粗暴地将法庭外的反对声音都贬低为外行的非理性的吵闹，不予理睬，可是遇到如此理性、智慧而又狡猾的抗议时，这种不予理睬反而像是束手无策。

过去的公众话语的支持者没有很好的回答的、职业主义的支持者经常提出的"民众的非理性特质"问题，此时可以得到一个合理的回答：许多表面上看起来像情感发泄的言论或举止，如果深入了解和考察之后，我们不难发现其背后的理性机制，以及它们所反映出来的社会现实，这种社会现实是不容忽视的。否则，司法机关在实践工作中必然要面对前面提出的实际困难——明明依法判决了，竟得不到公众的认同，甚至还遭到反对。这个无法解决的话，长期积累下去对整体的法律制度及其公信力都将构成严重的伤害。既然程序、证据、法律适用都没有问题，那么在背后左右叙事和修辞的是叙事者的立场，既然这仅仅是立场的问题，从最现实的角度来说，司法机关在审判工作中注意考虑社会现实、判决的社会效果以及公众的意见，无论对司法实践、法律制度还是对社会公众，都是有益的。

第四节 叙事与人的存在

一、"公众"是谁

笔者在上一节分析了叙事和修辞是一种事实的本体建构，而非事实的外在包装，以及这种修辞建构获得公众认可的机制。随之而来的问题是：公众到底是谁，或者说，多少人的一致意见才能构成公众意见？当外界的质疑达到什么程度的时候，法庭才需要进行自我检视？

例如邓玉娇案，央视网就人们对邓玉娇案情的看法做过问卷调查。题目是："女服务员刺死官员，算正当防卫吗?"三个单选项目分别是：

1. "属于正当防卫，不应该定罪"

2. "属于防卫过当，但也不能叫故意杀人"

3. "不好说，此事还有待斟酌"

投票时间为 2009 年 5 月 19 日至 2009 年 6 月 18 日，总共 129111 人参与投票。选择"属于正当防卫，不应该定罪"的占总票数 93.42%，选择"属于防卫过当，但也不能叫故意杀人"的占 5.83%，选择"不好说，此事还有待斟酌"的只有 0.75%。[①]

尽管选项当中缺少"属于故意杀人（或故意伤害），应当定罪"的项目，稍嫌有偏向性，但是 93.42% 的极端一面倒意见，还是令人印象

---

① 央视网投票页面：http://news.cctv.com/special/badong/shouye/index.shtml（访问时间：2016 年 8 月 3 日）；投票结果见：http://news.cctv.com/vote/see11889.shtml（访问时间：2016 年 8 月 3 日）。

深刻。这是否说明，中国公民当中的绝大多数都认为邓玉娇是正当防卫、应无罪释放？肯定有人会说，这个调查的投票人数总共才13万人，13万人的意见怎么能代表13亿人，况且这13万人均为匿名，没有说明调查对象来自哪些人群，无法判断是否具有抽样代表性。

实际上，质疑者、不认同者经常遭遇这样的反驳：你只是个别人（或你们只是部分人），不能代表公众意见。言下之意即：你/你们的反对不是公众的反对，我不需要理会你/你们，公众没有反对我，公众是支持我的，等公众反对时我再出来解释。

然而，所有的质疑和反对声音必定都出自具体的人，我们可以对任意一个具体的人说"你不是公众"，那么，任何人都不可能是公众。结果变成，除非进行全民公投，13亿人都投了票且都是反对我的，否则，我将对一切质疑声音置若罔闻，并默认"公众都支持我"。

很明显，这只是一种争吵时常见的修辞花招。先利用"公众"一词的抽象性，否定具体主体的意见，再自相矛盾地重新虚构出公众的实体存在，并断言公众站在自己这边。谁都知道，动辄举行全民公投是不可能的，而质疑一方也可以用同样的语言回敬：一个县级地方法院的一份判决，就代表国家、代表正义了么？

公众作为一个抽象概念，与具体个人的存在不是一回事，笔者相信，具体个人（无论多少人）质疑邓玉娇案的判决，都只是一个个具体人的意见。准确地说，是来自法庭外的公众的意见，而非存在一个有着自己的意志和意见的实体人格化的"公众"。

本书凡是用到"公众"一词时，都是指可能读到这份判决书的人群，凡是用到"公众质疑"一词时，都是指"从这些人群中来的质疑"。实际上，案件的评论者、质疑者以及媒体在使用"公众看法"这一表述时，也是松散地指来自人群中的看法，并且主张质疑的意见、不认同的意见是否应当得到重视，完全不取决于它的人数，而是取决于理据——只要我的质疑有理有据，就不容忽视，就应当得到尊重，且有权利要求被质疑方作出合理回应。

对判决的质疑，在于其理据，而非质疑者人数。但人数并不完全是个伪问题。在当前的中国社会，有时候人们会看到事态的发展呈现这样一种情形：

公权力机关给出一份结论，刚开始只是个别人提出质疑，这时官方没有任何回应；个别的质疑声音在社会上渐渐被更多的人传播、转载，官方仍没有任何回应、解答；越来越多的人开始对官方的沉默感到困惑不解甚至怀疑，认为公权力机关不说话是因为确有不可告人的秘密，或者因为态度傲慢不屑于与公民对话；这时原先的质疑声音越来越强烈，聚集的人群越来越大。继而，官方可能采取两种措施，要么继续保持沉默，任由不信任情绪蔓延到一切可能的信息传播角落，导致普遍的信任危机；要么进行言论堵截、驱散人群，这种"不屑于对话"的简单粗暴措施无异于向人群火上浇油，原本在观望中的人可能反而被激起了愤怒的情绪，一不小心便酿成群体性事件。

质疑者的人数和力量不是固定的，其变化除了取决于事件本身的影响力、质疑者自认为得理的程度，同时也取决于被质疑一方如何处理和回应质疑。笔者给公权力机关的建议是：在一个复杂而又不稳定的系统里，应尽量不要做出火上浇油的举动，尽量不要成为引爆火药桶的那一方，以免使局面失控，给对方实施更激烈的反政府行动落下师出有名的把柄。只要仔细观察日常生活便会发现，交流的成功或崩溃往往不是因为内容，而是因为双方的态度：有的时候，同样一句话，用温和、尊重的态度说出来，与用强硬、蔑视的态度说出来，引起的后果截然不同；有的时候，明明改变不了任何现状，但其中一方表现出耐心倾听的姿态，恰当解释了自己的理由和难处，另一方也会欣然接受，甚至感激不尽。

"公众"是一个极不确定的概念，然而躲在这个抽象词语背后的是具体的人，他们有时是匿名的，有时是署名的，他们的人数是流变的，身份是流变的，汇聚起来可能造成的影响力是流变的，但他们是真实存在的。叙事是表达存在的一种方式。

二、叙事的真实性与人的存在

在本书第三章的第三节和第四节，笔者分析了案件事实的人物建构这一重要修辞手段，而无人物形象的案件事实是个特殊情形，更有趣也更复杂。无人物形象的案件事实，可以分为两种情况：第一种，如同第三章第四节开头引用的房屋买卖纠纷案，由于案件的信息太少、太简单，不足以形成可辨认的人物形象；第二种，无人物形象的叙事文本也有其特定的修辞机制，并且往往与它的对立面密切相关，它的对立面在积极建构人物形象的时候想达到什么样的修辞目的，那么它可以通过消解人物形象去消解对方的修辞效果。

在分析人物形象的建构和解构时，笔者提出了这样一个问题：无明显人物形象建构的案件事实文本，是否更接近真相？或者换句话：无明显叙事建构的、编年史式的文本，是否更接近历史真相？这个问题该怎么回答，既然戏剧化的情节和鲜明的人物形象是在叙事阶段建构出来的，那么消解这种戏剧性建构的案件事实是否更接近真实？笔者思考有限，尚不能在这本书里给它一个确定的答案。

这涉及两个非常复杂的哲学问题：我们为什么总是在按照某种特定的思维方式去讲述案件的事实经过？它是否与我们作为一个个有生命、有知觉的人，在法律制度下的存在状况有关系？本书的最后，笔者尝试简略地探讨一下，它可以作为引申的讨论，以及日后研究的起始。

（一）叙事作为一种思维模式

判决书（以及法庭外的人们）在叙述案件事实的时候，是否必然带有修辞目的？关于这一点实际上在前文中已经讨论过：就语言活动的特性来说，将非语言的或碎片式的信息建构成故事化的叙事文本，这个过程中的修辞策略是必然存在的，最起码的目的就是要让文本看起来像一个完整的、有头有尾的故事。但是，修辞目的与真相之间的关系，应该怎么理解？语言是以还原真相为目的的，还是以歪曲历史为目的——这是一个可以判断的问题吗？尤其在法律语境中，相互对抗的每个叙事文本都在主张自己才是真相，是否存在某种标准去决定孰真孰假？笔者认为，从我们目前的认识模式上说，难以找到这样的标准。

审判邓玉娇案的法官大可以不必理会笔者这本书中所谓的叙事和修辞分析，而宣称自己书写的就是真相本身，真相本没有意图强奸的歹徒和正当防卫的受害人，真相本没有恶吏和烈女；况且，判决书属于官方公文，法官也可以自称只是习惯了模糊的书写方式。审判崔英杰案的法官也可以反过来宣称，他们书写的就是真相本身，崔英杰的本质就是一名公然杀害执法者的、穷凶极恶的歹徒，将他危害性极大的恶劣形象公之于众、作为死刑（缓期执行）判决的依据，全无不妥。同样，法庭外持不同意见的人也大可以不理会这里所谓的人物建构理论，主张邓玉娇案的真相就是强奸未遂与正当防卫，或者他们心目中的"好人"崔英杰才是一个真实的崔英杰，法庭是出于官官相护、害怕得罪有权势者，才牺牲掉崔、邓等底层草民。

在法律问题上，到目前为止人们只承认证据是衡量真实性的唯一标准，既然证据基础都一样，叙事者是积极建构人物形象还是使人物成为一堆碎片，无法在法律的认识层面上区分真假。

或许，理性的声音会告诉我们，凡是修辞建构出来的东西都不可靠，都难免无中生有的嫌疑。然而，矛盾在于，是我们这些"普通的人"在要求司法给我们提供一个经过修辞加工的故事，是我们的思维模式和生活方式决定了案件事实不得不以叙事文本的形式登场，否则我们就会像批评邓玉娇案的审判那样，指责判决书处处都是语焉不详、不知所云的质量瑕疵。我们的思维接受了某种文化模式：散文、诗歌、小说等文体可以写成没头没尾、没有主题、没有意义的意识流或编年史残片，唯独判决书不行。

究其原因，一来是人们内心对认识、理解进而掌握人们所身处的世界和社会环境的愿望，也是一种渴望通过建立秩序来保证安全生活的欲望。因此，面对现实中大量存在的、关于发生过的事情的非叙事化再现，人们会本能地认为它们还不完善，处在某种尚未完成的阶段。对待历史事实，"人们普遍认为，无论一位历史学家在叙述事件时可能如何客观、评价证据时如何谨慎，只要他不能给历史实在一种故事的形式，其陈述就仍不能成为严格意义上的历史"①。

二来是人对意义的渴望。存在的意义，是人类这种自我感知相当强烈的存在者常常感到困扰的问题。尽管笔者同意萨特所说，因为生存没有（预先设定好的）意义，所以人是自由的，② 但绝大多人在心理上很难面对这样的自由。人们最不能容忍的就是没有意义——在生命忍受了无数的艰难、痛苦、不公平、不顺利、不如意之后，任何人都无法接受这一切根本没有意义。因此，要求一个"意义"（无论是自己想象，还是迫不及待地接受他人的灌输）几乎是一切人或有意识或无意识的强烈欲望。对自身存在的意义的感觉勾连于外部世界，如果历史事件都是完全偶然的，无原因、无目的、无意义，他人的存在和行为是完全偶然的，无原因的，无目的的，那么人对自身的生命意义也将产生巨大的空虚和恐慌感。因此，有关人类的一切事件最好都被赋予一套目的论和价值观，充满各种动机理由、经验教训、内在规律。

在法律的语境中，人们会更迫切和严苛地要求一个关于案件事实的故事形式，以解答他们针对人物和情节的一切困惑，更严格的要求叙事必须体现人的行为目的和发生规律，必须将事实图景纳入一套可以用先在的意义去理解的框架。像邓玉娇案判决书这样的书写，是失败的，无法理解的，未交代清楚的。而对于法律问题，这个先在的意义就是关于正义的话语，关于一个人的行为会得到同类的肯定还是否定的话语，关于什么样的制度是"人类的好制度"的话语。

特别是人物形象这一点，虽然第三章第四节一开头笔者举了一个无人物形象的民事判决的例子，但其实在浏览各地法院的民事案件判决书

---

① ［美］海登·怀特：《形式的内容：叙事话语与历史再现》，董立河译，北京出版社 2005 年版，第 8 页。

② 参见［法］让－保罗·萨特《存在主义是一种人道主义》，周熙良、汤永宽译，上海译文出版社 2008 年版，第 5 页。

时，笔者发现要找一份使读者无法对当事人产生善恶判断的叙事，很不容易，这个案例是费劲挑出来的，大部分民事判决书在事实叙事上都很轻易就让人对其中的人物发生"这人真坏，竟做出这种损人之事"或"这个人很善良，被人欺负太不公平"的评价。法律制度和司法活动本身在某种意义上，被公权力和公民当成了主持正义、分辨善恶的公器，我们的共识是让法律承担维护社会秩序、保障公平正义的责任，司法者也会宣称自己的工作就是维护和实现公平正义。除了少数持虚无主义观点的人彻底否定了正义的可能性，① 一般情况下人们对司法的要求就是：请给这个人的这项行为做出评价，请说出他/她这样做是对还是错，是正义还是不正义，并给予他/她相应的奖惩。于是人们在法律语境下说话，不自觉地就会用上辨别善恶的修辞，似乎只有这样，才能满足人们对真相和公正的情感欲望，安抚人们对有秩序的生活的需求。

（二）叙事作为一种存在方式

公众叙事中的崔英杰和邓玉娇，判决书中的崔英杰和邓玉娇，哪个更接近真正的崔英杰或邓玉娇？笔者曾在第三章第三节中提到，复杂的、多层次的人物形象比单一平面的人物形象更接近真实，这句话恐怕也需要小心审视。平面的人物、复杂的人物，乃至没有形象的碎片化的人物，有可能不是一个本质主义的真实性问题，而是取决于人在不同社会语境中的显现方式，以及我们如何感知自己的存在，又是否能够控制自己的存在状况。

尽管我们在理论上会强调法律支持的或惩罚的是"行为"，不是对某个人的全盘肯定或否定，但这种说法对于存在着的个人来讲毫无意思——假若我被判刑了，那意味着我的血肉之躯、我的灵魂、我的情感都要去坐牢，而死刑更是要抹去我整个人的存在。到了案件事实的叙事文本中，人难免成为单一的、平面的形象，我们的存在由他人来书

---

① 即使有的学说认为法律只是统治的工具，这些学说也往往会宣称它所主张的政治信念是正义的、它所倡导的人类社会的生活方式是正义的、善良的、进步的，它也希望法律为它眼中的正义服务。而且我们基本不可能看到官方或主流话语公然宣称"我们的法律不关心正义"。

写，在司法实践里这不是一句文学比喻，而是现实操作，而且有实实在在的法律后果等着我们去承担。从本质主义的角度呼喊"他/她不是那个样子的，他/她其实是这样一个人"，在判决面前是无用的。但司法过程也是各种叙事声音角力的平台，在这个博弈过程里，存在以及如何显现存在更难以由当事人自己来把握。

"通过他人的显现本身，我才能像对一个对象做判断那样对我本身作判断，因为我正是作为对象对他人显现的。"① 这句话对于邓玉娇来说太真实了，她在别人称她为"烈女"的时候，才成为烈女，在别人定义她是罪犯的时候，才成为罪犯。面对这两个通过他人显现的形象，她又是如何判断自己的？她是否也觉得自己就是烈女（或罪犯）？由于笔者没有获得邓玉娇如何陈述案情经过的第一手材料，这个问题不是特别清楚，但是从审理阶段和判决之后她的表现，我们可以推知一二。邓玉娇几乎从头到尾保持着沉默，根据报社记者在邓玉娇获释半年之后的回访报道，她已隐姓埋名过着平静的生活，"对外界因'邓玉娇案'引发的千层浪始终不太了解甚至茫然失措。当别人提起'你的事改变了很多人的命运'，她总是不知道该怎么回答"②。可见，她一方面因为他人的关注和定义才在中国法治进程的历史中存在，另一方面"烈女邓玉娇"似乎又与她无关。

崔英杰的处境完全相同。甚至于李志强、邓贵大、黄德智这几位案件受害人也是如此。李志强究竟是把穷苦人逼上绝路的"暴力机器"，还是"革命烈士"？邓贵大和黄德智是"受害者"，还是"死有余辜的恶官吏"？这些身份完全不是他们自己能控制的，这些人物认为自己是谁，他们的家人亲友认为他们是谁，都淹没在别人的声音当中。历史对他们的定义操纵在权力手里，也操纵在无名的公众手里。他们需要为自己的行为负责，但是无法为行为在历史洪流中的后果和变异负责。

---

① ［法］让－保罗·萨特：《存在与虚无》，陈宣良等译，生活·读书·新知三联书店 2007年版，第 283 页。
② 黄秀丽：《邓玉娇："我过得很幸福"》，载《南方周末》，2009 年 12 月 31 日第 10 版。

通过"烈女"存在的是其他人，是那些渴望在一个原本没有他们的身影的刑事案件中显现自己的人。公众当中那些积极参与讨论案情的人、积极传诵"烈女"的故事的人，他们表达的其实是自己的生存感知。他们当中可能有人遭遇过腐败官员，可能有人受到社会贫富不均的伤害，可能有人深深苦于政治不清明、法治不健全，这都是他们各自的真实。他们用这个案件的信息组织起来的故事是他们自己的故事，塑造出来的人物也是他们愿望中的自己的形象，通过这些人物形象在别人的案件的司法平台上发出他们的声音。邓玉娇案的法庭叙事真正对抗的也是这些人影，阻止"烈女"与恶吏的戏剧形象被建构起来，实际上是在阻止这些人影以及他们尝试展现的社会图景出现在个案中。唯一不同的是，公众叙事不一定对那个有血有肉的崔英杰或邓玉娇造成影响，但法庭叙事直接塑造了他们的命运。

至于涉案者本人，如果他们不打算利用别人对他们的关注，那么他们的态度，只能如邓玉娇那样，茫然"不知道该怎么回答"——这是一种对自身和未来的茫然。或许，崔英杰当初是自由的，在他的三轮车被没收的那一刻，他"原本可以"选择放弃、一走了之，也可以选择把刀扔掉再向卡车跑去，也可以选择不挣扎不反抗被城管罚款。邓玉娇的空间比崔英杰小很多，她被三名醉酒的男人堵在一个小房间里，但她仍然可以选择杀人之外的选项，例如向前来劝架的工友们求助。基于这一理由，法律才有审判和惩罚他们的合法性：你可以选择不杀死别人，而你却选择了杀死别人，法律会让你看到，滥用自由意志的后果。

然而，当事人拥有完全自由意志的前提是否真的成立呢？现代的法律驱逐了所有宿命论借口，但当事人走进法庭、尚未被定罪的时候，已经进入一个被决定的不自由状态，很大程度已与他们当初选择的事实无关，而是进入了一个被他人书写的事实，如果恰好遇上很高的社会关注程度，当事人便又进入被各方争相书写的事实。他们被投入未来，其未来既不是由某个超人类的价值意义决定的，也不是由他们过去的行为决定的。从崔英杰和邓玉娇的处境来看，他们在法律制度中，并非自己

"企图成为什么时才取得存在"，① 而是他人、权力企图显现自身时，他和她才取得存在。司法环节中的个人，与他者（包括人和制度）的关联性几乎是致命的，在家庭或工作场所，主体一定程度上还能控制自己的形象，到了法庭上，在公权力的面前，在公共舆论面前，无论原告还是被告，基本处在被强大的力量定义的局面。

　　法律和公众在此刻可能都不怎么关心本书中提到的人物对自身存在的描述。当公诉人要求崔英杰向法庭陈述事实经过时，那段"我家比较穷，来北京打工，我没有文化干了保安……"，这谦卑、如履薄冰又狡猾机敏的声音，以及邓玉娇那令人难以捉摸的沉默，在法律制度、国家机关、新闻媒体、公众舆论这些宏大的形象之间，形成一个虚弱的、自我保护的次文体。在公权力面前，个人是微不足道的，在众人面前，个人也是微不足道的。

　　这是个值得我们深思的现象：现代法治宣称作为法律主体的自然人，是独立的、自由的。对于这一点，我们往往只粗浅地将其解释为能独立行使权利、承担义务，不再受制于人身依附关系和等级差别，可是，人身依附关系和等级制度废除至今，现代人似乎仍感到无法把握自己的命运。很少有人深究这些孤单的个人，在现代法律制度之下如何决定自身的存在，又如何真正实现自由。法律主体究竟是"自在"的，"没有存在的理由……就像一块石头并不关心它自身的存在"，② 任由制度去定义我们，规范我们？还是具有某种"自为"的特性，"是不断创造着自身之存在的自由主体"？③

　　笔者认为，法律主体的存在是矛盾的，同时具有这两种特征。我们强烈渴望法律给我们以及我们的社会一套确定的定义，让法律来规定我们是谁、该怎么生活，使我们躲进同一化的安全和秩序中去。但我们又具有自为的一面，抗拒着法律制度对我们的定义，所以才有了本书所分

---

①　［法］让－保罗·萨特：《存在主义是一种人道主义》，周煦良、汤永宽译，上海译文出版社 2008 年版，第 5 页。

②　［美］克莱因伯格：《存在的一代》，陈颖译，新星出版社 2010 年版，第 182 页。

③　同上书，第 182 页。

析的崔英杰案、邓玉娇案中各种诡异的现象，以及各式各样的人想通过崔、邓之类的案件平台向法律制度喊出他们的声音。有关存在和自由的问题，作为"我"的个体、他人、法律制度，这三者之间的关系和矛盾问题，是一个更大的题目，把存在主义纳入法律与叙事学研究，将是继续探索笔者在论文第四部分提到但尚未详细展开的内容的一个方向。

结　语

一、已经完成的论证

总结来说，本书以崔英杰案、邓玉娇案作为分析材料，所研究的问题为案件事实在司法活动当中究竟是如何形成的，从理论上推进法理学关于案件事实及其司法审理的认识。这本书论证的基本观点：案件事实并非一个现成存在的事物，至少，为司法的语境所要求的、最终需要被用来当做审判依据的故事文本，不是一个现成的事物，因此它不是被发现的，而是在司法过程中产生的，或者说是被建构出来的。

一般的法学理论基本常识都强调：法官审判案件的依据是事实，而获得案件事实的依据则是证据，我们通过合法有效的证据得出案件事实的面貌，除了证据以及合理的逻辑推理之外，不应当有其他不确定的因素（特别是主观因素）干扰事实的发现和认定。然而，笔者认为，在现实中，证据在案件事实的建构中起到的是一部分的作用，仍有另一部分工作是通过其他手段完成的。

我们能看到的案件事实都是作为一种语言文字的形式呈现的，它实际上也是人类的语言活动的产物。因此，除了证据和法律规则之外，事实文本仍需在叙事和修辞中产生。证据在自己的范围内得出的信息，为修辞阶段事实文本的形成提供了基础素材；而叙事和修辞是事实的建构，而非外在的语言装饰，主要体现在基于相同的证据和事件信息我们可能得出意义截然不同的事实文本。

本书已完成的论证：

1. 证据在诉讼的事实审理中所起到的作用是提供基本案情的信息，但这些信息简单罗列之后并不等于一份具有法律和审判意义的案件事实；符合法律语境的要求的案件事实是一个完整的叙事文本，经过证据建构的阶段之后，它仍需要在叙事活动和修辞活动中完成。

实际上，证据所能完成的，一是证明是否存在一些事件，二是在认识上得出一系列有关案件经过的构成事件，这些事件一旦经过严格的司法审理程序确认，便很难再否认和动摇，然而，案件事实又并非直接将这些事件排列起来就能得到。事件按照顺序的排列，得出的是一种类似于编年史体裁的文本形式。编年史作为记录人类历史的文本，自身并没有问题，只是它无法满足司法对于"事实"的要求，也无法满足人们对案件真相的要求。它的缺陷之一在于事件与事件之间的关系不明确，不能提供司法裁判所需要的信息，例如崔英杰一案对被告人的主观方面的认定，就直接依赖于对事件间的相互关系的想象；缺陷之二在于事件的简单罗列并不能给叙事提供一个主题意义，例如一个人们可以理解的前因后果和动机。

2. 能够弥补上述缺陷的是，以事件为素材建构一个戏剧化的故事，具有故事应有的起始和结局，以及推动故事从开始发展到结局的情节推进；同时还必须具有有明确的主题，被选取用以建构故事的事件，围绕这个主题获得内在的关联性，而法律意义上的主题就是适应司法的话语框架，写出一份案件事实，作出一份裁判结果。这种建构故事的活动是一种叙事活动，案件事实必须通过叙事活动成型。

而弥补编年史缺陷、完成叙事建构主要是通过情节发挥和事件挑选两大修辞策略实现的。所谓情节发挥，是在证据提供的事件信息之间的空白和裂隙处，使用符合读者经验和想象的内容去填补疑问和衔接空白，这些内容是无法直接从证据中得知的，它们属于想象和发挥的部分，但往往隐藏在叙事中无法辨认，当遇到质问时又可能以推理或解释的姿态出现。所谓事件挑选，是指编年史的案件事件不一定会全部编织到事实文本中去，有的事件被挑选进叙事文本中去，有的事件可能在叙事文本中完全没有出现。如何进行情节化发挥，如何筛选事件，都是由叙事者所确定的故事主题决定的，不同发挥形式和挑选取向，将导致在同一证据基础上出现截然不同的事实文本。

3. 修辞并非传统理论所认识的那样，仅仅是语言的技巧和装饰，现实中，案件事实并不能直接为人们所认识，能够被认识的则是已经通过叙事呈现出来的文本，从这个意义上说，叙事和修辞就是事实的存在形式。

根据相同的证据、相同的事件序列，可以出现多个不同的叙事文本，而每个文本导致的判决结果也不一样。在崔英杰案当中，基于同样的证据和事件编史事件，前后可辨认出四个相当完整的事实版本，版本一展现的是一名穷凶极恶的歹徒杀害执法人员的历史，版本三则是一位善良的小商贩遭遇城管的违规执法、惊慌失措中错手伤人致死的历史，前者能成立故意杀人罪，被告人将以罪犯身份被隔离或者消灭，后者只能认定过失或意外，而被告也许得以免于惩罚。邓玉娇尽管被认定为故意伤害致人死亡，但在同样的案情信息基础上，有人一直在讲述和坚信另一个事实文本：邓玉娇是奋勇反抗恶吏暴行的烈女，她的行为属于正当防卫。是女英雄还是罪犯，不是在证据的基础上分辨的，而是在人们对证据的解读和叙事发挥的基础上分辨的。

修辞作为一种有目的的语言活动，必然渗透在司法的整个过程当中。除了以积极的论辩和说服的形象出现在法庭上，意义更深的有如本书所分析的案例，修辞直接以作为案件事实的叙事文本的形象呈现在读者面前，既左右了事实的外观和内容，也通过事实左右了当事人的生活以及读者的认知。

4. 事实建构的一个特殊的叙事策略是人物形象的塑造。在传统的故事和戏剧结构中，我们经常可以看到人被分类为好人和坏人，这是一种相当传统而又普遍见于日常生活的划分模式。好人是指符合一般的日常的社会规则的人，或者超出一般规则给他人带来利益的人，而坏人则是违反了他／她所在的群体的价值要求，或者可能给别人造成伤害的人。在崔英杰案中，法庭给出的事实文本相当明确地把崔定义为坏人，编年史事件也明确地为了实现这个邪恶的杀人凶手的形象被组织起来。

但是同情崔英杰的公众所选择的另一文本，刚好相反，崔英杰被塑造成好人的形象。于是，事件又按照好人的模式被发挥和挑选，以对抗法庭叙事。在这个文本中，尽管崔英杰确实杀了人，但他又是一个孝敬父母的好孩子、一个优秀士兵，一个贫贱不能移、坚持自食其力的劳动者。那么，好人犯下如此严重的刑事案件的故事，总是隐含了将部分责任指向环境和体制的疑问。

如此按照通俗的价值教条区分人物的善恶类别之后，读者自然会期待人物按照日常经验得到他们应该有的下场：好人得好报，坏人受惩罚。叙事者计划的故事结局亦即判决结果也就水到渠成。

5. 在人物修辞这个特殊策略当中，还有一种特殊情况——人物形象的消解。邓玉娇案的判决书与崔英杰案的大为不同，虽然给邓玉娇定了罪，但是案件事实中的人物全都面目模糊，被告人并不像传统情节中的杀人凶手，受害人也难以获得读者的同情，读者甚至无法将这些人物与熟悉的经验相联系，再进行归类，他们不是好人也不是坏人，他们没有可以理解的形象。不仅仅人物缺乏形象，事件和行为也是模糊的：既没有认定受害人意图强奸，也没有否认他们提出过性服务要求并对邓玉娇实施了强迫举动；既没有否认邓玉娇正在面对不法侵害，也没有承认她的行为是正当防卫；既不承认意图强奸，但也没有交代邓玉娇为什么杀人。整份判决书处处是语焉不详的叙述。

这种修辞方式在法庭叙事中比较少见，它也有特定的修辞目的。在邓玉娇一案中，消解人物形象，乃至于消解事件之间的关联和定性，将案件信息如编年史一般罗列出来，是为了消解案件在法律和法理上的争议，以及回避案件可能引起的社会矛盾。邓玉娇案不如崔英杰案的案情那样清楚，且用正当防卫、犯罪未遂等法律概念判断现实情景时，本身就比较微妙，涉及这些问题的案件都容易带有争议性，判决书并没有正面论证其否定被告人正当防卫的理由，没有正面与外界有关强奸和防卫的说法展开辩论，因为在判决书所写的事实中，不存在这些问题。判决书只写了"异性洗浴服务"，若有人读出"强奸"，那是读者自行给这个事件安上的意义。法庭外有人将案件叙述成一个恶吏欺辱民女的阶级矛盾故事，判决书并不直接站出来否定这个版本，而是给出一份"未定性"事实，同理，读者若读出了"恶吏"和"烈女"，读者自己负责。

6. 案件的审理过程也是关于事实的各种叙事文本的抗衡，其中法庭内外叙事的对抗与和解直接关乎判决结果在公众看来是否公正。

在一个案件的审理过程中，除了人们熟知的控辩双方的对抗性叙事之外，还有法庭内与法庭外的对抗性叙事，也就是判决最终认定的案件事实的文本，与民众心目中所期待的案件事实的叙事文本不能重合时，引起的一种对抗。如果民众无法从其他渠道去认识这个案件，或者他们心目中的事实与判决书描述的大致相同，那么公众认可判决的可能性是非常高的。

但在崔英杰和邓玉娇这样的案件中，由于各种因素，公众在司法审判之外，对于案件的事实已经有自己的经验和意见，对于人物形象的评价也早已有了自己的判别——这些均构成法庭外的叙事——此时，公众表现出不愿接受判决结果的态度，或者认为判决有所不公。

发生这种对抗的时候，法庭最容易想到以这样的理由来否定和压倒法庭外的意见：经过审判最终确认的事实来自确凿、合法的证据，这些都是法庭外叙事所缺乏的，因而其真实性不如法庭叙事。但是，崔英杰和邓玉娇这两个案件实实在在地反映出这样一个现象：被法庭否定的公众叙事所依据的证据和编年史事件，与法庭叙事一模一样，造成两个文本分歧的，是叙事的策略，而不是证据上以及真实性的差异。因而法庭叙事针对公众叙事的否认理由，很可能遇到麻烦。

7. 既然根据证据无从区分崔英杰、邓玉娇案中相互对立的事实文本孰真孰假，法庭认定的案件事实是否能得到大多数人的认同，除了证据确凿之外，还需要符合大多数人的经验以及使人认同其修辞策略。

对比崔英杰案的法庭叙事和公众叙事，后者比前者蕴涵的信息量要大许多。案情的叙事文本都源自相同的证据和事件，但展现出来的法律意义却大相径庭，值得注意的是，在崔英杰这个案件里有一个十分重要的现象：公众所选择的叙事，在挑选事件的时候，包含的信息量更大。

在人物形象方面，判决书的叙事文本剔除了被告人的一切个人信息，使其以单一的杀人者面目出场，使读者看到的是一个没有来历的人和没有来历的犯罪，这种疏离的恐惧感当然有利于营造邪恶的人物形象。而公众普遍接受和认可的文本却大量强调被告人的过往经历、职业和经济状况，让读者首先对被告人的社会地位、所属阶层、生活条件有一个定位，并且引诱读者询问他为何走上犯罪道路。在情节推进方面，判决文本简洁地集中在崔英杰的行为上，描述其如何抗拒执法的城管、如何杀死其中一名城管队员；而法庭外文本不仅以崔英杰的举动为推进，也突出了城管在案发现场的行为，通过对城管执法的瑕疵的强调，进一步回答了引发案件的原因。

法庭所确认的叙事文本，删减了大量有关人物和情节的复杂性的内容，同时也割断了人物、行为和犯罪事件的语境关系；公众叙事则积极地恢复这个语境，试图回答被告人除了是个罪犯之外，还应当具有哪些身份，被告人身处的社会环境和生存条件是怎样的，这种背景和现场的环境与他的行为之间有怎样的关系。

在邓玉娇一案中，大多数人则表现出对人物和行为定性的强烈要求。案件发生在一家色情场所，受害者一方的官员对邓玉娇提出性服务要求，遭到拒绝之后继续对邓玉娇纠缠不休，包括辱骂、肢体接触、身体限制等行为。这一系列信息综合起来，对于具有一般常识的人来说，唯一的叙事建构可能就是讲述成官员意图强奸遭到女工反抗的故事。由于公众经验的单一性，此处即使想建构起不同的叙事文本，也没有可能得到认同。幸而法庭没有走这个路径，没有另外组织一套具有明显意义倾向性的故事，例如受害人是无辜的、横遭疯狂女工无端伤害。

实际上，法庭认定的事实文本淡化了一切定性，然而这种单纯罗列信息的编年史体文本，同样遭遇公众的强烈不满。公众显然认为判决书不可以存在语焉不详的情形，所谓"语焉不详"就是指行为和人物没有获得一个定性式的评价，究竟是否存在意图强奸的情节、是否属于正当防卫，没有回答，也没有解释，甚至部分人开始怀疑这种模糊的事实文本是有意要掩盖什么。

8. 作为这本书所研究的理论问题的现实意义：其一，发生法庭内外的叙事对抗的原因在哪里；其二，当叙事与司法结合时，在现实生活中对人们的影响机制是什么，人们对司法中的叙事的期待又是什么；其三，从公众对司法审判的各种反应当中，可以观察到他们怎样的存在境况。

来自法庭的叙事文本遭遇公众的抗议，原因往往是公众发现审判的结果所透露出来的训诫，危及了他们在体制下生存的安全感。公众提出他们的事实叙事，根本目是要表达他们的生存状态以及对法律的诉求。

（1）叙事作为一种伴随人类发展并建构着人类历史的语言活动，在日常的社会生活中有一个重要的功能：当叙事者讲述他人的（有时是自己的）故事的时候，也向读到这个故事的人传达了"你们应当怎样生活"的教训，即使讲故事的人不明说，听众也会自然而然地根据故事人物的行动和行为结果来检查和预测自己的行动——如果我也碰到类似的情景，这样做的话将会得到什么回报？法庭叙事作为一种最正式的、最权威的官方教训，自然会受到人们最紧张的观察和评价。

如果法庭呈现给公众的文本显然偏离了他们已经熟知和习惯的社会规则和行为－结果预期，必然要引起不安和抗议。例如，大多数人的生活经验让他们相信崔英杰是个善良的人，邓玉娇是弱女子反抗暴行，但法庭确认的事实叙事中崔英杰却被表现成为一个邪恶的坏人，邓玉娇则因为反抗强暴的举动而获罪；同时，按照大多数人熟知的故事模式和生活期待，善良人应该在社会上受到善待，平平安安的生活，可是此处官方的叙事却给了他/她一个截然相反的报应——先被逼上绝路，再被判决有罪。那么，人们当然要怀疑自己恪守本分努力做一个好人，或面对歹人暴行仅仅尝试保护自己，是否也大有可能落得与崔英杰和邓玉娇同样的下场？

应当认识到，这种不安是非常可怕的，随时酝酿着对法律乃至整个国家制度的信任危机，这时候，公众提出的对抗叙事，其深层意义便是抗议这种偏离，试图用积极的声音去表达他们的真实生存状态，以及他们对法律和法治的要求。同时，与精英主义的支持者想象的完全不同，公众表达不满时使用的方式并非暴民式的情绪化发泄，而是相当理性、相当精明的，并且有能力使用一套与官方话语同样证据确凿、逻辑严密的语言。

这便使得那种一味将公众的抗议视为缺乏教育的反法治举动的态度，很难再有效地解决问题，认真倾听公众的声音已经成为司法实践和法治建设顺利进行下去的必要环节。

（2）叙事在日常生活中的另一个重要功能：叙事者意图通过叙事显示自身的存在。反对者完全可以使用简单粗暴的手段为抗议而抗议，到网络上骂几句粗话了事，然而，花费时间精力去讲述一个在证据和逻辑上都能够与法庭认定的事实相匹敌的故事，必然有更复杂的动机。上面已经讲到公众选择某个案情文本的同时，不仅是纯粹相信这个版本的事实是"真相"，也在表达他们的经验和生存状况。

语言是一种表达方式，人类通过表达自己来显示自己的存在。这一点在邓玉娇案中表现得十分显著。本来这个案件牵涉的关联人物只有被告人邓玉娇，受害人邓贵大、黄德智，双方家属，当地公检法办案人员，然而从案件曝光开始，几乎全国媒体都竞相报道、评论，法律职业人、学者、法学院学生、关心案件的群众乃至偶然听说案件的群众，也争相议论。案件成为一个平台，参与者通过参与在这个平台上使别人见到他/她的存在，这个平台不光是作为公权力象征的法庭与法庭外声音的博弈，法庭外众多的参与者之间往往也争得不可开交。

从本质主义的层面上询问邓玉娇是不是烈女，变得没有意义。邓玉娇可以自称她是为了反抗暴行，她不是犯罪分子，但只要法庭判决她罪名成立，官方历史中就多了一个罪犯。法庭可以判她有罪，但只要法庭外到处在传播抗暴烈女的故事，在公众心目中她就是烈女。这种叙事的博弈带有各自的目的，邓玉娇本人却被声音的洪流淹没，讲述和传播烈女故事的人，与其说"相信"她是烈女，不如说"希望"她是烈女——希望历史的面貌如此。要理解这个愿望，首先必须理解人与其身处的历史的关系：二者不是二分法的关系，不是自我与外部环境的关系，有时，个人可能无法创造别人的历史，但是可以选择自己的历史，借此选择自己的存在，当然个人会遭遇来自外部的压力和不如意，公权力机关不采纳他/她的意见，非要判邓玉娇有罪，而他/她仍能够通过叙事拒绝公权力对他/她所见之人和事的定义。

同时，笔者更关心的是，聚光灯下夹在公权力和公众之间的崔英杰和邓玉娇，他们的形象和声音非常弱小。自从有了传媒（尤其今天我们有了网络这一力量巨大的传播手段），便常常有单枪匹马的个人利用众人的关注，名利双收，甚至有人不惜为此制造争议话题骗取关注。这些人在乎的是自己"存在于"他人视野，并不太在乎自己能否把握"自身存在"的创造性，他们将"公众认为我是什么样的人、希望我做什么"与"我认为我是什么样的人、我希望做什么"严格分开，在分裂状态下生活，捞一笔之后销声匿迹。假如有人在高度暴露的聚光灯下，仍然希望自己心目中的形象与他人心目中的形象保持一致，很有可能遭遇严重的挫败，高曝光度案件的当事人（包括原告、被告、受害人等各方）便处在这种境况中，人人都想按照自己的标准定义他们，他们的自我创造性受到极大程度的限制。

这是在制度下生活、在人群中生活的人的普遍问题。现代法治自称提供安全稳定的秩序的同时，也保护人性的自由和发展，然而自由、为自己的选择负责仍是一个尚未解决的问题。

二、不足之处和未完成的论证

第一，在导论的方法论当中已经提及，本书采用了个案分析的方法，由于需要完成的是一个理论分析的工作，而非通过抽样调查得出的关于覆盖率的结论，因而重点在于如何从现象中挖掘出对旧理论有所修正和推进的理论模型方面，个案的理论潜力比起代表性更为重要。尽管可以说，这里不是统计学的抽样调查，所以代表性问题可能是个假问题，但我们也同样不能忽视，理论分析和理论模型的建立不可能只局限在一个案例当中，必然需要有推广的可能性。对于这个问题，这本书所依赖的与绝大部分采取个案分析方法的研究一样，是一种经验的推断，也就是说，从经验上人们确实会承认在案件审理时，有目的的语言活动、叙事活动、以叙事形式出现的事实文本是普遍存在的。

然而，如同所有方法论都存在自身的局限性一样，个案研究始终会面临拒绝外推或过度外推的两难境地。虽然笔者认为以崔英杰案和邓玉娇案为实例的研究方法不影响这本书的结论：案件事实是一种叙事建构的产物。但是，可能受影响的是一些细节问题：在这两个案件当中我们明确地看到了，基于相同的证据完全可以得出不同的事实文本，引导截然不同的判决结论；是否在所有案件中，修辞都可以导致这样严重的文本分歧，仍然存疑，或许在某些案件的审理中，基于相同的证据和事件能够编织出不一样的案件事实，但事实文本之间可能并不会有这两个案件这样大的差异。

这样的问题尽管对整体的理论框架和结论不构成威胁，却会造成理论的相当程度的不完善。

第二，这本书选取的案件是两个刑事案件，笔者认为案件事实的叙事建构普遍存在于任何类型、任何部门法的司法实践当中，除非案件的审理不再需要一个语言文字形式的、记叙体的事实文本，因此从崔英杰案和邓玉娇案推导而来的理论模型，同样适用于民事诉讼案件、行政诉讼案件等其他部分法的案件。但是，在分析的细节上，仍有一些问题属于刑事案件的专有特点，例如讨论情节化发挥这一修辞策略时，用到的例证提到被告人的主观方面，这是典型的刑事案件才会发生的问题，如果换到民事诉讼的语境下，不一定有这样的因素需要考虑。这一点是必须提醒读者注意的。

从局限性上讲，这本书没有分析民事诉讼或行政诉讼或其他类型的诉讼审理，各自的叙事特点，以及可能出现的特有的修辞策略。对于以后的分析研究，这将是必须展开和推进的方向。

第三，本书第三章已经论述过，特征复杂的人物形象在叙事效果和受众认识上的作用，及其对简单人物的反抗和瓦解，此处所说的复杂人物依然有明确的价值标签，能够引起受众按照一般的伦理观念对其作出好人/坏人的分类。所谓复杂特征实际上是为了更有效的激发受众的认同感，这也是叙事行为的一种非常古老的技巧，如亚里士多德所提倡的，悲剧应承载道德教化的责任，剧中人物往往"被用于体现'善'与'恶'这样的抽象道德概念"，[1] 在总结悲剧创作如何能完成教化责任时，他指出悲剧英雄不应是那种十全十美的人，而是介于十分美德与完全邪恶之间的人，因为他们是与我们一样的人，悲剧能够引发怜悯和恐惧正是因为使我们看到这样的人遭受了他们不该遭受的不幸。[2]

这种传统的人物形象还不能涵盖所有的叙事文本，司法实践当中我们有可能看到一种更为复杂的情况——叙事中出现的人物，其特征相当矛盾和不稳定，根本无法用一般的"好人/坏人"标签去评价，甚至一切标签都失灵了。如同部分现当代小说中试图颠覆传统叙事的人物，"多变、虚幻、无名、不可名、诡诈、不可预测"。[3] 例如在邓玉娇案的判决书中，邓玉娇和几个受害人的形象，乃至他们的行为，都显得不可理解，无法定性。本书分析了邓玉娇案的修辞机制，消解人物形象的目

---

① 申丹：《叙述学与小说文体学研究》，北京大学出版社 2004 年版，第 59 页。
② 参见［古希腊］亚里士多德《诗学》，陈中梅译注，商务印书馆 1996 年版，第 97 页。
③ 胡全生：《后现代主义小说中的人物与人物塑造》，载《外国语》2000 年第 4 期。

的是为了同时消解法律争议、回避社会矛盾。然而，是否一切无人物形象的叙事，其修辞目的都是同一的？这个问题在本书里并未展开论证。

　　第四，本书在第四章的最后简单论述了叙事与人的存在的关系：案件的各方当事人在法庭上的存在、在法庭外叙事中的存在，制度社会中公权力无所不在的存在，法庭外各方人士借用案件的平台积极显示各自的存在，语言不是浮于表面的对话技术，而与说话者生存状态呈现深度卷入的关系，这是个非常值得探讨的话题。但话题一旦进入存在主义的领域，就变得飘忽不定，无现成方法论可以借助。法律制度下的人，究竟是什么样的主体，该如何实现他们自身的自由，以及更人道、更"善"的存在，将有待未来的研究。

参考文献

中文文献

书籍

[1] [美] 本杰明·卡多佐：《演讲录·法律与文学》，董炯、彭冰译，中国法制出版社 2005 年版。

[2] [美] 博登海默：《法理学，法律哲学与法律方法》，邓正来译，中国政法大学出版社 1999 年版。

[3] [德] 伯恩·魏德士：《法理学》，丁小春、吴越译，法律出版社 2003 年版。

[4] [美] 波斯纳：《超越法律》，苏力译，中国政法大学出版社 2001 年版。

[5] [美] 波斯纳：《法律与文学》，李国庆译，中国政法大学出版社 2002 年版。

[6] [英] 伯特兰·罗素：《西方哲学史》，何兆武、李约瑟、马元德译，商务印书馆 1976 年版。

[7] [美] 布林顿：《西方近代思想史》，王德昭译，华东师范大学出版社 2005 年版。

[8] [美] 戴卫·赫尔曼：《新叙事学》，马海良译，北京大学出版社 2002 年版。

[9] [英] 笛福：《摩尔·弗兰德斯》，梁遇春译，人民文学出版社 1958 年版。

[10] [英] E. M. 福斯特：《小说面面观》，朱乃长译，中国对外翻译出版公司 2002 年版。

[11] [荷] F. R. 安克施密特：《历史与转义：隐喻的兴衰》，韩震译，文津出版社 2005 年版。

[12] [美] 海登·怀特：《后现代历史叙事学》，陈永国、张万娟译，中国社会科学出版社 2003 年版。

[13] [美] 海登·怀特：《元史学：十九世纪欧洲的历史想像》，陈新译，译林出

版社 2004 年版。

[14]［德］黑格尔:《历史哲学》,王造时译,世纪出版集团、上海书店出版社 2001 年版。

[15]［美］华莱士·马丁:《当代叙事学》,伍晓明译,北京大学出版社 2005 年版。

[16]［美］James Phelan,Peter J. Rabinowitz 主编:《当代叙事理论指南》,北京大学出版社 2007 年版。

[17]［美］杰罗姆·布鲁纳:《故事的形成——法律、文学、生活》,孙玫璐译,教育科学出版社 2006 年版。

[18]［美］克莱因伯格:《存在的一代》,陈颖译,新星出版社 2010 年版。

[19]［美］雷克斯·马丁:《历史解释:重演和实践推断》,王晓红译,文津出版社 2005 年版。

[20]［美］罗洛·梅:《存在之发现》,郭本禹、方红译,中国人民大学出版社 2008 年版。

[21]［英］帕拉蕾丝–伯克编:《新史学:自白与对话》,彭刚译,北京大学出版社 2006 年版。

[22]［英］帕特里克·加登纳:《历史解释的性质》,江怡译,文津出版社 2005 年版。

[23]［美］庞德:《普通法的精神》,唐前宏、廖湘文、高雪原译,法律出版社 2001 年版

[24]［法］让–保罗·萨特:《存在与虚无》,陈宣良等译,生活·读书·新知三联书店 2007 年版。

[25]［法］让–保罗·萨特:《存在主义是一种人道主义》,周煦良、汤永宽译,上海译文出版社 2008 年版。

[26]［美］詹姆斯·费伦:《作为修辞的叙事》,陈永国译,北京大学出版社 2002 年版。

[27]［古希腊］亚里士多德:《诗学》,陈中梅译注,商务印书馆 1996 年版。

[28]［古希腊］亚里士多德:《政治学》,吴寿彭译,商务印书馆 1965 年版。

[29]陈启能、倪为国主编:《书写历史》第一辑,上海三联书店 2003 年版。

[30]陈望道:《修辞学发凡》,上海教育出版社 1997 年版。

[31]申丹:《叙述学与小说文体学研究》,北京大学出版社 2004 年版。

[32]盛晓明:《话语规则与知识基础——语用学维度》,学林出版社 2000 年版。

[33] 苏力：《法律与文学——以中国传统戏剧为材料》，生活·读书·新知三联书店 2006 年版。

[34] 苏力：《送法下乡》，中国政法大学出版社 2000 年版。

[35] 王治河：《后现代哲学思潮研究》，北京大学出版社 2006 年版。

[36] 温科学：《20 世纪西方修辞学理论研究》，中国社会科学出版社 2006 年版。

[37] 杨伯峻：《春秋左传注》，中华书局 2009 年版。

[38] 杨建军：《法律事实的解释》，山东人民出版社 2007 年版。

[39] ［清］张廷玉等：《明史》，中华书局 1974 年版。

[40] 周福岩：《民间故事的伦理思想研究》，中国社会科学出版社 2006 年版。

[41] 周翕园整理、倪秋平记谱：《京剧曲谱·审头刺汤》，上海文艺出版社 1962 年版。

论文

[1] ［德］L. 赫尔舍尔：《新编年史：一种史学理论的纲要》，陈新译，载《世界哲学》2003 年第 4 期。

[2] ［荷］克里斯·洛伦兹：《历史能是真实的吗？叙述主义、实证主义和"隐喻转向"》，郭艳秋、王晁译，载《山东社会科学》2004 年第 3 期。

[3] 陈永国、朴玉明：《海登·怀特的历史诗学：转义、话语、叙事》，载《外国文学》2001 年第 6 期。

[4] 董立河：《后现代历史哲学及其对传统历史学的挑战》，载《国外社会科学》2006 年第 4 期。

[5] 胡范铸：《论中国修辞学的当下处境》，载《修辞学习》1998 年第 1 期。

[6] 胡范铸：《再论中国修辞学的当下处境》，载《修辞学习》1998 年第 4 期。

[7] 胡全生：《后现代主义小说中的人物与人物塑造》，载《外国语》2000 年第 4 期。

[8] 胡玉鸿：《"人民的法院"与陪审制度——经典作家眼中的司法民主》，载《政法论坛》2005 年第 4 期。

[9] 劳谐：《中华文明的 21 世纪新意义之史学鸟瞰——"21 世纪的中国史学和比较历史思想"国际学术研讨会综述》，载《学术月刊》2004 年第 6 期。

[10] 李学尧：《法律职业主义》，载《法学研究》2005 年第 6 期。

[11] 栗峥：《叙事话语中的事实求证》，载《法学论丛》2007 年第 1 期。

[12] 缪俊、胡芳方、阮文善：《"零度"的困境——试论修辞与修辞学的价值》，

载《修辞学习》2005 年第 3 期。

　　[13] 林庆新：《历史叙事与修辞——论海登·怀特的话语转义学》，载《国外文学》2003 年第 4 期。

　　[14] 凌斌：《普法、法盲与法治》，载《法制与社会发展》2004 年第 2 期。

　　[15] 刘大为：《言语学、修辞学还是语用学》，载《修辞学习》2003 年第 3 期。

　　[16] 刘大为：《历史事实的修辞建构（上）》，载《福建师范大学学报》2006 年第 3 期。

　　[17] 刘星：《司法决疑与"故事文学"利用——以〈威尼斯商人〉为样本》，载《清华法学》2008 年第 3 期。

　　[18] 刘星：《司法日常话语的文学——源自中国基层司法经验》，载《中外法学》2010 年第 2 期。

　　[19] 龙迪勇：《反叙事：重塑过去与消解历史——叙事学研究之二》，载《江西社会科学》2001 年第 2 期。

　　[20] 龙迪勇：《事件：叙述与阐述——叙事学研究之三》，载《江西社会科学》2001 年第 10 期。

　　[21] 卢晖临、李雪：《如何走出个案——从个案研究到扩展个案研究》，载《中国社会科学》2007 年第 1 期。

　　[22] 彭刚：《叙事、虚构与历史——海登·怀特与当代西方历史哲学的转型》，载《历史研究》2006 年第 3 期。

　　[23] 乔国良：《从"正品年份"时代变化规律论孔子作〈春秋〉》，载《学海》2000 年第 4 期。

　　[24] 申丹：《修辞学还是叙事学？经典还是后经典？——评西摩·查特曼的叙事修辞学》，载《外国文学》2002 年第 2 期。

　　[25] 舒国滢：《大众化与法治化：一个文化 - 哲学的解释》，载《政法论坛》1998 年第 3 期。

　　[26] 谭君强：《文化研究语境下的叙事理论》，载《文学评论》2003 年第 1 期。

　　[27] 王宁：《代表性还是典型性——个案的属性与个案研究方法的逻辑基础》，载《社会学研究》2002 年第 5 期。

　　[28] 徐静村：《刑事证据：割裂与还原》，载《人民检察》2005 年第 2 期。

　　[29] 杨波：《对法律事实建构论的初步阐释——以主体间性为分析进路的思考》，载《法制与社会发展》2006 年第 6 期。

　　[30] 张斌：《证据方法的法理学思考》，载《西南民族大学学报》（人文社科版），

2003 年第 6 期。

　　［31］张耕华：《试论历史叙事中的想象问题》，载《史学理论研究》2005 年第 4 期。

　　［32］张进：《新历史主义与语言论转向和历史转向》，载《甘肃社会科学》2002 年第 2 期。

　　［33］张曙光、董立河：《从历史解释到历史叙事——评〈历史哲学译丛〉》，载《山东大学学报》（哲学社会科学版），2006 年第 4 期。

　　［34］张仲民：《后现代主义理论与历史学评述》，载《东岳论丛》2004 年第 4 期。

　　［35］赵军：《修辞学转向与"零度"》，载《重庆社会科学》2006 年第 3 期。

　　［36］祝克懿：《"叙事"概念的现代意义》，载《复旦学报》（社会科学版）2007 年第 4 期。

报刊文章

　　［1］何三畏：《对弱者何苦用笔如刀》，载《南方周末》2009 年 6 月 11 日。

　　［2］黄秀丽：《与邓玉娇案相关：巴东 37 天》，载《南方周末》2009 年 6 月 18 日。

　　［3］黄秀丽：《邓玉娇："我过得很幸福"》，载《南方周末》2009 年 12 月 31 日。

　　［4］赵凌：《崔英杰案判决在即，学界呼吁慎用死刑》，载《南方周末》2007 年 2 月 1 日。

　　［5］赵凌、郑焰：《城管副队长之死》，载《南方周末》2006 年 9 月 14 日。

　　其他文献

　　［1］北京市第一中级人民法院刑事判决书，（2006）一中刑初字第 3500 号。

　　［2］北京市公安局起诉意见书，京公预诉字［2006］516 号。

　　［3］北京市人民检察院第一分院起诉书，京检一分刑诉字［2006］第 243 号。

　　［4］湖北省巴东县人民法院刑事判决书，（2009）巴刑初字第 82 号。

　　［5］南京市鼓楼区人民法院民事判决书，（2007）鼓民一初字第 212 号。

　　［6］上饶市玉山县人民法院判决书，（2003）玉民一初字第 673 号。

　　［7］巴东县公安局：《巴东县公安局通报"5·10"案件情况》，http://www.cjbd.com.cn/2009-05/18/cms186530article.shtml（访问时间：2012 年 9 月 1 日）。

　　［8］北京市第一中级人民法院 2006 年 12 月 12 日崔英杰案一审庭审实录，http://tieba.baidu.com/p/226845523（访问时间：2016 年 8 月 3 日）。

　　［9］北京市城市管理综合行政执法局网站纪念李志强的专题录像，http://

www. bjcg. gov. cn/cgxw/ztxx/lzqzt/yyzl/index. htm（访问时间：2007 年 8 月 2 日）。

［10］李劲松：《崔英杰案一审辩护词》，http：//www. 360doc. com/content/09/0718/19/159613_ 4331139. shtml（访问时间：2016 年 8 月 3 日）。

［11］罗锦祥：《故意之前的错误——崔英杰的假想防卫辩护》，http：//www. lawyerluo. com/list. asp? id＝264（访问时间：2016 年 8 月 3 日）。

［12］南方周末网：《官员求"异性洗浴服务"被刺，女服务员被刑拘》，http：//www. infzm. com/content/28615（访问时间：2016 年 8 月 3 日）。

［13］乔新生：《邓玉娇案中的新闻传播问题》，http：//focus. cnhubei. com/local/200906/t693580. shtml（访问时间：2016 年 8 月 3 日）。

［14］乔新生：《邓玉娇案讨论我会更谨慎》，http：//news. 21cn. com/today/topic/2009/06/12/6421660. shtml（访问时间：2016 年 8 月 3 日）。

［15］夏霖：《崔英杰案一审辩护词》，http：//xialinblog. blog. sohu. com/128965007. html（访问时间：2016 年 8 月 3 日）。

［16］夏霖：《对 5·10 案中涉嫌强奸犯罪的嫌疑人黄德智提出控告》，http：//xialinblog. blog. sohu. com/117156484. html（访问时间：2016 年 8 月 3 日）。

［17］21CN 网新闻：《媒体热评邓玉娇刺死寻欢官员》，http：//news. 21cn. com/today/pk/a/2009/0526/09/6310233. shtml（访问时间：2016 年 8 月 3 日）。

外文文献
书籍

［1］Amélie Oksenberg Rorty（ed.），*Essays on Aristotle's Poetics*，Princeton：Princeton University Press，1992.

［2］H. Porter Abbott，*The Cambridge Introduction to Narrative*，Cambridge：Cambridge University Press，2002.

［3］Ian Ward. *Law and Literature*：*Possibility and Perspective*，Cambridge：Cambridge University Press，1995.

［4］James B. White，*The Legal Imagination*，Chicago and London：The University of Chicago Press，1985.

［5］Peter Brooks and Paul Gewirtz（eds.），*Law's Stories*：*Narrative and Rhetoric in the Law*，New Haven and London：Yale University Press，1996.

［6］Reid Hastie（ed.），*Inside the Juror*，Cambridge University Press

论文

［1］Binny Miller，"Telling Stories About Cases and Clients：The Ethics of Narrative"，*Georgetown Journal of Legal Ethics*，2000，Fall.

［2］Jane B. Baron，"The Rhetoric of Law and Literature：a Skeptical View"，*Cardozo Law Review*，2005，Vol. 26：6.

［3］John Fischer，"Reading Literature/Reading Law：Is There a Literary Jurisprudence?"，*Texas Law Review*，1993，November.

［4］Lynda Olsen-Fulero and Solomon M. Fulero，"Commonsense Rape Judgments：An Empathy-Complexity Theory of Rape Juror Story Making"，*Psychology*，*Public Policy*，*and Law*，1997，Vol. 3，No. 2/3.

［5］Nancy Pennington，Reid Hastie，"Evidence Evaluation in Complex Decision Making"，*Journal of Personality and Social Psychology*，1986，Vol. 51，No. 2.

［6］Nancy Pennington and Reid Hastie，"Explaining the Evidence：Test of the Story Model for Juror Decision Making"，*Personality and Social Psychology*，1992，Vol. 62，No. 2.

［7］Nina Philadelphoff-Puren，Peter Rush，"Fatal（F）Laws：Law，Literature and Writing"，*Law and Critique*，2003，Vol. 14.

［8］Patricia M. Wald，"The Rhetoric of Results and the Results of Rhetoric：Judicial Writings"，*University of Chicago Law Review*，1995，Fall.

［9］Peter Brooks，"Narrative Transactions-Does the Law Need a Narratology?"，*Yale Journal of Law & the Humanities*，2006，Winter.

［10］Yxta Maya Murray，"Tragicomedy"，*Howard Law Journal*，2004，vol. 48.